高等学校教师教育专业规划教材

U0661129

教师职业道德新编

（第二版）

主　编　黄正平

副主编　刘守旗　刘毓航

编写者　（以目录所列各章排序）

黄正平　吴菊云　宗序亚

王　伟　薛宗梅　南志国

姜广运　葛红梅

南京大学出版社

图书在版编目(CIP)数据

教师职业道德新编 / 黄正平主编.—2版.—南京：
南京大学出版社，2019.1(2022.7重印)
　ISBN 978-7-305-21046-4

　Ⅰ.①教… Ⅱ.①黄… Ⅲ.①师德-研究
Ⅳ.①G451.6

中国版本图书馆 CIP 数据核字(2018)第 233461 号

出版发行　南京大学出版社
社　　址　南京市汉口路 22 号　　　　　邮　编 210093
出 版 人　金鑫荣

书　　名　**教师职业道德新编(第二版)**
主　　编　黄正平
责任编辑　潘琳宁　　　　　　　　编辑热线　025-83596027

照　　排　南京紫藤制版印务中心
印　　刷　江苏凤凰通达印刷有限公司
开　　本　787×960　1/16　印张 13　字数 213 千
版　　次　2019 年 1 月第 2 版　2022 年 7 月第 2 次印刷
ISBN 978-7-305-21046-4
定　　价　32.00 元

网　　址:http://www.njupco.com
官方微博:http://weibo.com/njupco
官方微信:njupress
销售咨询热线:(025)83594756

前　言

　　教师职业道德，简称"师德"，是教师在社会的要求和影响下，通过学习、体验、修养和实践等方式，认同、内化或创设的在教育工作中处理各种关系的道德准则和规范。党和国家历来高度重视师德建设。《国家中长期教育改革和发展规划纲要(2010—2020 年)》指出，要"加强教师职业理想和职业道德教育，增强广大教师教书育人的责任感和使命感。教师要关爱学生、严谨笃学、淡泊名利、自尊自律，以人格魅力和学识魅力教育感染学生，做学生健康成长的指导者和引路人"。党的十九大报告指出，要"加强师德师风建设，培养高素质教师队伍，倡导全社会尊师重教"。中共中央、国务院在《关于全面深化新时代教师队伍建设改革的意见》(2018 年 1 月 20 日)中提出了"着力提升思想政治素质，全面加强师德师风建设"的要求，指出要"健全师德建设长效机制，推动师德建设常态化长效化，创新师德教育，完善师德规范，引导广大教师以德立身、以德立学、以德施教、以德育德，坚持教书与育人相统一、言传与身教相统一、潜心问道与关注社会相统一、学术自由与学术规范相统一，争做'四有'好教师，全心全意做学生锤炼品格、学习知识、创新思维、奉献祖国的引路人"。师范生是未来的人民教师，师德对师范生职业素质的养成非常重要，是师范生的一门必修课，加强师德教育是培养未来合格师资的必然要求。

一、师德对于现代教师的意义

　　教师作为知识的传播者、智慧的启发者、精神的熏陶者、人格的影响者和道德的体现者，它的职业特点和历史作用，要求教师不仅是一个博学多才的人，更是一个道德高尚的人。现代社会有相对宽松和自由的道德环境，教师更应该承担起道德示范的责任，以良好的师德形象引领学生的健康成长。

　　教师素质包括政治思想素质、科学文化素质、专业技能素质和身体心理素质等方面。师德不仅是指道德，也包括世界观、人生观、价值观、政治立场和态度、法纪观念和行为等。从教师承担的社会重任、社会角色的地位和社会对教师人格的期望评价以及众多优秀教师的素质表现看,师德的"德"已远远超出了教师职业和一般道德的范围。师德不限于教育活动的需要,也是作为社会的公民和先进分子所应具备的素质。

师德是教师专业发展的关键所在。关于教师的专业化问题,国内外有许多研究,归纳起来是:有较高的专门知识(所教学科)和技能;经过较长时期的专门职业训练,掌握教育学科的知识和技能,并经过"临床"实习;有较高的职业道德;有不断进修的意识和能力。因此,教师专业化不仅包括专业知识、专业技能方面的内容,还体现在专业道德,即师德方面的要求。师德是与教师教育活动紧密相连的、是在教师的教育活动中表现并提升的一种专业性的道德,是教师专业化的重要标志。

教师职业与其他职业最大的区别在于,教师面对的是活生生的人,是可塑性强、模仿性强的儿童和青少年,他们思想单纯、心灵稚嫩,渴望知识的雨露,需要思想的启迪。习近平总书记指出:"教师重要,就在于教师的工作是塑造灵魂、塑造生命、塑造人的工作。一个人遇到好老师是人生的幸运,一个学校拥有好老师是学校的光荣,一个民族源源不断涌现出一批又一批好老师则是民族的希望。"①师德不仅是对教师个人行为的要求,也是教育教学的重要手段。教师必须在各方面起表率作用,以自己的学识、才能、高尚的道德品质影响学生,培养学生,促进学生的道德成长。教师职业是一种道德实践活动。对教师成长而言,师德对提升教师整体素质起着动力、导向和保证的作用,师德是教师专业最根本、最直接的体现。

二、教师职业道德的时代内涵

师德的内容很丰富,包含了教师职业活动的各个方面、所要处理的各种关系。师德的内容也是随着时代的进步而发展的,要与时俱进。改革开放以来,我国于 1984、1991、1997、2008 年先后四次颁布和修订了《中小学教师职业道德规范》,经历了从一个继承、总结到不断完善与发展的实践过程,基本形成了师德建设规范化、制度化体系。

2008 年 9 月,教育部颁布了新修订的《中小学教师职业道德规范》(以下简称《规范》),其基本内容继承了我国的优秀师德传统,并充分反映了新形势下经济、社会和教育发展对中小学教师应有道德品质和职业行为的基本要求。《规范》对教师的职业道德起指导作用,是调节教师与学

---

① 习近平:《做党和人民满意的好老师:同北京师范大学师生代表座谈时的讲话》,载《人民日报》,2014 年 9 月 10 日第 1 版。

生、教师与学校、教师与国家、教师与社会相互关系的基本行为准则,是当前和今后一个时期我国师德建设的基本内容和目标要求,其内容主要包括三个方面。[①]

一是对国家和社会的责任:要爱国守法。教师是一名教育者,同时又是一个普通公民。因此,他首先要充满对祖国的爱、对人民的爱,拥护中国共产党的领导,拥护社会主义制度,遵纪守法。教师要忠于党和人民的教育事业,努力贯彻国家的教育方针。这是教师热爱祖国、热爱人民的具体表现。

二是对本职工作的责任:要爱岗敬业、关爱学生、教书育人、为人师表。教师要忠实于自己的职责,就是要忠诚于人民的教育事业,勤奋努力、乐于奉献,在业务上精益求精,在教书育人中体现自己的人生价值。

三是对自身发展的责任:要终身学习。教师要成为一名优秀的教师,真正成为一名教育家,就要努力学习、终身学习,不断提高自己的思想水平和业务能力,逐渐形成自己的教育风格。

加强新时代师德建设,需要把握两个方面的要求,即坚持以人为本,提升师德内涵;坚持依法执教,把握师德底线。

1. 坚持以人为本,提升师德内涵

坚持以人为本是科学发展观的本质和核心。教育是一种培养人的活动,它必然会涉及培养什么样的人、以什么样的意识形态理论为办学指导思想、教育为什么人服务、以什么样的思想道德观念引导青少年学生成长、社会主义事业的建设者和接班人应具备怎样的全面素质等问题。因此,以人为本的理念对教育具有特殊的重要的指导意义。教育要以人为本,就是以人为中心,突出人的发展。人是教育的中心,也是教育的目的;人是教育的出发点,也是教育的归宿;教育在人的交往与活动中展开,人在教育交往与活动中成长和发展;人是教育的基础,也是教育的根本。所以,一切教育都必须以人为本,这是现代教育的基本价值和目标追求。

把"以人为本"作为师德的内涵,是对教育中人文精神的失落和教育中见物不见人以及少数教师不把学生当人看的现象的克服和匡正。"以人为本"师德的本质精神是新时代教育的人文精神。它以鼓励人自主发展为旨趣,以爱为核心和基石,以正确认识人、尊重人、信任人、开发人的

① 教育部师范教育司:《中小学教师职业道德规范学习手册》,高等教育出版社,2008年版,第75页。

心智和提升人的道德为指南。"以人为本"是追求对人本身的关照、关怀,就是完整而全面地关照关怀人和发展提升人;追求人的自然性、社会性、物质性和精神性关爱,满足人的理性及情感需求,促进人身心阶段性、持续性均衡并协调地发展。因此,在师德建设中要充分体现"教育以育人为本,以学生为主体","办学以人才为本,以教师为主体"的教育理念。

2. 坚持依法执教,把握师德底线

教师所从事的是一种复杂的脑力劳动,教师的劳动对象是身心正在成长中的、具有个性特征和年龄特点的儿童和青少年,教师劳动的手段是用自己的知识、才能、品德,在和劳动对象的共同活动中去影响他们。教师作为劳动的实施者,与劳动手段融为一体。这种职业性质决定了教师的任职资格、工作要求、道德水准特别是师德水准必须走在社会前列;教师在道德方面应当用社会楷模的标准要求自己。这是对教师职业整体而言的高标准要求。但对教师个体的职业道德要求,要考虑大多数教师应当和可能达到的实际水平,考虑到对教师个人进行道德评价的可操作性。由国家颁布的师德规范,社会对教师的职业道德期望,首先应当是绝大多数教师都能够达到的"底线"。如果达不到"底线"要求,就要受到相应的处罚,包括影响职务晋升、工资提升直至失去教职等。类似于师德楷模、师德标兵那样的高要求,可以提倡。教师在其职业活动中,只要职业道德行为符合乃至高于"底线",其合法权益就不应当受到侵犯。

师德的底线到底是什么?从师德的层次看,规则是师德的最低要求,是师德的底线。师德的三个基本层次是:理想层次、原则层次和规则层次。理想层次体现教师应该努力的方向;原则层次是对教师的基本道德要求;规则层次体现了对教师职业道德的底线要求,是每一个教师在教育工作中必须遵守的基本伦理要求,这些要求一般直接指向教师的外显行为特征,有很强的可观察性和可操作性,通常采用否定式语言格式,以明确在教育工作中哪些行为是不允许教师采用的。如为了规范教师的职业道德行为,教育行政部门或学校制定了中小学教师行为规范。这些行为规范属于师德的规则层次,是师德的底线要求,违反了这些规则就要受到相应的处罚。

规则层次的师德要求其实质就是依法执教,是依法执教要求的具体化。2008年,教育部新修订的《中小学教师职业道德规范》把"爱国守法"放在首位,要求教师"自觉遵守教育法律法规,依法履行教师职责权利"。遵纪守法是对公民的普遍性要求,教师必须首先做到。因为,为师者,首

先要学会为人,不是一个合格的公民,就不可能是一个合格的教师。而依法执教是对教师这一职业的特殊性要求。教师除了应当遵守宪法、民法、刑法等法律外,更要遵守与教师职业行为有关的教育法律法规,如教育法、教师法、未成年人保护法等,增强法律意识、自觉守法。

师德底线是对教师最基本的要求,只要注意律己,并不难做到。同时,师德底线也是对与错、是与非的分界线。实际上,师德的底线,有的已被写进国家的法律、法规。在义务教育法、教育法、教师法以及未成年人保护法中都有明确规定。如果超出了"底线",就触犯了法律和法规。守住师德底线,教师必须学好有关法律,增强法制意识。总之,依法执教,自觉遵守教师行为规范,这是教师提升素质、做好工作的基础,是教书育人、为人师表的前提。

三、新时代师德建设的基本策略

师德的形成和发展是教师个人不断学习、不断体悟、不断实践、不断调整和建构的长期"修养"过程。如何根据时代的特点和要求,提高教师的师德水平,明确师德建设的重点,把握师德形成的规律,这是新时代师德建设一项艰巨的任务。

1. 在专业发展上要处理好知识技能与师德修养的关系

教师专业化是我国教师教育改革的方向。专业化的教师不仅要以专业知识与技能为基础,更要以其特有的职业道德即专业道德作支撑。但在现实生活中,在教师专业发展的过程中,人们关注较多的是教师专业知识与技能的提高,而忽视教师专业道德的教育和培养,这是一个不争的事实。然而教师的专业特性首先是以道德要求为基础的,师德是作为教师所必须具备的最起码的专业准则。

教师专业道德本身也包含对其他标准的要求,是教师各种素质的综合体现。由于教育实践固有的道德属性,专业道德规范的建设在教师专业化过程中有其独特意义。只有教师具有崇高的教育理想,具备献身教育的奉献精神,他才有可能充分调动自身的积极性,不断开发自身的各项素质潜能,将自身各方面的知识和技能素质统一到为未来人才培养而服务的教育教学活动中。因此,在教师的专业发展中既要注重专业知识和技能的提高,更要重视职业道德的修养,教师要做到业务精良、师德高尚。

2. 在师德要求上要处理好广泛性与先进性的关系

在教师专业道德的要求上,过去我们较多地强调统一性,忽视差异性;强调一致性,忽视层次性;强调应然性,忽视实然性。这也是造成师德教育效果不佳的一个重要原因。在现实生活中,教师的政治思想、道德品质参差不齐,世界观、人生观有差异,对教师职业的认识也不尽相同。基于这种现实,我们一方面必须切实加强师德建设,努力提高教师的职业境界。另一方面在师德的要求上,我们应当从实际出发,注重基础性,体现层次性。为人师者必先学会为人,不是一个合格的公民,就不可能是一个合格的教师。为人是师德的基础性要求,为师是师德的特殊性要求。作为教师,首先应履行好公民的权利和义务,带头遵守好公民道德。在为师的道德规范上,应坚持广泛性与先进性的统一,对绝大多数教师应提出一些社会和教育界认同的、教师应该达到而且能够达到的底线要求。

在一个文明程度较高的社会,教师总是被当作其他社会成员的楷模,教师的职业道德应当高于、先于、优于社会。习近平总书记指出:"教师的职业特性决定了教师必须是道德高尚的人群。合格的老师首先应该是道德上的合格者,好老师首先应该是以德施教、以德立身的楷模。"①因此,在强调基础性和广泛性要求的同时更要注重先进性和超越性,把师德水平推向更高层次,尤其是对一些优秀教师应提出更高的要求,以体现教师专业至善至美的道德境界,给他们确立一个个人职业道德发展的基本价值取向和不懈追求的终极目标,激励他们形成高尚的职业行为。

3. 在师德养成上要处理好他律与自律的关系

由他律到自律是个体道德形成发展的规律。师德的形成和发展,不可避免地要首先经历一个相当漫长的以义务为特征的他律道德时期。当教师的道德认识中,道德义务和道德价值仅仅受外界支配,而与主体的意向无关时,此类道德就属于他律时期的道德。他律是师德形成过程中不可逾越的阶段,因此,师德建设应以制度建设和完善机制为重点,通过政策、法律、规章制度,去规范约束教师的教育教学行为,这也有助于他律向自律转化。

由于他律是客观外界对人提出的要求和限制,就会使人产生一种压抑感,体验到不自由,因而是难以持久的。只有把他律转化为自律,才能变被动为主动、变被迫为自觉,才能在实践中感到轻松以至快慰。马克思指出:"道德的基础是人类精神的自律。"由他律转变成自律,是人社会化的过程,是从必然到自由的过程,是一个对社会要求所持态度的转变和形

---

① 习近平:《做党和人民满意的好老师:同北京师范大学师生代表座谈时的讲话》,载《人民日报》,2014年9月10日第1版。

成的过程,是个体的主观能动性充分发挥的过程。只有自律才能使师德内化为信念,外化为行为;而且教师是成年人,又有文化,对他们中多数已有一定师德基础的人来说,将师德的提高纳入日常整个教师素质提高的系列活动之中,强调自律是十分必要的。

　　自律是他律的升华,是个体成熟的表现。习近平总书记指出:"师德是深厚的知识修养和文化品位的体现。师德需要教育培养,更需要老师自我修养。"①一切师德要求都是基于教师的道德人格,高尚的道德人格是靠严格的自律来实现的。只有自律,才能使外在的社会规范内化为主体的自觉意识和行动。因此,我们在注重"他律"的同时,强调"自律",倡导广大教师自觉践行师德规范,把规范要求内化为自觉行为。从"他律"走向"自律"是师德形成的基本规律,是师德建设的最终目的。

---

　　①　习近平:《做党和人民满意的好老师:同北京师范大学师生代表座谈时的讲话》,载《人民日报》,2014年9月10日第1版。

目　录

第 一 章

教师职业道德概述

　　教师是人类历史上既古老又神圣的职业。它以育人为中心,具有极大的社会意义。教师的产生建立在人类教育活动的基础上,由社会生产力发展所决定,以社会分工的出现为前提。作为一种专门的职业,教师有着严格的专业化要求,其中教师职业道德是其核心要求。由于教师劳动的特殊性,教师职业道德呈现出严格性、自觉性、示范性、深远性、时代性的特点,发挥着极其重要的认识、教育、调节和促进功能。"育人为先""乐教勤业""人格示范"是教师职业道德的基本要求。

第一节　教师职业的产生与意义

　　汉明帝当太子时拜桓荣为老师,登上皇位后,对桓荣仍十分尊敬。他常常到桓荣住的太常府内,请桓荣坐在向东的位置上,并替桓荣摆好桌案和手杖,亲自手拿经书听桓荣讲解经文。他为何让老师"向东"坐呢？原来,汉代室内的座次坐西面东的最为尊贵。明帝这样安排是表示对老师的尊敬。由于皇帝安排老师坐西席,于是后来人们就把老师尊称为"西席"了。

　　中国历史上还有很多对教师的尊称,如"师傅",原为春秋时对国君的老师的称谓;"夫子"起先是孔子的门徒对孔子的尊称;"先生"本来是对父兄长辈中有学问者的称呼;"山长"源于《荆相近事》,指五代时隐居衡山的主讲大师蒋维东,后泛指山中书院的老师。

导入思考

1. 从上述故事中，你知道在中国历史上教师的称谓有哪些演变？
2. 为什么中国文化中有尊师重教的传统？

一、教师职业的产生

人类社会发展经由农耕时代、工业时代到信息时代，各种职业种类繁多，难以完全统计。其中，教师职业是历史悠久而又神圣崇高的职业之一。它的产生是人类社会文明进步的客观需要，是社会分工的必然产物。反过来，教师职业的形成和发展又进一步促进了社会分工的发展和人类文明的传承。

(一) 人类的生产活动是教师职业产生的社会基础

教育起源于人类社会产生之初，源自人类生产劳动和社会生活的需要。中华文明源远流长，早在原始社会，教育活动就萌芽了。原始社会的教育不是专门的社会活动，是在生产劳动和社会生活过程中进行的。教育者大多是一些部落、氏族的首领和德高望重、经验丰富的老人等。教育形式多为口传心授、言传身教，教育内容涉及生产劳动、社会生活、宗教活动等诸多方面。我国古籍在这方面有大量记载，如燧人氏教民"钻木取火"、有巢氏教民"构木为巢"、伏羲氏"教民以猎"、神农氏"制耒耜，教民农耕"、后稷"教民稼穑"、嫘祖发明养蚕制衣、仓颉造字、黄帝发明指南车、舜帝发明烧砖等。这些远古人类的生产活动是教师职业产生的社会基础。

(二) 社会生产力发展是教师职业产生的经济基础

随着社会生产力的发展，生产劳动和社会生活内容日益丰富，哲学、天文、数学、历法等知识越来越深入广泛传播，单纯依靠一对一的口传身教已经不能适应生产力发展的需要。原始社会末期，学校教育开始出现，教师职业由此产生。中国约在公元前 3000 年就产生了文字与学校。古埃及在公元前 2500 年出现了象形文字后，就出现了书记学校。古希腊的斯巴达学校和雅典学校，则是欧洲最早出现的学校。从此，教育活动开始逐步向专业化、职业化方向发展。社会生产力发展是教师职业产生的物质基础和根本原因。

19 世纪末，我国师范教育的兴起，揭开了教师职业发展史上新的一页。从此以后，我国的教师教育有了系统、专门的培训机构，教师队伍的数量和质量都有了一定的保证。

今天,高度发达的社会生产力要求社会提供更高素质的人力资源,从而促使培养人才的教师职业得到世界各国普遍的重视,教育成为推动社会进步和国家强盛的重要手段。社会生产力的发展有利于促进教育投入的增加,有利于促进教育内容、教育手段、教育方法、教育制度等的现代化,也有利于促进教师职业活动进一步向专业化方向发展。

(三)社会分工的出现是教师职业产生的前提

随着社会生产力的发展,人类历史上出现了三次社会大分工。第一次是农业和游猎、畜牧业的分离,第二次是手工业从农业中分离出来,第三次是出现了专门的商业。社会分工促使私有制和阶级产生,促使脑力劳动和体力劳动分离,从而使得社会上一部分人开始专门从事对生产经验、人伦礼仪、科学知识的总结和传承,教育成为社会活动的一种特殊形式,教师职业逐渐从农事百工中独立出来。

> 职业,是人们从事的负有特定社会责任、具有专门业务技能、以获得物质报酬作为自己主要生活来源的工作,它是人们社会地位、经济收入、生活方式的一般性表征。职业具有如下特征:第一,它是一个历史范畴,是社会分工的产物;第二,从业人员具有专门技能,担负特定的社会职责;第三,它是人们长期从事的社会活动;第四,从业人员获得合理报酬作为主要生活来源。
>
> 中国职业知多少? 1999 年版《中华人民共和国职业分类大典》将我国职业分为 8 个大类,75 个中类,434 个小类,1481 个职业。教师职业被归为第一大类,属于专业技术人员类。

二、教师职业的意义

作为历史悠久而又充满活力的神圣事业,教师职业的出现,是人类历史发展的必然要求。

(一)教师职业是一种古老而永恒的职业

教师职业古老悠久。早在原始社会,教师雏形就出现了。根据摩尔根的《古代社会》一书记载,印第安人的原始氏族中,在新酋长的就职会议上,有专人讲述以往事情,历数前任酋长如何为集体办事立功。像这样在任职仪式上教育酋长的人就是西方国家最初的教师。在我国,教师职业的出现最早可以追溯到殷商之前。《礼记·明堂位》记载:"米廪,有虞氏之庠也。"庠是舜帝时代的学校名称。这句话是说,当时将有经验的老人供奉在那里,做一些教育工作。但在当时由于社会条件所限,还不可能产生独立的教师职业。在夏朝时期,有了较完备的学校和官办学校,出现了"学在官府""政教合一"的情形,产生了持官禄做官兼教学的教官,不过这还不是专职意义上的教师。我国历史上真正的专职教师,出现于春秋末期。当时官学衰退,私学勃兴。这一时期,孔子首创私学,主张"有教无类"。这样,在中国历史上乃至世界历史上第一次出现了以教为业的教师和教师职业。自此,教师不再是官职,而成为一种独立的职业,儒家、墨家、道家、法家、名家、农家都兴办私学,招生授徒。从世界史看,古代教育经过了一个漫长的长者为师、能者为师、学者为师、以吏为师、以僧为师的阶段,之后才产生了专门的教育机构和专职的教师。在漫长的封建社会里,私塾公学并行,皇宫太学中有达官贵人讲学,社会上有名流鸿儒授课,讲学授课者即为教师。到了近现代社会,出现大规模集体授课的学校,教师职业越来越正规化。今天的教师职业,内部分工越来越细,各种类型、各种专业的教师活跃在各级各类学校和其他教育机构中。只要人类存在,就需要教育来传承文明、推动社会进步,这是一种永恒的职业。

(二)教师职业是一种以育人为中心的神圣职业

与其他职业相比,教师职业具有特殊性。由于这是一种以育人为中心的职业,其职业主体、职业规范、职业活动、职业影响具有鲜明的特点。从职业主体看,教师和学生都是有生命的灵动的个体,存在着精神互动,呈现出多元化、个性化、丰富性的特点;从职业规范看,需要教师为人师表、行为世范、因材施教,因而具有高要求性;从职业活动看,其手段、方法、过程具有主体性和创造性、灵活性;从职业影响看,教师职业涉及未来社会的人才培养,具有深远广泛的影响。

教师职业的神圣性体现在,它是促进个体学习成长的职业,是影响塑造教育者灵魂的职业,是促进天、地、人有机统一的职业,是影响改变人类命运的职业。它关注的中心是人,它的起点和最终归宿也是人。

(三)教师职业是一种极具社会意义的崇高职业

教师职业对社会发展具有重大意义,承担着重要的社会使命,被视为崇高的事业。其社会意义体现在:第一,促进个体社会化。教育是一个最具价值、最有人性的并最富于人文关怀的平台,教师通过潜移默化的系统工作,能够帮助受教育者正确处理个人与社会的关系,成为具有文明素质的现代社会公民。第二,培育社会所需的专业人才。现代教育机构借助于系统的教育资源、专业的教师队伍,能够为社会培养各方面的建设人才。第三,提升综合国力。当今世界各国普遍重视教育,是因为教育在国家建设中发挥了奠基性的作用,被视为提升综合国力的基础性工程。第四,传承并创新人类文化。教师职业之所以崇高,之所以被视为"天底下最崇高的事业",就在于它传承着人类文明,培养着科学的思维观念,教化万民,创新文化,使人类文明的火种生生不息,使文明之光辉耀着无数迷失的心灵,使不同国籍、种族、民族、地域、文化的人们能够相互学习、相互交流。

正因为教师职业有着如此重大的社会意义,自古至今,人类就有尊敬教师、崇尚教育的传统。在中国古代,荀子将"天、地、君、亲、师"并列。在现代,无数有识之士论述过教育的重要意义。许多教师将教师职业视为比自己的生命还重要。

关于师德,古代有大量论述,如孔子说:"不能正其身,如正人何?"(《论语·子路》)。孟子强调:"教者必以正"(《孟子·离娄上》);墨子说:"有道者劝以教人。"(《墨子·尚贤》)《礼记·学记》突出师德:"师也者,教之以事,而喻诸德者也。""善歌者使人继其声,善教者使人继其志。"并认为:"记问之学不足以为人师。"汉代扬雄明确提出:"师者,人之模范也。"东晋史学家袁宏则感叹:"盖闻经师易遇,人师难遭。"

三、教师是一种专门的职业

在人类历史的沧桑流变中,教师承担着承前启后、传承文明、教化万民的重任。《荀子·大略》说:"国将兴,必贵师而重傅","国将衰,必贱师而轻傅"。早在古代,国人已认识到教师职业的重大意义和神圣使命,形成了尊师重教的优良传统。《吕氏春秋·尊师》云:"生则谨养,死则敬祭,此尊师之道也。"自汉唐至明清,中国将"天、地、君、亲、师"并列,表明对学养深厚、人格高尚的教师的高度尊崇。可见,尊师重教是中国传统精神信仰的有机组成部分,内蕴中国文化的精髓。

（一）教师的含义

在我国，历代对教师的称谓复杂多变，但通称为"师"。在古代，"师"最早与军队有关。西周立国之初，为了加强军队统治力量，统治者便开办学校，培养贵族子弟。这些贵族子弟在学校主要是学习射箭、驾驶等军事技能，而后才是学习文化知识。因此，西周初期的学校教师都由高级军官担任，因其职名未变，人们称他们为"师"或"师氏"。随着社会进步和文化教育事业的发展，文官任教现象逐渐增多，为"师"便成为社会上一部分人的职业。韩愈在《师说》中明确界定："师者，所以传道授业解惑也。"

"教"与"师"原为两个词。《说文解字》上说："教，上所施，下所效也。从攴从孝。"在甲骨文、金文中，"教"字像一人手持鞭棒教一小儿学卦爻之状，表示长辈对下辈的督责，是教化、训诲之义。由于"教"是传授知识的主要手段，因此，人们便逐渐把"教"和"师"合起来，统称为"教师"。"教师"一词最早见于《学记》中："教师者所以学为君也。"口语中的"老师"一词，原为宋元时期对"小学"教师的称谓。金代元好问《示侄孙伯安》诗云："伯安入小学，颖悟非凡儿。属句有凤性，说字惊老师。"可见，"老师"最初指年老资深的学者，后专指学生对教师的尊称，一直沿用至今。

> 中国历史上还有很多对教师的别称，也含有尊敬之意。如古时贵族子弟有师有保，教师统称"师保"。晋代有师和友在诸王左右陪侍辅导，故教师别称"师友"。汉以后历代将在"校"或"学"中传播经学的教师称"经师"。汉代掌管宗室子弟训导的官员称为"宗师"。讲授武事或讲解经籍的教师谓之"讲师"。"太保"为辅导太子的官，也称太师太傅，是太子的教师。
>
> 自先秦以来对国学教师的称呼为"博士"，唐宋时进一步有"律学""算学""书学""博士"之分。另外还有"师资""教谕""教习""教授""学政""学官""监学""祭酒"，等等。

今天，我国对教师的内涵作了明确的法律规定。《中华人民共和国教师法》第三条规定："教师是履行教育教学职责的专业人员，承担教书育人，培养社会主义事业建设者和接班人、提高民族素质的使命。"这一概念包括三层涵义：

1. **教师是从事教育活动的专业人员**

这是从教师身份和职业必备资格条件角度来界定教师。教师是专业人员,必须具备国家规定的教师资格。有人认为幼儿教师、小学教师不需要专门技术,只要受过一定教育的人都可以担任。还有人认为只要接受过高学历教育的人都可以担任教师,或认为高学历教师担任中小学教师是大材小用,等等。这些观点显然是错误的。教师必须接受专门的职业训练,具备专业技能,并在教育实践中不断获得专业成长,才能胜任教师工作。教师工作于国家批准设立的学校或其他教育机构,教师职业有法定的规范的教育制度、教育规范,接受严格的教育管理和市场评价,是一种专门的职业。

2. 教师的职责是教育教学

这是从教师的职业特征和任务角度来界定教师。将教育教学职责并列,并将"教育"放在"教学"之前,说明教师不仅要承担专业课程的知识教学任务,更重要的是要承担教育学生、培养社会合格公民、促进学生全面发展的任务。这两方面职责密不可分,贯穿于教师职业生涯始终。

3. 教师的使命是教书育人

这是从教师的工作目的来界定教师的。教师职业与其说是一种职业,不如说是一种神圣事业。它要求教师具有崇高的社会责任感,将培育国家所需人才作为自己的神圣使命和重要职责,将培育合格的社会公民作为自己的工作目的,为整个民族素质的提高、为人类文明的进步做出自己应有的贡献。

(二) 教师专业化

1. 教师专业化的含义

教师专业化是指教师在整个职业生涯中,通过专门训练和终身学习,逐步习得教育专业的知识与技能,实施专业自主,表现专业道德,并在教育专业实践中不断提高自身的从教素质,从而成为一名合格的专业教育工作者的过程。

> 教师专业化既指教师个体通过职前培养,从一名新手逐渐成长为具备专业知识、专业技能和专业态度的成熟教师及其可持续的专业发展过程,也指教师职业整体从非专业职业、准专业职业向专业性进步的过程。[1]

---

[1]　许晓旭:《日本教师教育政策研究》,东北师范大学硕士论文,2011 年 5 月。

日本教育再生会议在题为《以全社会之力实现教育再生》的报告书中提出"所有手段总动员,培养有魅力、值得尊敬的教师"的口号,其重要措施之一就是实施教师资格证书10年更新制,淘汰不合格教师。

我国目前正在为建设一支德才兼备的高素质的专业化教师队伍而努力。

早在1995年国务院就颁布了《教师资格条例》,2000年教育部又颁布了《教师资格条例实施办法》,教师资格制度开始全面实施。《中华人民共和国教师法》《中华人民共和国教育法》《中华人民共和国义务教育法》等一批教育法律法规的颁布和实施不仅进一步规范了教师职业,而且使我国教师专业化的程度不断得以提高。具体而言,教师专业化发展呈现为"四化"趋势:一是师资队伍高学历化,二是师资培养培训一体化,三是师资任用证书化,四是教师发展终身化。

2018年1月20日中共中央、国务院颁布了《关于全面深化新时代教师队伍建设改革的意见》(以下简称为《意见》)。这是新中国成立以来党中央出台的第一个专门面向教师队伍建设的文件,具有里程碑式的意义。对教师职业属性、素质规格以及待遇保障等方面的战略定位,是《意见》最大的亮点。

一是更高定位。赋予教师更高的职业定位,首次确立了公办中小学教师作为国家公职人员特殊的法律地位,凸显教师职业的公共属性,不但明确了公办中小学教师特殊的政治地位,更为加强公办中小学教师的待遇保障提供了制度基础。

二是更高素质。《意见》提出,到2035年,教师综合素质、专业化水平和创新能力大幅提升。建设一支具有更高素质的教师队伍,是推进教育现代化、建设教育强国的必然要求。

三是更高标准。《意见》明确提出提高教师入职标准,要求逐步将幼儿园教师学历提升至专科,小学教师学历提升至师范专业专科和非师范专业本科,初中教师学历提升至本科,有条件的地方将普通高中教师学历提升至研究生。这意味着要办好人民满意的教育,必须吸引优秀人才从事教育,用更优秀的人去培养优秀的学生。

四是更高待遇。《意见》要求把提高教师地位待遇作为增强教师职业吸引力的根本举措,要求相关部门制定切实提高教师待遇的具体措施,健全中小学教师工资长效联动机制,特别是首次明确要求核定绩效工资总量时统筹考虑当地公务员实际收入。

2. 教师专业化的具体标准和内容

1966 年联合国教科文组织和国际劳工组织在《关于教师地位的建议》中就强调教师的专业性质，认为"教学应被视为专业"。这是第一次经由国际间的教育学者和政府人士共同讨论与合作，对各国的教师地位给予了专业的确认与鼓励。时隔 30 年，1996 年联合国教科文组织第 45 届国际教育大会，通过了九项建议，其中第七项建议就是"专业化：作为一种改善教师地位和工作条件的策略"。1998 年在北京师范大学召开的"面向 21 世纪师范教育国际研讨会"，明确提出"当前师范教育改革的核心是教师专业化问题"。培养具有专业化水准的教师成为国际教师教育改革的目标。国际社会普遍认为，教师这个行业正处于从半专业、准专业向完全专业道路不断前进的过程当中。

20 世纪 80 年代以后，很多国家都加快了教师专业化的建设步伐，提出了不同的建设标准和目标，归纳起来主要包含两大方面：一是专业自身的成熟程度和分化程度，这包括专业知识、技能成熟度，专业组织、制度成熟度和专业精神水平等；二是专业的经济待遇、社会地位和专业声望以及由此形成的职业吸引力。

芬兰教师地位极高。人们向往做中小学教师甚至超过做总统。每年报考师范院校的年轻人人数众多，竞争激烈。获取教师资格证的要求极其严格，必须是硕士及硕士以上的学历，并通过教师资格考试，面试淘汰率为 85%。为促进教师知识更新，各级教育机构都积极鼓励教师自主学习和研究，并提供免费的在职或脱产培训。芬兰教师创造了基础教育的奇迹，曾在 57 个国家和地区参加的国际学生评价项目测试中，连续三届蝉联第一，备受瞩目。芬兰小学教师属于包班制，一个老师教班级所有课程，一般都具有很强的专业知识和教学能力，兼具多种才能。芬兰的教师如果要改行，往往是各大公司争聘的对象。①

目前，我国主要是从教师专业自身成熟度来强调教师专业化的标准。从教师行业看，它涉及专业知识成熟度、专业制度成熟度、专业精神水平。

---

① 陈之华：《芬兰教育全球第一的秘密》，中国青年出版社，2016 年 6 月版。

从教师个体看,教师专业化的具体内容包括教师的专业道德、专业知能、专业训练、专业发展四个方面。其中,专业道德是教师专业化的核心要素,具体包括如下基本内容:一是专业责任感和归属感,特别是对教师职业的热爱和对育人工作的负责精神;二是精益求精的工作态度,即努力探索教师职业规律,追求理想教育教学境界,不断改进专业技能,不断创新,力求达到最佳教育教学效果;三是终身发展的意识,即树立终身学习、开放学习的理念,不断追求自身人格完善,发展自我,提升职业素质,努力为人师表。

教师专业化意味着教师被赋予更大的职业创造性和自由度,意味着教师职业是一种终身发展的高知识高技能的职业,更意味着教师必须具有高尚的职业道德。

2012年起,为落实教育规划纲要,促进教师专业发展,建设高素质教师队伍,教育部颁布了《幼儿园教师专业标准(试行)》《小学教师专业标准(试行)》和《中学教师专业标准(试行)》,确立了学生为本、师德为先、能力为重、终身学习四个基本理念,引领学前教育与中小学教师的专业发展。

> 历史上,幼儿教育的社会化、职业化到近代才产生。福禄倍尔1837年在德国布兰根堡创办了幼儿教育机构,1840年正式命名为"幼稚园"(Kindergarten,直译为儿童花园),标志着世界上第一所幼儿园的诞生,福禄倍尔也被称为"幼儿园之父"。
>
> 我国第一所幼儿园诞生在清末"洋务运动"后期。湖北巡抚端方于1903年9月在武昌创办湖北幼稚园,由此,我国第一所学前儿童教育机构正式诞生。清政府1904年颁行的"癸卯学制"第一次用国家学制的形式把"蒙养院"作为学前教育机构的名称确定下来。
>
> 幼儿教师作为专业教师的地位在全世界愈益得到重视。目前,随着《国家中长期教育改革和发展规划纲要(2010—2020年)》《国务院关于当前发展学前教育的若干意见》的贯彻实施,大力发展学前教育正成为我国教育事业发展的一道亮丽风景线。[1]

---

[1] 周玉衡、范喜庆:《学前教育史》,复旦大学出版社,2009年9月版。

第二节 教师职业道德的含义及特点

那时我大约十一岁。

有一天练歌的时侯,长辫子的音乐老师,突然把指挥棒一丢,一个箭步从台上跳下来,东瞄西看。她铁青着脸转了一圈儿,最后走到我面前,做了一个斩钉截铁的手势,整个队伍瞬间安静下来。她叉着腰,一字一顿地说:毕淑敏,我在指挥台上总听到一个人跑调儿,不知是谁。我走下来一个人一个人地听,总算找出来了,原来就是你! 一颗老鼠屎坏了一锅汤! 现在,我把你除名了!

我木木地站在那里,无法接受这突如其来的打击。刚才老师在我身旁停留得格外久,我还以为她欣赏我的歌喉,分外起劲,不想却被抓了个"现行"。我灰溜溜地挪出了队伍,羞愧难当地走出教室。

三天后,我又被找回去。从操场到音乐教室那几分钟路程,我内心充满了幸福和憧憬。走到音乐教室,长辫子老师不耐烦地说,你小小年纪,怎么就长了这么高的个子?!

我听出话中的谴责之意,不由自主就弓了脖子塌了腰。从此,这个姿势贯穿了我整个少年和青年时代。

长辫子老师脸绷得好似新纳好的鞋底。她说,毕淑敏,你听好,你人可以回到队伍里,但要记住,从现在开始,你只能干张嘴,绝不可以发出任何声音! 说完,她还害怕我领会不到位,伸出颀长的食指,笔直地挡在我的嘴唇间。

小合唱在"红五月"歌咏比赛中拿了很好的名次,只是我从此遗下再不能唱歌的毛病。

在那以后几十年的岁月中,长辫子老师那竖起的食指,如同一道符咒,锁住了我的咽喉。①

导入思考

1. 为什么一位小学音乐老师会成为著名作家毕淑敏一生中的重要

① 本案例根据毕淑敏《谁是你的重要他人》(中国物资出版社 2009 年版)改编。

他人?

2. 结合这一案例说一说教师职业道德的特点。

一、教师职业道德的含义

不同于其他职业,教师职业是一种关注心灵和生命成长的职业,是一种以育人为中心的职业,是建立在人格发展基础上传承社会文明的职业。教师职业道德是教师职业素质的根本和核心,决定着教师职业活动的过程、目标和效果。

为了说明什么是教师职业道德,有必要先了解什么是道德和职业道德。

(一) 道德及职业道德的内涵

1. 什么是道德

"道德"一词,在我国文化典籍中含义广泛。从词源上说,最初"道"与"德"分开使用。"道"一词,最早见于《诗经》:"周道如砥,其直如矢。"这里的"道",即道路之意。"德"一词的历史起源已难考定,但据考古发现,西周大盂鼎铭文内已铸有"德"字。《周书》《诗经》《尚书》已经使用"德"字,多指德行、品德之义。据《释名·释言语》解释:"德,得也,得事宜也。"又据《说文》解释:"德,外得于人,内得于己也。"指处理好人与社会的关系,对人对己都有好处。春秋时期的老聃著有《道德经》一书,分为《道经》和《德经》。该书中之"道",意指天地的本原、规律。"德"则通"得",指基于道而有的天地万物的本性,化育有得,也指德行、品德。

最早把"道德"二字联用的是战国末期的荀况。他在《劝学篇》中说:"故学至乎礼而止矣,夫是之谓道德之极。"意思是一切都按礼而行,就达到了道德的最高境界。

在西方古代文化中,"道德"(morality)一词起源于拉丁语的"mores",意为风俗和习惯,也有规范规则、行为品质和善恶评价等含义。

今天,我们认为道德是由一定社会的经济关系所决定的特殊意识形态,是以善恶评价为标准,依靠社会舆论、传统习惯和内心信念所维持的,调整人与人之间以及个人与社会之间关系的行为规范的总和。这一定义可作如下理解:

(1) 道德的核心内容是个人与社会之间的关系。道德关注的核心是如何正确处理个人与社会之间的关系。道德以规范、规则的形式,表达社会的外在客观要求,内化为个体信仰、观念、品行,对个人的思想行为加以规范和约束,以维持社会运转和个人生存,促进社会和个人共生互利。道德具有历史继承性和相对独立性。

（2）道德的调节手段是社会舆论、传统习惯和内心信念。与法律手段相比,道德手段是一种弹性调节,带有不确定性、灵活性。其中,当社会舆论、传统习惯与内心信念相抵触时,内心信念往往会起决定作用。

（3）道德的评价标准是善恶。凡是有利于社会发展进步的,我们视之为善,凡是阻碍社会发展进步的,我们视之为恶。但是,善恶标准具有相对性、历史性。在阶级社会里,具有阶级性。

（4）道德既是一种社会规范,也是一种个体观念、品质、修养、境界。作为调节个人和社会关系的社会规范的总和,道德是复杂的、具体的、多元的,但是,每个社会往往会形成那个时代的核心价值规范体系。在个体身上,道德则往往表现为道德观念、道德品质、道德修养和道德境界。

当今社会,人们生产生活主要涉及社会公共生活、职业生活、家庭生活三大领域,相应的,道德可以划分为社会公共道德、职业道德、家庭道德三种类别。下面着重讲一讲什么是职业道德。

2. 什么是职业道德

职业道德是社会道德的重要组成部分,是一定社会的道德原则和规范在职业行为和职业关系中的特殊表现,是从业人员在职业活动中应该遵循的道德规范以及应当具备的道德观念、道德情操和道德品质。具体包括职业观念、职业情感、职业理想、职业技能、职业纪律和良心、作风等方面内容。

职业道德一般具有以下特征:

（1）在调整对象和范围上具有明显的专业性或特定性。职业道德是同人们的职业生活实践相联系的,往往只对从事某种特定行业的人起调节作用。比如专门意义上的"救死扶伤"的道德只适用于医生职业,"诲人不倦"的要求主要适用于教师。

（2）在具体内容和结构上具有一定的继承性和稳定性。如教师行业"为人师表""以身立教"等道德规范有较长的历史传统,从古到今,对教师职业道德都有基本一致的要求。

（3）在规范形式和方法上具有明显的灵活性和多样性。既有比较正式的规章制度,也有非正式的口号、标语,还有一些不成文的行规、习惯、习俗。各行业往往从实际出发,制定反映本行业的职业道德具体内容的制度和要求。

（4）在不良后果的处理上具有一定的强制性或惩罚性。违反职业道德通常会受到相应的处罚，如批评、警告、罚款、撤职、解聘等等，严重的会受到法律制裁。

总之，作为主要调节各行业从业者和他人之间关系的职业道德，在今天具有不同于以往社会职业道德的特点，是我国社会主义精神文明建设的重要组成部分。

（二）教师职业道德

1. 教师职业道德的含义

教师职业道德是职业道德的特殊表现形式，是在教师职业劳动产生之后逐渐形成的。具体是指教师在从事教育劳动过程中形成的，用以调节教师与他人、教师与社会、教师与集体等相互关系时所必须遵守的基本道德规范和行为准则，以及在此基础上所表现出来的道德观念、情操和品质。

上述定义，一是揭示了教师职业道德的独特性，说明它是教师这一职业所特有的，是与教师这一职业密切联系的专门性道德。不同于其他职业，教师职业道德围绕教书育人这一中心任务，为了尽到教育教学之责，有了自己行业的特殊道德要求，即"学高为师——师德之基，身正为范——师德之本，热爱学生——师德之魂"。

二是揭示了教师职业道德的基本内涵，说明教师职业道德不只是教师在职业生活中所应遵循的行为规范或行为准则，还包括教师对规范或准则中内得而成的观念意识和行为品质。一方面，教师职业道德体现了社会对教师职业的外在客观要求，是处理教师职业人际关系的行为规范。另一方面，教师职业道德是教师内化了的理想、观念、情操、品质，一种内化于心灵的德性，一种内在品性，昭示着什么样的教师职业人生才是有目的和有意义的。

2. 教师职业道德的构成

教师职业道德主要由教师职业道德原则、教师职业道德规范、教师职业道德范畴、教师职业道德修养、教师职业道德评价等内容层次构成。教师职业道德原则主要包括育人为先原则、乐教勤业原则、人格示范原则，等等。教师职业道德规范具体包括爱国守法、爱岗敬业、关爱学生、教书育人、为人师表、终身学习六大内容。教师职业道德范畴具体包括教师职业义务、教师职业良心、教师职业幸福、教师职业荣誉、教师职业公正等具体内容。这些因素从不同方面反映出教师职业道德的特定本质和规律，同时又互相配合,加上教师职业道德修养与教师职业道德评价,构成一个较为丰富的教师职业道德结构体系。

二、教师职业道德的特点

(一)教师职业劳动的特殊性

教师职业道德的特点是由教师职业劳动的特点所决定的。教师在劳动目的、劳动对象、劳动手段、劳动过程、劳动结果上呈现出特殊性。具体表现为:

1. 教师的劳动目的具有社会性和责任性

不同于物质生产劳动,教师劳动以培养人、塑造人为目的,以教书育人为根本任务,其劳动具有极其重要的社会意义。当今各国,都把教育视为增强综合国力、发展社会生产力的重要手段。百年大计,教育为本。教师职业的社会意义极其重大。

2. 教师的劳动对象具有能动性和多样性

教师劳动的对象为可塑性大、尚未成熟的学生,他们是活生生的人,具有能动性,表现在学生不是被动地接受知识观念加工,而是独立地、有选择性、批判性、倾向性地从教师那里获取所需知识经验。学生既是"教"的客体,又是"学"的主体。学生学习的过程是一个内外因相结合的过程。同时,学生群体呈现出多样性,由于先天素质、后天环境与受教育程度不同,导致学生智力、个性、气质、兴趣、特长、爱好不同,而且处在不断变化的过程中。

3. 教师的劳动手段具有规范性和创造性

教师劳动受到教育法规、行业制度、纪律等严格规范,在课程、教材、课时的选择,教学手段的运用上都有严格的规范要求,学生培养是一个循序渐进的有计划、有步骤的规范的过程。但是,教师劳动仍然体现出个体的充分的自由度和创造性。如教师须将教材内化并传授,需要高超的教学艺术和教育机智,要随时捕捉教育灵感、因材施教。在当今信息化时代,教师要运用现代教育媒体与其相适应的教育方法进行教育活动,以求实现教育最优化的效果。这对教师个人素质也提出了新的更高的要求。

4. 教师的劳动过程具有复杂性和自觉性

教师劳动过程就是施教的过程。在这一过程中有两方面的特殊性。一是教师的劳动在时空上的灵活性。这就是说,教师所投入的劳动时间量不限于每天 8 小时,其劳动空间的范围也不局限于学校内,具有时空上的灵活性。二是教师劳动中人际关系的特殊性。与工农业生产不同,教师每天劳动中所直接处理的主要是人与人之间的关系。这种关系呈现出两方面的特点:一是关系多样复杂。即教师不仅要处理好与学生的关系,而且要处理好教师间,以及与家长、社会有关方面的关系。二是关系重要。由于学生处在学生集体、教师集体、学校集体、学生家长与社会环境的共同影响作用下,决定了教师劳动是个体性劳动与整体性协同劳动的统一。因此,和谐一致的人际关系是教师劳动的必要条件。

由于劳动主体和劳动对象都是活生生的人,极具个性又丰富多变,劳动内容不但涉及知识的传递,更涉及心灵的影响,因而教师劳动是一个师生互动的复杂的灵活过程。它要求教师言传身教,以身垂范,因而其劳动具有一定的个体性和创造性。如教师备课、上课、辅导、谈心、处理问题都是以个别方式进行的,教师的劳动很难量化,往往需要借助教师的自觉劳动来达到最佳教育效果。

5. 教师的劳动成果具有集体性和长期性

对教师劳动成果的检验比其他行业困难和复杂得多。这是因为人才的培养和成长是一个多种因素综合作用的结果,从这个意义上说,教育是一项集体劳动。其集体性表现在:学生受到校内外、家庭、社会、教师、党团组织等多渠道的综合教育影响,最终结果不是各因素的简单相加,而是各因素内化的综合反映。教育工作需要教师集体的通力合作。由于学生远大理想的树立、品质习惯的养成、知识技能的掌握、能力的发展是一个长期的过程,见效慢,因而教师的劳动成果具有长期性和隐蔽性。

与工农业产品不同,教师劳动的"产品"是掌握一定科学文化知识和形成一定思想道德品质的人。教师对他们的影响,并不因教育过程的结束而随之消失,而是继续影响他们的思想和行为。因此,教师加工出来的"劳动产品"具有其他劳动产品无法比拟的社会价值和意义。教师劳动,即使生产了"毛病"累累的"不合格产品",不但不能像工业劳动那样将"不合格产品"抛弃,相反需要教师加倍地予以精细"加工",以百倍的热情和耐心认真地加以"矫正",努力做到不让一个"不合格产品"流向社会。这就要求教师要对自己的劳动高度负责,要有强烈的自觉性和责任感。

(二) 教师职业道德的特点

鉴于教师劳动的特殊性,教师职业道德相应地呈现出如下特点。

1. 教师职业道德标准具有高度的严格性

由于教师的任务,主要是对学生的人格加以影响和培养,帮助他们塑造高尚的灵魂,而不是简单地从外部去"雕琢"对象,这就对教师职业道德提出了高标准、全方位的要求。教师职业道德标准的严格性具体体现在:

首先,社会对教师职业道德要求的高层次性。教师职业具有直接的社会影响性,影响着人类社会的发展,几乎没有哪个职业比它更受社会公众的关注。特别是我国自古就有尊师重教的优良传统,人们不仅对教师的社会期望值很高,相对而言,对教师的道德要求更高。

其次,体现在对教师职业道德要求的全面性。包括劳动目标起点高,劳动时间、空间上的全面投入以及在内容规定上的全面性,涉及职业理想、职业态度、职业责任、职业技能、职业规范、职业良心、职业作风、职业情操等诸多方面要求。

2. 教师职业道德意识具有强烈的自觉性

基于教师责任的重大以及教师劳动的特殊性,教师职业道德对教师自觉性的要求就提高了,教师个人基于教育信仰和理念,往往对自身也有较高的自觉要求。"教育是一个使教育者和受教育者都变得更完善的职业,而且,只有当教育者自觉地完善自己时,才能更有利于学生的完善与发展。"①

由于教师劳动的个人性质和自由性,在某种意义上,教师的劳动就表现为"良心活"的特点。

3. 教师职业道德行为具有独特的示范性

这一特征是由教师劳动手段的示范性和学生的向师性、模仿性决定的。教师职业道德特别强调行为的示范性。它不仅是教师自身行为的规范和准则,而且是教育培养学生的重要手段和方式,发挥着"以身立教"的突出作用。教师宛如一本"立体教科书",以自身行为的独特示范完成教师职责。

4. 教师职业道德影响具有潜在的深远性

教师职业道德的影响深入学生心灵,不仅影响到学生的今天,而且影响到学生的明天,甚至影响一辈子,使学生终生难忘。这种影响具有潜在性,它所产生的效果,不一定立竿见影,往往具有迟效性和后显性。教师职业道德的影响还具有广泛性。它不仅作用于每一个学生,而且会通过学生影响家庭和社会。在现代社会,普及义务教育已经是世界性潮流,每

---

① 叶澜:《教师角色与教师发展新探》,教育科学出版社,2001年版。

个人都要受到教师的培养,师德的作用也越来越大。

5.教师职业道德内容具有鲜明的时代性

教师职业道德有自己的发展历史和独特内容,体现着人类的智慧和文明。在我国,教师职业道德的内容首先继承了优良的文化传统和优秀的师德遗产,如以身作则、诲人不倦、循循善诱、因材施教、为师重德,等等,涉及教师责任、教师职业良心等范畴。中国传统教师道德具有自己的特点,如强调个体道德服从整体道德,在此基础上对教师提出综合的道德要求,倡导以积极入世为道德追求,重在启发内心自觉。教师职业道德在内容上要与时俱进,不断反映时代的要求。

第三节 教师职业道德的功能与作用

有一天,轮到我和几名同学,到小厂房里义务劳动。因为我的母亲,每年冬季都为支气管炎所苦。可是家里穷,母亲舍不得花钱买药。当天,我往兜里偷偷揣了几片干橘皮。不料想,一个同学告发了我。在学校的操场上,我被迫当众承认自己偷了几次橘皮,当众承认自己是贼。于是我处于可怕的孤立之中。

当时我的班主任,正休产假。她重新给我们上第一堂课的时候,就觉察出了我的异常处境。放学后她把我叫到了僻静处,问我究竟做了什么不光彩的事。我哇地哭了……但是,她依然严厉地批评了我。第二天,她在上课之前却说了一番这样的话:"首先我要讲讲梁绍生(我当年本名)和橘皮的事。他不是小偷,不是贼,是我吩咐他在义务劳动时,别忘了给老师带一点儿橘皮。老师需要橘皮掺别的中药治病。你们再认为他是小偷,是贼,那么也把老师看成是小偷,是贼吧……"第三天,当全校同学做课间操时,大喇叭里传出了她的声音。说的是她在课堂上说的那番话……她在我心目中,从此再也不是一位普通的老师了,尽管她依然像以前那样严厉,依然戴600度的近视眼镜。

没有她,我不太可能成为作家。也许我的人生轨迹将彻底地被扭曲、改变,也许我真的会变成一个贼,以我的堕落报复社会。也许,我早已自

杀了……①

导入思考

1. 案例中班主任的工作为什么会影响学生一生？
2. 想一想教师职业道德对学生、教师和社会分别有何作用？

一、教师职业道德的功能

教师职业道德的功能主要有认识、调节、教育和促进几个方面。

（一）认识功能

教师职业道德规定了教师处理个人利益与集体利益和社会利益的道德原则；指明了教师在教育活动中应遵守的规范和要求，引导教师在教育过程中正确选择自己的行为；调节教师在从教过程中的各种关系、矛盾和言行，保证教育工作顺利开展和教育任务顺利完成。通过学习和实践教师职业道德，教师可以明确什么是应当做的，什么是可以做的，什么是不能做的，了解教师职业的权利和义务，掌握一个优秀教师的标准。

（二）调节功能

所谓调节功能，是指教师职业道德通过教育、评价、沟通等方式和途径，指导和纠正教师个人与他人、个人与社会交往关系中的行为，协调教育过程中的各种关系，解决各种矛盾，激发教师的积极性和创造性，顺利完成教育教学任务。

这种调节表现为外部调节和内部调节两种。外部调节主要是借助于师德规范的外在要求，借助于社会舆论和风俗习惯的调节手段来进行。内部调节则更主要是靠教师的内心信念和道德良心来进行。如康德所说，"头顶的星空"和"心中的道德律"是神圣而令人赞叹和敬畏的。

（三）教育功能

所谓教育功能，即通过师德原则、规范、范畴的学习和引导，运用说理感化、评价、激励、榜样示范来教育教师正确认识和对待自己所从事的职业，正确认识自己，善待他人，正确地认识对他人、对社会应尽的责任和义务，以此形成教师的道德信念、风范和判断能力，支配自己的行为，塑造教

---

① 根据梁晓声《我与橘皮的故事》删减而来。梁晓声：《名家散文自选集——我与橘皮的往事》，民主与建设出版社，2017年版。

师的人格,从而提高教师的精神境界和师德水平,强化教师的事业心、责任感。

(四) 促进功能

职业道德对教师个人具有重要意义。它体现了一定社会或阶级对教师职业行为的基本要求,是教师个体职业工作的精神动力。它既是一种外部的激励,又是教师的自我激励。它是教师职业行为的精神基础和内在动力。

职业道德对教师职业具有重要意义。它是教师职业的核心,有利于促进整个教师行业的发展和教师队伍整体素质的提高,也有利于提升教师职业的地位和作用。

二、教师职业道德的作用

教师职业道德的作用主要表现在如下几个方面。

(一) 促进教师职业专业化

师德是教师区别于其他职业的根本标志,是教师职业的特殊要求。教师职业对从业者有着高标准、全方位的道德要求,将师德视为从业的核心资质和必要条件,视为教师专业素质的首要条件。教师职业道德的确立促进教师职业愈益专业化。

(二) 促进师生生命成长和人格完善

师德是教育生成发展的基础和途径。教育活动的特殊性就在于它是人与人的精神传递和心灵互动,是教育者与被教育者互相的感应和交流,是心灵对心灵的呼唤。正如德国存在主义哲学家雅斯贝尔斯在《什么是教育》一书中所说:"教育意味着一棵树摇动另一棵树,一朵云推动另一朵云,一个灵魂唤醒另一个灵魂。""爱在彼此存在中实现。一个真实的自我和另一个真实的自我在彼此互爱中联系起来。这样,一切事物才能在存在的光辉中敞亮。"

(三) 促进社会文明传承和发展

师德是社会文明传承发展的根基。在教育活动中,教师的德行素养体现着社会文明的要求,并经过教育活动向学生传递着社会文明的火种。学生在学习中不断创造性地吸收着历史的经验和社会的文明,生发出新的智慧和文明。师德本身就是文明的体现,同时又是文明催生的土壤。没有师德,就没有真正社会意义上的教育活动,就没有高超的教育技艺,就不能培养出社会文明的承继者和创造者。

教师节的由来

葡萄牙是世界上最早确定教师节的国家,1889年,葡萄牙政府确定,每年5月18日为教师节。我国的教师节始于1931年6月6日。新中国成立后,1985年1月21日,第六届全国人大第九次常委会决定将每年的9月10日定为教师节。

练习与探究

1. 教师职业的产生条件和意义是什么?

2. 结合教师劳动的特点,谈谈教师职业道德有哪些特点。

3. 教师职业道德的功能和作用是什么?

4. 拓展性活动:

1997年,一位16岁的少年给《中国青年报》写了一封信,叙述了自己个头矮却被老师安排在最后一排,而班上大个子同学因为给老师送了礼而被安排在前排。他在信中直接表露了一个少年的愤怒:《老师,我看不起你》。随着这类控诉增多,《中国青年报》刊登了长篇报道《归来吧,师德》。此后,年年都有越来越多的关于教师失德的报道。1998年,一位如花少年因被老师赶回家加罚作业而用红领巾自杀。2000年后,更多的恶性事件被一桩桩披露。2002年陕西小学男教师程世俊强奸猥亵小学女生案激起公愤。2008、2009年则被形容为师德井喷年。杨帆、季广茂让人们思考,范跑跑、杨不管让舆论哗然,谭千秋、叶志平让世间动容。2017年,"上海携程亲子园""北京红黄蓝幼儿园"发生了幼儿在幼儿园受到侵害事件,引起了社会与媒体的广泛关注,公众对师德议论纷纷。

(1) 请你走访附近社区,随机调查社会公众对师德是否滑坡的看法。

(2) 请选择一所小学或幼儿园,调查老师及家长对师德是否滑坡的看法。

(3) 结合上述调查,谈谈你对师德是否滑坡问题的认识。

第二章

新时期教师职业道德规范（上）

　　2008 年 9 月 1 日颁布的新《中小学教师职业道德规范》（以下简称《规范》）是中华人民共和国成立以来，国家正式颁布的第四个中小学教师职业道德规范。新《规范》的主要内容为：爱国守法、爱岗敬业、关爱学生、教书育人、为人师表、终身学习。这六条基本内容，体现了教师职业特点对师德的本质要求和时代特征。随着时代的变化，师德被赋予不同的内涵，但是"传道""授业""解惑"始终是师德赖以生成的根本依据，"爱"和"责任"始终是贯穿其中的核心和灵魂。新《规范》成为新时期人民教师的行业性要求，具有广泛性、针对性和现实性。

第一节 | 爱国守法

　　季羡林，生前为北京大学教授，一生从事国学和东方学研究，为东方文化的传承和发展做出了杰出的贡献。贯穿季老一生的是他那坚韧不拔、忘我献身学术、报效祖国的意志力。他是一个坚定的爱国者。他说："平生爱国不敢后人，即使把我烧成灰，我也是爱国的。"他热爱祖国的壮丽山川和悠久的历史文化。求学清华时，他加入赴南京要求蒋介石政府抗日的请愿行列，还到农村去宣传抗日爱国。他说，赴德留学也"是为了爱国"。在德国法西斯统治的黑暗岁月里，虽然忍饥挨饿，他仍然发奋学习希腊文、拉丁文、梵文、吐火鲁文、巴利文，研读梵语佛教经典。当他的博士考试各科优秀，毕业论文胜利通过时，他的感受是："我没有给中国人丢脸，可以告慰亲爱的祖国。"季羡林回国到北京大学工作后，就把爱国精神化成报效祖国的教学与研究的实践。他不断地开创学术研究的新领域新课题，做出了杰出的学术贡献。季羡林是一个执着的爱国者，他一生都盼望祖国繁荣富强。在他病重住院期间，仍亲笔书写了"我的中国心"几个铿锵大字赠与后人。

导入思考

作为人民教师，季羡林是怎样用实际行动来热爱祖国的？从他身上，可以看出教师应具备哪些职业道德？

一、爱国守法是教师职业的基本要求

《公民道德建设实施纲要》明确提出"爱国守法"是公民道德的基本规范，并将其置于公民基本道德规范的首要位置，与"明礼诚信、团结友善、勤俭自强、敬业奉献"共同构成公民的基本道德要求。爱国守法强调公民要培养高尚的爱国主义精神。爱国主义是全体公民最广泛、最基本的认同基础，是中华民族精神的核心。

爱国，是公民的起码道德，是社会主义核心价值观的重要内容。一个人，不管属于哪个民族，也不管政治立场和宗教信仰如何，都承担着热爱祖国、报效国家的责任和义务。爱国是中华民族的优良传统。中国儒家传统文化强调"舍生取义"，即为了国家利益，为了捍卫国家主权，不惜牺牲个人生命。回顾中国历史，正是在这种真挚的爱国热情的激励下，无数中华儿女不惜抛头颅、洒热血，前仆后继、英勇斗争，挽救中华民族于危亡之中，书写了波澜壮阔的历史画卷。现代社会中，我国各族人民在抗击四川汶川特大地震、成功举办北京奥运会和残奥会、抵御国际金融危机、圆满举行新中国成立65周年庆典中，表现出极大的爱国热情，民族凝聚力空前高涨。

爱国是教师的政治使命和社会责任。教师应该把自己的教育使命与国家和民族的生存发展结合起来，将爱国主义教育渗透于教育教学实践中，为国家和民族培养出热爱祖国、热爱中华民族，具有社会责任感、使命感和参与感的中国公民。

> 热爱祖国，这是一种最纯洁、最敏锐、最高尚、最强烈、最温柔、最有情、最温存、最严酷的感情。
>
> ——［苏联］苏霍姆林斯基
>
> 国家是大家的，爱国是每个人的本分。我觉得凡是脚站在中国的土地，嘴吃中国五谷，身穿中国衣服的无论男女老少，都应当爱国。
>
> ——陶行知

守法是公民道德最低层次的要求，也是建设社会主义法治国家的必然要求。实现社会主义法治国家的目标，需要每个社会成员知法守法，用法律来规范自己的行为，不做法律禁止的事情。教师只有做到依法执教，才能更好地为国家培养依法治国的人才，才能有效提高全民族的法律意识和法治水平。

守法是教师坚持正确职业行为方向的保证。我国现有专任教师1600万人，他们兢兢业业、努力工作，涌现出大批爱生如子、乐于奉献的师德典范。但也有相当数量的教师法律意识不强，既不学法，又不懂法，因而不能很好地带头守"法"。比如擅离课堂，随意停课；偷取、泄露考题和考试舞弊；实施体罚或变相体罚；对学生乱收费、乱罚款等。这就要求教师加强对有关法律、法规的学习，依法保护教师和学生的合法权益，切实做到依法执教。

守法是依法治教的重要内容。依法治教的重点是各个教育部门都要按照法定的权利和义务来治理教育，依法指挥、组织、管理、实施、监督、参与教育活动。为此，教师在从教过程中要认真地学法、知法、懂法和守法，依法行使教书育人的权利，履行法定的教育义务和责任，模范执行国家的法律法规和路线、方针、政策。

二、爱国守法的基本内涵

爱国守法包括两方面的内容：一是爱国，二是守法。爱国的基本内涵包括三个方面：一是牢固树立中华民族和国家利益至上的意识，自觉维护祖国的独立、统一、尊严和利益；二是为把中国建设成为富强、民主、文明、和谐、美丽的社会主义现代化国家做力所能及的贡献；三是在教育教学中，积极实施爱国主义教育。守法不仅仅是法律层面的要求，也是道德层面的要求。作为公民道德的基本要求，守法强调教师要自觉地学法、懂法和守法，同时在教育教学中，严格遵守宪法和教育法律法规，使自己的教育教学活动合法、规范，做到依法执教。

爱国守法包含着两种角色要求：一是作为中华人民共和国的每一位公民，都必须自觉履行公民应尽义务。二是作为人民教师，必须认真贯彻我国的教育方针，遵守教育法律法规，依法履行教育职责。

爱国守法对教师提出了两个层次的职业要求：一是广泛性要求，即每一位教师都要自觉做到热爱祖国，热爱人民，拥护中国共产党领导，拥护社会主义，全面贯彻国家教育方针，自觉遵守国家的法律法规，依法履行教师职责。二是底线性要求，即教师不得有违背党和国家路线、方针、政策的言行。

三、爱国守法的践行要求

1. 做爱国守法的模范

爱国主义精神是中华民族的优良传统和崇高的思想境界，是我国民族性格的精神支柱，是道德情操的最高体现。中国的儒家思想中"修身、齐家、治国、平天下"的思想铸就了许多仁人志士"以天下为己任"的爱国主义情怀。民族复兴的希望在教育，教育振兴的希望在教师。人民教师是优秀历史文化的传承者，是中国特色社会主义事业的建设者，也是未来社会主义事业接班人的培育者，这一历史责任要求教师具有强烈的爱国情感和民族责任感，模范地遵守法律法规，恪守社会公德，自觉做到知法、守法、护法，不仅成为一名爱国守法的公民，而且要做一名具有高尚人格和良好道德的教师。同时，将爱国主义情感和民主法制精神贯穿于教育教学中，用自己的言行去熏陶、感染和教育学生。

2. 认真学习有关法律法规，自觉做到依法执教

教育立法是推进依法治教的基础和前提。改革开放以来，我国在教育法制化方面取得了巨大进展：1986年颁布《中华人民共和国义务教育法》，1991年9月颁布《中华人民共和国未成年人保护法》，1994年1月开始实施《中华人民共和国教师法》，1995年9月颁布《中华人民共和国教育法》以及一系列配套法规。其中《中华人民共和国教师法》对教师的资格、权利和义务做了详细的规定。根据教育改革与发展的需要，《2003—2007年教育振兴行动计划》提出加强和改善教育立法工作，如今，教育法

律法规体系不断完善。教师必须弘扬宪法精神,进一步增强法律意识,认真学习和领会相关教育法律法规,增强依法执教的自觉性和能力。

3. 将爱国守法融于教育活动中

第一,在教育教学中渗透爱国主义教育,培养学生的爱国主义精神。陶行知先生曾说:"教师的好坏简直可以影响到国家的存亡和世运之治乱。"因此,教师必须教育和培养学生的爱国之情、报国之志。在日常教学中主要应通过学科渗透、主题教育或社会实践等形式,对学生进行民族自豪感和责任感教育。让学生懂得爱国是每一位中国公民的神圣情感,它不是一个抽象的概念,而是有着具体的要求:既表现在国家安危、民族存亡的紧要关头能够挺身而出、舍生忘死,也表现在当他人的生命财产遭遇危险的关键时刻能够见义勇为、扶危济困,还表现在日常生活中热爱学习、文明友善、乐于助人等良好的行为和品质。引导学生把爱国之志转化为报国之行。一位海外华文教育工作者说,他曾在中国、韩国和美国的小学问孩子:什么样的孩子是好孩子? 美国的孩子脱口而出:为作为一个美国人而自豪的孩子是好孩子。韩国的孩子说:爱国旗的孩子。中国的孩子说:考 100 分,听话的孩子。他感慨道:爱国教育应该从孩子好好抓起。

第二,在教育教学中渗透法制教育,教会学生明辨是非。法制安全教育是对学生实施教育的重要内容之一,也是让青少年学生知法、守法,减少犯罪最有效的途径。邓小平指出:"法制教育要从娃娃开始,小学、中学都要进行这个教育,社会上也要进行这个教育。"①教师要在日常教育教学中,通过各种教育形式,使学生知法、守法并学会用法,培养和提高其法律素质,形成良好的守法、用法和护法习惯,自觉树立法律权威。同时要重视对学生进行法律情感的陶冶和法律行为习惯的培养,使学生养成较强的法制观念和良好的守法、用法行为习惯。

第二节　爱岗敬业

桃李不言,彩霞满天。

毕霞老师,充满朝气的脸庞总是挂着灿烂的笑容。1991 年她从芜湖

---

① 1986 年 6 月 28 日,邓小平在中共中央政治局常委会上的讲话。

师范学校毕业分配到芜湖市实验幼儿园工作至今,26年如一日,把自己的智慧和青春全部奉献给了孩子,在工作中,她用真心去关怀每一个孩子,用微笑去温暖每一颗童心。看着孩子们一天天健康成长,看着他们用稚嫩的小手画出了美丽的图画,看着那些"小调皮"们乖乖地依偎在她身旁……她说她是天下最幸福的人。毕霞老师善于捕捉学生的闪光点,做到以诚心对待学生,以爱心温暖学生,以耐心帮助学生,无论倔强、温顺,还是开朗、内向;是健康活泼,还是体质羸弱、有生理缺陷的,她都一视同仁。冬天,她会用自己的手或一个小水袋捂暖孩子冰冷的小手;夏天,她为孩子们搽上驱蚊水……

她用爱为一个个幼小的心灵开启了窗户。她细致地对待每一个学生,她深知自己每一个关爱的眼神,每一个细微的动作都牵动着孩子和家长的心,作为一个好教师,她注意到了孩子们的个别差异,运用灵活多样的教学形式,使每一个孩子都得到关爱和发展,并和孩子建立了平等和谐的师生关系。她会和孩子们一起做游戏,一起唱欢乐的歌,一起讨论问题,寻求答案;孩子们经常和她电话聊天,说着自己心中的小秘密,把她当成最亲近的人.休息、放假了,孩子们还要约好到毕老师家玩,因为想她了。

对幼儿教育事业的不懈追求,让她成为深受家长和孩子喜爱的老师,成为一名德艺双馨的优秀幼教工作者。①

导入思考

1. 从毕霞老师身上,我们可以看出教师应该具有怎样的职业精神?

2. 在你的记忆中,最让你难忘的老师是谁? 请与大家一起交流分享。

一、爱岗敬业是教师职业道德的本质要求

1. 爱岗敬业是教师劳动特点的内在要求

"爱岗敬业"是由教师劳动的特点所决定的。关于教师劳动的特点,本书第一章已做了比较详细而全面的论述,此处不再赘述。

2. 爱岗敬业是教师做好工作的情感基础

热爱是最好的老师,是人们行为的动力源泉。热爱本职工作,感到工

---

① 来源:芜湖教育局网站 http://jyj.wuhu.gov.cn,经改编。

作中有无穷的乐趣,这种由衷的感情能驱动人们努力做好工作。教师对职业劳动投入的多寡和收到的教育效果,直接取决于教师对职业的热爱程度。

> 大教育家孔子从教40年,开我国古代私人讲学之先河。他呕心沥血、以教为重的奉献精神成为历代教师的楷模。鲁迅先生这样描写他的教诲生涯:"在生活的路上,将血一滴一滴地滴过去,以饲别人,虽自觉渐渐瘦弱,也以为快活。"这就是"俯首甘为孺子牛"的奉献精神的生动写照。

教育活动是教育者直接与受教育者进行情感交流和心灵沟通的活动。只有对教育事业充满热爱、对学生充满感情的教师,才能与学生进行积极的互动;学生感受到教师的热切关爱,才会对教师的教育产生强烈的认同和接受。反之,如果心猿意马、不热爱教育工作、敷衍了事,势必不能把教育工作做好,既损害了个人利益,又损害了受教育者的权利和社会的整体利益。正因为如此,爱岗敬业、乐于奉献就成为教师职业道德中最基本的道德要求。

爱岗敬业还具有特殊的教育功能。一是显性的教育功能。即教师在工作中做到爱岗敬业,乐于奉献,可以提升自己的教育素养,提高教育效果。二是隐性的教育功能。即教师爱岗敬业的职业作风对学生具有潜移默化的影响,是学校重要的德育资源,对学生的影响更加深远持久。道德不是教来的,而是感染来的。"教育无小事,事事是教育;教师无小节,处处做楷模。"因此教师爱岗敬业的职业精神,使教师不仅做"经师",而且成为"人师"。

> 在教育工作中,一切都应以教师的人格为依据。因为,教育力量只能从人格的活的源泉中产生出来,任何规章制度,任何人为的机关,无论设想得如何巧妙,都不能代替教育事业中教师人格的作用。——[俄]乌申斯基

3. 师德失范现象的现实存在需要大力倡导爱岗敬业

在人类历史的发展进程中,教师的工作联结着过去、现在和未来。杨昌济先生称教育者有"神圣之天职","扶危定倾,端赖于此"。正是这种"扶危定倾"的事业,培育了我国教师敬业奉献的精神。但我们也应该清醒地看到,在现有的教师队伍中,有热爱教育、热爱学生、敬业奉献的人民教师,但也存在着师德失范的现象。有的教师缺乏事业心和社会责任感,追逐个人物质利益和虚名,私心杂念过重;有的教师缺乏进取心和紧迫感,不精益求精,对工作机械应付、敷衍塞责,对学生漠不关心,他们在工作中不致力于职业追求,不谋专业发展,怨天尤人,丧失奋斗目标;有的教师囿于个人的小天地,盲目攀比,没有从根本上把精力放在教育教学上;有的教师得过且过,当一天和尚撞一天钟,学生送走一批算一批;还有的教师好高骛远,急功近利,却又不愿意脚踏实地地干一番事业……师德失范现象的存在严重影响着教育教学质量,更影响着学生的健康成长。因此,需要大力倡导人民教师爱岗敬业的精神。

二、爱岗敬业的基本内涵

爱岗敬业是社会主义职业道德的基本规范之一。爱岗是对本职工作所产生的一种热爱情绪和高度负责的工作态度。国际 21 世纪教育委员会的报告《教育——财富蕴含其中》指出:"人们要求教师既要有技能,又要有职业精神和献身精神。"没有爱就没有教育,没有责任就办不好教育。爱岗就是热爱教育事业,具体表现为热爱工作和热爱学生。敬业是指教师对国家教育发展和学生成长的使命感和责任感。具体表现为对教育教学工作的认真负责、一丝不苟和精益求精,对学生热情关怀、尽心尽力。爱岗和敬业既相互联系,又相互区别。从二者的联系来看,爱岗是敬业的前提,敬业是爱岗的体现。从二者的区别来看,爱岗更多的是一种情感体验,敬业更多的是一种态度和行为体现。二者相互联系,相互促进。

从新《规范》的内容来看,爱岗敬业的要求分为三个层面。"忠诚于人民教育事业,志存高远,勤恳敬业,甘为人梯,乐于奉献",是教师应具有的精神状态,它是教师爱岗敬业的前提和基础;"对工作高度负责,认真备课上课,认真批改作业,认真辅导学生",是对教师工作所涉及内容的具体要求;"不敷衍塞责"是教师在教育工作中必备的工作态度。当今,爱岗敬业不仅体现在教师认真负责、精心施教的工作态度和敬业精神上,而且更重要的是体现在教师教育思想和教育观念的更新上。

三、爱岗敬业的践行要求

作为教师,要真正在教育劳动中自觉遵从爱岗敬业的职业道德规范,就必须在以下方面加以努力:

第一,要忠诚于人民的教育事业,志存高远。教师如何看待自己所从事的职业,是否认同和追求岗位的社会价值,是职业道德观念的核心。如果一个教育工作者对自己从事的职业没有任何认同,就不会有热爱和忠实于职业的敬业精神。忠诚于人民的教育事业,就意味着教师要捧出一颗热爱祖国、热爱人民之心,心中牢记祖国和人民的嘱托,并要明确教师所肩负的重任。它要求教师要对教育事业有一种强烈的使命感和责任感,兢兢业业、恪尽职守、心无旁骛、专心致志地把教书育人的工作做好,以积极的态度去从事教育劳动。志存高远就是追求远大的理想,追求卓越,获得教师职业上的成功。教师职业上的成功包括两个方面:一是成就学生,让学生成才,让学生成人;二是成就自己,在成就学生的过程中,提高自己的教育教学水平,著书立说,成名成家。教师的责任大如天,使命重如山,一个肩膀挑着学生的现在,一个肩膀挑着祖国的未来。没有对教育的忠诚之心,缺乏高远的教育理想就不能承担这份沉甸甸的责任。

第二,要甘为人梯,自觉提升精神境界。2014 年 9 月,习近平在同北京师范大学师生代表座谈时提出"做党和人民满意的好老师"的四条标准,即要有理想信念、要有道德情操、要有扎实学识、要有仁爱之心。这四条标准,实质上是对师德内涵的当代诠释,其核心就是明道、精业、工传、善授。教育工作者只有在深刻理解教育事业地位和作用的基础上,才会产生对教育工作的真挚、深厚的感情,才会满腔热情地投身于教育事业;教师只有不断超越个人私利,提升精神境界,把教育事业视为为人民谋利益的事业,才能有甘为人梯的胸怀,把学生的成长发展和进步视为自己人生价值的体现。

"履轻者方能行远。"广大人民教师辛勤地耕耘在教育事业的园地,他们不图名,不图利,不图回报,默默无闻地教书育人,兢兢业业地培育人才。而那些成长成才、获得发展的学生,无一不是踩在老师的肩膀上,以老师为人梯向上攀登达到人生的高峰。世界上获得诺贝尔奖的科学家、取得成就的文学艺术家们在谈到成功的诀窍时,无不认为老师的教育是成功的首要条件和因素。湖北大学朱祖延老教授在《教师述怀》中写道:"不辞辛苦做人梯,在有生之年把自己全部知识和经验传授给学生。"这种无怨无悔、不图所求、甘作人梯的自我牺牲、无私奉献精神,应成为每一位教师的共同追求。

第三,要勤业精业,高度负责。教师的勤业与精业是教师对其职业价值的积极追求和具有崇高职业道德精神的重要表现。勤业表现为忠于职守、认真负责、执行规范、坚持不懈、积极进取,它是实现教师职业功能的基本保证。教师的工作不是轰轰烈烈的大事,但教育无小事,事事是教育。教师要认真对待日常教育教学中的每一环节,必须对自己的本职工作抱有高度的责任感,一丝不苟,尽职尽责。日日行,不怕千万里;常常做,不怕千万事。勤业是教师取得事业成功的必要条件。精业表现为本职工作的业务纯熟、精益求精、不断改进,是实现职业劳动最高效益的价值追求。三百六十行,行行出状元。要成为状元就必须有一颗"匠心",即在劳动过程中,始终保持对精品的执着追求。勤业与精业是相辅相成的辩证统一。勤业是精业的前提,精业是勤业的必然。韩愈说:"业精于勤,荒于嬉;行成于思,毁于随。"每一位教师,不论你的个人学历如何,也不论你的天赋如何,只要你肯花时间,勤钻研,善于拜师求教,总结经验教训,积累方法技巧,就有可能使自己的工作达到精益求精的境界。以精益求精的工作完成国家赋予的人才培养重托和学生全面发展的期望,这是一名教师对国家、对家庭、对学生最有道德的表现。

第四,要乐于奉献,杜绝敷衍塞责。这是教师必备的工作态度,是对教师职业道德规范的底线性要求。因为,教师的敷衍塞责将对整个教育事业和学生的终身发展造成巨大的损失,有的损失甚至无法弥补。教师的敷衍塞责有两个方面:一是教学上的敷衍塞责,比如有的教师出工不出力,备课的时候只备教材,不备学生,没有尊重学生的主体性,不能体现新课改的精神;对学生的作业主要看其答案的对与错,追求答案的标准性,忽视学生作业中出现的创新观念;还有的教师一本教案用几十年。二是在育人上的敷衍塞责,具体表现就是事不关己高高挂起,多一事不如少一事,一些任课教师认为管理学生是班主任、学生处的事情,与自己无关;有的教师不愿意做班主任,担心当班主任工作任务太重、压力太大,不愿意承担育人的职责;有的教师只关注自己的小家庭,不关心学校及学生的发展,甚至不追求自己的专业发展,当一天和尚撞一天钟等。

一个具有积极工作态度的教师,应表现出对教育对象的热爱、尊重和关怀,对教师集体的团结合作,对各项规章制度的充分理解和认真遵守,对教育劳动的积极投入和忘我奉献。教师爱岗敬业,尽职尽责,不敷衍塞责,就意味着付出更多、更辛苦,但无数事实说明,这样的教师因问心无愧、胸怀坦荡而体验到的内心快乐和幸福,是常人难以体会到的。只有爱岗敬业的教师,才能在自己的平凡岗位上,找寻到人生价值的依托和教育幸福的源泉。

第三节 关爱学生

江苏最美幼儿教师受人尊敬[1]

王玮,南京市实验幼儿园教师。她是一名资深教育志愿者,当汶川抗震救灾的集结号吹响时,她在第一时间把这份"爱的力量"传递给灾区的老师和孩子们。灾区没有教室,王玮和同伴们开着流动幼儿园大篷车,在绵竹、绵阳、什邡、北川等地建立多个流动支教点。因各支教点地处边远乡村,交通不便,王玮和同伴每天5点起床,路上颠簸近2个小时才到达目的地,然后亲自动手用红蓝塑料布围起一个临时帐篷教室,"有一天,帐篷突然剧烈颤动,孩子们吓哭了,我连忙搂紧几个年幼的孩子。震动消失后,才发现自己惊出一身冷汗"。就这样,冒着余震不断的危险,王玮在灾区整整待了15天。此后,她三次前往贵州毕节等地支教,为边远地区的孩子们撑起一方希望的蓝天。她也曾历经很多"苦痛",一片苦心,为何见弃?王玮不断追问反思。后来她终于明白:"爱,仅有一颗心是不够的,还需要智慧和责任。"她认为:"教育原本就是慢的艺术,需要有水滴石穿的耐心。每一株花最初都是草,只要我们心存期待,方法得当,多用耐心与信心,定然'静待花开会有时'。"

携程亲子园虐童事件引发热议[2]

2017年11月,携程亲子园虐童事件在网络上曝光,引起社会广泛关注。11月8日,上海市公安机关立案侦查,长宁区人民检察院第一时间介入侦查。经查,2017年8月底至11月初,时任携程亲子园教师、保洁员的唐颖、周高兰等人采用喂食幼儿芥末或用芥末涂抹幼儿嘴巴的方式,

---

① 来源:南报网:http://www.njdaily.cn,2016年9月10日,经改编。
② 参见百度百科相关词条。

使幼儿"服从管理"，且伴有推搡、拉扯幼儿的行为。其中，一名幼儿伤势经鉴定为轻微伤。郑燕作为该亲子园负责人，明知上述行为仍予以默许。2017年12月13日，长宁区人民检察院以涉嫌虐待被看护人罪批准逮捕唐颖等5人。2018年1月25日，又批准逮捕3名携程亲子园教师、保育员……

导入思考

1. 从王玮老师的感人事迹和携程亲子园虐童事件的对比中，我们看到了什么？又想到了什么呢？

2. 作为一名未来的人民老师，你应该如何做好师德方面的准备？

一、关爱学生是师德的灵魂

热爱学生是教师的天职。《中华人民共和国教师法》第二章第八条明确规定，教师应"关心、爱护全体学生，尊重学生人格，促进学生在品德、智力、体质等方面全面发展"。教师在教书育人过程中不仅需要授业解惑，更重要的是传道，是师生双方在态度和情感方面的相互影响。"亲其师，信其道。"教师以爱对待学生，学生则对教师产生好感，这就是"爱的回流"，师生之间的互爱，形成了爱的"对流"。可见，关爱学生既是教育者高尚品德的自我表现和师生情感深化的体现，又是实现教育任务的重要手段和力量。教师对学生的爱即师爱，表现为教师对学生的关心、给予、尊重、赏识和责任等，这种爱不仅是一种情感、一种态度，更是一种能力。

1. 师爱是教育的原动力

首先，师爱是教育的灵魂。爱在教育中处于核心地位，被视为教育的灵魂和本质。我国近代教育家夏丏尊先生说："教育之没有情感，没有爱，如同池塘没有水一样。没有水，就不成其池塘，没有爱就没有教育。"教育是一门艺术，而且是一门非常特殊的艺术，因为它的对象是人，其教育的有效方法之一就是关爱，即渗透着丰富情感的教育。古代大教育家孔子主张对学生施以"仁爱"，他说"仁者，爱人"，要做到"诲人不倦"。法国自然主义教育家卢梭指出："热心可以弥补才能之不足，而才能不能弥补热心"。关爱学生，是每位教师在日常教学中努力工作的原动力，也是保证教育工作顺利开展的根本条件。

其次，师爱是学生健康成长的需要。学生是有思想、有感情、有理想的活生生的人,渴望得到教师的爱护、关心和尊重是普遍而正常的心理。在学生的生命世界中,情感的需要占有特殊的重要地位。"感人心者莫先乎于情",教师要实现教书育人的光荣使命,就必须心中有爱。师爱对学生来说尤如阳光雨露,有利于学生在情感和心理上获得满足,真切体会到人与人之间的温情和友谊,养成健康向上的乐观性格。

热爱学生的老师最受欢迎。这是中国社会调查所在一项教育专项调查报告中得出的结论。这项调查发现,学生渴望的不仅仅是从老师那里获得知识,更重要的是渴望得到老师的关爱。喜欢渊博知识型老师的学生占30%,而喜欢具有师爱型的学生达到53%。他们希望自己的老师温和、可亲,具有爱心。在学生们的心目中,一个富于爱心的班主任远比一个知识渊博的班主任更具教师的魅力。学生表示,对有爱心的老师他们会自觉尊重教师的劳动,十分愿意接近老师,希望与教师合作,把教师看成是父母般的亲人。他们愿意向老师吐露内心世界,分享自己的喜怒哀乐。由此可见,师爱不仅是教育的需要,更是学生的需要。班主任在教育过程中,无私地奉献这种师爱,是教育成功的关键。

再次,师爱是构建新型师生关系的基础。在学校人际关系中,师生关系是重要的组成部分,和谐师生关系的营造也是和谐校园建设的重要组成部分。现代教育倡导构建民主、平等、互动、合作型的师生关系,而师爱便是构建新型师生关系的情感基础。在师爱的基础上,教师在与学生交往互动、合作交流中,以及在与学生心灵碰撞、情感交融中,健全学生人格,完善学生个性,促进师生共同发展。从哲学意义上讲,关系就是矛盾,差异就是矛盾。师生间客观上存在的种种差异,必然造成师生间矛盾关系的形成。如教师和学生在教育教学要求认识上的差异,在认识、心理、价值观念上的矛盾,在管理过程中出现的直接冲突等。而师爱恰恰是解决或缓和这些冲突的润滑剂,是密切师生关系的重要纽带。在师爱的基础上,教师会注意倾听学生的感受,理解学生的想法,宽容学生的错误,而后引领学生的精神发展。

2."教育爱"的特征

教育爱作为教师对学生的爱,表现为追求教育的内在利益,即学生的成长发展，既有爱的共性，又有自身的特性，表现为四个方面的特征：

第一，情感性。情感性是人类爱的共同特征，无论是亲情之爱、师生之爱、友谊之爱等无不具有情感性特征。爱自己的孩子是本能，爱别人的孩子是神圣。教育爱是一种自然、朴素、本能的情感，教师对学生的爱，是超越血缘关系的大爱与仁爱；是教师所特有的一种宝贵的职业情感，它源于教师对教育事业的深刻理解和高度责任感，源于对教育对象的深切理解和期望；是教师对学生情感的释放和表达；是一种充满科学精神的，普遍、持久而高尚的爱。教师在与学生朝夕相处、沟通交流中自然而然地萌生出对学生的关爱之情。教师对学生的爱蕴藏着深厚的情感，他们会为学生的成功而骄傲，为学生的点滴进步而欣喜，为学生的感恩回馈而感动，为学生的失败沉沦而痛惜。

第二，理智性。教育爱与其他的爱不同，它更具有理性的特征，是科学性与艺术性的统一。不同于对自己孩子的本能情感，教育爱是在对教育责任和教育任务的认识基础上，爱他人的孩子，为他人的孩子尽到关心、培养、教育的责任。教师给予学生的爱，是以宽广的胸怀、独立的思考、冷静的判断、宽容的态度，智慧地对待学生成长过程中面临的种种问题。

第三，宽容性。学生是发展中的人，是具有巨大发展潜能的人。由于学生生理和心理发展的不成熟，必然带来其成长过程中出现各种认知、情感、心理、交往、行为习惯等方面的偏差和问题，学生的身心发展正是在不断地出现错误和修正错误的矛盾运动中实现的。所以，在教育者的眼中，学生的错误是成长中的问题、是发展中的问题，教师的宽容是对学生的缺点、不足甚至是错误的包容、理解和原谅，是对学生发展缓慢的一种等待、期待。教师的宽容是学生自信心的保护伞，是学生发展的一种动力。教师的宽容给学生的成长留足了自主反思的空间。教师的严格和宽容应该是和谐统一的，严格并不排斥教师对学生的理解和宽容，宽容也绝不意味着教师对学生的缺点、错误的一味纵容，而是在严格要求基础上的宽容。

第四，教育性。教师对学生的爱包含着重要的教育因素。美国著名心理学家弗罗姆说："如果爱是一门艺术，那就要求人们有这方面的知识并付出努力"。一方面，师爱是"以爱心培育爱心，以童心呵护童心"。教育是师生间情感的交流和生命互动的过程。师爱能够唤起学生的爱和信任，在学生建立起对教师的信任和爱戴之后，教师才能真正走进学生的心灵，用自己的生命之火点燃学生内心向善尚美的火种，从而对学生实现价值引领。从这个角度看,师爱既是一种高尚的情感,也是一种教育资源。另一方面,师爱并不排斥适度的惩戒。教师对学生的爱是适度的、有分寸的,必要时采取合理、适当的教育惩戒对维持正常的教学秩序、提高学生辨识和控制行为的能力、维护教师尊严、达到好的教育效果都具有积极的意义。当然,合理惩戒不等于体罚。

二、关爱学生的践行要求

1. 尊重学生,树立正确的学生观

尊重是现代教育的第一原则。人都有自尊心,有人格尊严,处于成长期的学生的自尊心更是敏感和脆弱,需要教师精心呵护和关爱,更需要得到教师的尊重和信任。教师对学生的尊重主要表现在三个方面:

第一,要尊重学生的人格。苏霍姆林斯基说过:"儿童的尊严是人类心灵里最敏感的角落,保护儿童的自尊心就是保护儿童前进的潜在力量"。[①] 渴望得到别人的尊重,是人的基本需要,得到他人的尊重,人们便获得对自身价值存在的认可和肯定。现代教育的民主意识要求教师必须要尊重维护学生的人格尊严,教师充分尊重学生,有助于发扬教育民主,发挥学生的主体作用,从而建立平等和谐的师生关系。教师对学生的尊重表现为把学生当作能动的独立的个体,还表现为对学生的肯定和关注,使他们增强前进的信心,获得进步的动力。

第二,要尊重学生的差异。卢梭曾经说过,每个人的心灵都是他自己的形式,必须按照他的形式去教导他;必须通过他的这种形式而不能通过其他形式去教育,才能使你对他花费的苦心取得成效。[②] 由于家庭环境不同、身心素质不同、成长经历不同,学生都有自己独特的个性。因此教师应充分尊重学生的差异和特点,不因个人好恶来强制或压抑学生的个性发展。应根据学生的个体差异因材施教,充分发挥每个孩子的潜能;应该用发展的眼光看待每一个学生,根据学生的不同发展特点调整教育教学的计划和要求,允许和宽容学生成长过程中的问题和错误,发现和挖掘每一个学生身上的闪光点。只有在尊重学生差异的基础上,才能把师爱的阳光遍洒每一位学生的心田。

---

① 苏霍姆林斯基著,蔡汀、王义高、祖晶主编:《苏霍姆林斯基选集(五卷本)》,第4卷,教育科学出版社,2001年8月版。

② 引自卢梭:《爱弥儿——论教育》,商务印书馆,1978年6月版。

　　教师尊重学生，首先要尊重学生的心灵。这表现为：教师要尊重学生的兴趣、爱好；尊重学生的情绪、情感；尊重学生的个性差异；尊重学生的选择和判断，尊重学生的个人意愿。其次教师要尊重全体学生。尤其是尊重智力发展迟缓的学生；尊重被孤立和被拒绝的学生；尊重有过错的学生；尊重有严重缺点和缺陷的学生；尊重和自己意见不一致的学生；尊重不尊敬自己的学生。最后教师不要伤害学生的自尊心，表现为：教师不体罚学生，不辱骂学生，不羞辱嘲笑挖苦学生等。①

　　第三，平等公正对待学生。"教师必须蹲下来看学生"，教师是"平等者中的首席"，无论孩子是漂亮还是普通，是活泼还是安静，作为老师都要公平地对待他们每一个。在教育活动中，教师与学生不妨"互为老师，相望成长"，正如于漪老师所说："一辈子做老师，一辈子学做老师"。这些新课程改革中反复强调的理念时时在提醒广大教师，必须以平等的态度对待学生，做到教育公正。

　　2. 关怀学生，做学生的心理关怀者和健康保护者

　　尊重学生，平等对待学生，公平公正、恪守义务是教育爱的底线要求，在此基础上，教师还必须关怀学生，做学生的心理关怀者。

　　第一，全面深入地了解学生。教师对学生的爱，源于对学生的全面深入了解。苏霍姆林斯基认为："不了解孩子，不了解他的智力发展，他的思维、兴趣、爱好、才能、禀赋、倾向，就谈不上教育。"全面、准确地了解学生，就要关注学生发展的现状和历史。既要了解学生的学习、情感、认知、交往等现状，也要了解学生的家庭背景和生活环境；既要了解学生的外在表现，也要了解学生的内心世界；既要关注学生的知识获取，还要关注学生的情感发展；既要了解学生的兴趣爱好，也要了解学生的苦恼和忧愁。

　　第二，关注学生的情感需要，做学生的知心朋友。教育的对象是人，是一个个鲜活的生命体。教育活动是生命体之间的交流活动，是一个用智慧开启智慧、用心灵唤醒心灵、用人格影响人格、用热情去温暖生命的活动。教育的目的不仅是知识的丰富、智力的成长，还有情感的浸润、意

　　① 陈会昌：《转变教育观念是当前我国教师的迫切任务》，载《教育理论与实践》，1999 年第6 期。

志的砥砺、人格的完善、心灵的圆满,进而体验到一种精神上的幸福。因此,教师不仅要指导学生学习知识,更重要的是要培养他们有健全的人格和丰富的精神世界。教师要努力学习做学生心灵世界的守护神,尊重他们的个性人格、生命潜能、多样化、独特性;注意倾听,给孩子表达的机会,了解他们的真实想法;善于站在学生的角度理解学生,从学生的视角看待问题,与学生进行心灵的沟通。在此基础上指导学生,引领学生的精神发展,做学生的心理关怀者。

第三,严慈相济,做学生的良师益友。教师对学生的关爱不是一味纵容,宠爱溺爱,而是爱中有严,严中有爱,严慈相济。教师要善于把多关爱和严要求结合起来,这样的关爱才是完整的爱、适度的爱、有利于学生健康成长的爱。"严"与"爱"是不矛盾的。没有严格的要求就没有理想的教育效果,学生高尚品德的形成、优异成绩的获得、强健体魄的拥有,无一不是严格要求的结果。对学生的严格要求,乃是一种特殊的关爱,甚至可以说是一种更高层次的关爱。当然,教师对学生的严格要求也要把握分寸,要严得合理。所谓合理,就是指教师对学生提出的要求要符合学生的年龄特征、身心特点;对学生严格要求的同时,要以慈母般的心肠关心学生、体谅学生,宽容学生的不足、缺点和错误。

第四,保护学生的安全,维护学生的权益。这是由中小学和幼儿园教师的职业特点所决定的。面对自我保护意识和能力都比较弱的儿童和少年,对于未成年人群体,教师应当负有保护的重要责任。《教师法》有关条款中规定了教师有义务"关心爱护学生",制止有害于学生的行为或者其他侵犯学生合法权益的行为。所以,保护学生安全,维护学生权益是教师职责和义务的应有之义,也是对教师关爱之心是否真诚的一次考验。它表现在:(1) 保护学生安全。当灾难来临时,每一个真心关爱学生的教师绝不会抛弃孩子独自逃生;没有灾难的时候,真心关爱学生的教师看到孩子有危险,也不会袖手旁观。教师要本着关爱之心,时时处处提醒学生、教育学生,做到预防为主,防患于未然。如果遇到火灾、洪水、地震等紧急情况,首先要疏散学生,自觉做到学生利益优先。(2) 关心学生健康。健康是关系孩子一辈子的大事,马虎不得。尤其是广大中小学生正处在长身体的关键时期,教师要格外关注。关心学生健康包括关注学生心理健康和身体健康,提高教育教学水平,切实减轻学生课业负担。(3) 维护学生权益。在学校,教师就是学生的知心人、是学生的依靠,主动自觉地维护学生的权益也是教师关爱学生的具体体现。作为教师在教育教学活动中，一方面应该严格自律，履行法定义务和权力，自觉做到依法执教；同时，还应自觉保护学生的合法权益不受侵害，做学生健康安全的保护神。当然，"保护学生安全"也不意味着教师承担无限责任，需要根据具体情境和实际情况，依法做出具体界定。

3. 激励学生，培养学生的主体意识

《礼记·学记》中云："教也者，长善而救其失者也。"意思是说，教师在教学过程中应学会掌握和应用激励艺术，最大限度地调动学生学习的积极性、能动性和创造性，鞭策先进，激励后进，肯定正确，否定错误，使学生在积极、愉快、宽松的气氛中尽可能地得到全面发展。德国教育学家第斯多惠指出："教学的艺术不在于传授本领，而在于激励、唤醒、鼓舞。"没有兴奋的情绪怎能激励人？没有生动性怎能唤醒沉睡的人？没有生机勃勃的精神怎能鼓舞人？学生是一个个有着旺盛生命力和巨大潜能的宝藏，需要教师去唤醒和开发。而激励是教师培养和挖掘学生主体意识的重要途径，是催人奋发的强大动力。

　　什么才是好的教育效果呢？我国著名儿童教育家陈鹤琴先生认为：这一个"好"字意蕴丰富，是多元的。孩子昨天不会走路，今天突然会走路了，身体有了长进，这叫好；孩子昨天放学没有主动跟老师打招呼，今天跟老师打招呼了，这叫好；孩子上周忘记了扫地，本周记得扫地了，这叫好；孩子上一节语文课没举手发言，今天的语文课举手发言了，而且声音洪亮，语言有条理，这叫好；孩子上学期检测没有全部拿到优，这学期仍然没有全部拿到优，但多读了几本童书，多讲了十几个故事，这叫好；孩子以前老是不带画画工具，经过老师的不断提醒带了，这叫好；孩子电脑课上老是偷着玩游戏，这节课没有玩，这叫好；孩子老是不会吹竖笛，现在能吹出两三个简单的曲子了，这叫好……孩子的以上进步的表现，如果仅从行政工作"考分指标"这一项来考量的话，就都变成"不好"了，孩子的老师也就不是"好老师"了。

教师要善于赏识学生，鼓励学生的点滴进步。每个学生都希望自己是学习上的成功者，都期待得到教师的肯定和赞许。教师要懂得学生心灵深处的渴望，赏识自己的学生，用放大镜关注学生的优点和进步，激发学生的进取心、自尊心和自信心,帮助其改正缺点和不足。教师要信任学生。信任是人际交往中一方对另一方给予自己正面且积极反馈的心理期待。"皮格马利翁"效应告诉我们,教师对学生的信任和期待是学生积极进取的动力。教师对学生的信任既表现为相信学生有积极向上、向善、向美的愿望,有自主学习、自主选择的能力,有改正错误的心向和能力等,同时还表现为不断地给学生提出新的行为目标。在学生实现目标过程中,教师及时给予鼓励和肯定,学生的主体意识不断地被激发,从而完成对自我的不断超越和发展。

练习与探究

1. 如何正确理解爱国守法的基本内涵?

2. 为什么说爱岗敬业是教师职业的本质要求?

3. 新时期教师如何做到关爱学生?

4. 拓展性活动:

(1) 小学生李某有些厌学,数学成绩特别不好。老师为此非常着急,多次与他谈话,试图帮助把数学成绩提高,但一直没有改变他的学习状况。一次数学课上,老师讲评完期中试卷之后批评他说:你整天爱穿"李宁"牌,"李宁"牌可一直都是"√"号,而你的试卷上却总是"×"号,我看,以后你还是改穿"特步"吧。

思考与探究:你如何评价这位教师的做法? 这位教师的做法可能导致的结果与他的原有愿望会一致吗?

(2) 于老师在教《宇宙里有些什么》这篇课文时,课文中有这样一句话:"宇宙中有千千万万颗星。"这时候,一个学生提问:"老师,万万等于多少?"大家哄堂大笑。另一个学生回答:万万不就是亿吗? 在大家的笑声中,提问的同学灰溜溜地坐下了。于老师感到他的积极性受到了打击,就问道:"既然万万等于亿,课文里为什么不是'宇宙里有千亿颗星'呢?"同学们都哑了。过了一会,一位同学站起来说:"不用亿而用万万有两个好处。第一,用万万听起来响亮,第二,万万好像比亿多。"这时同学们又笑开了,于老师当即给予肯定,并表扬说:"你发现汉语修辞的一个规律:字的重叠可以产生两个效果,一是听得清楚,二是强调数量多。"同学们都用钦佩的眼光看着那个同学。于老师又说:"大家想想,谁提醒我们学到了这个新知识呢?"这时,大家才将目光集中到提问的同学身上。这个同学十分高兴，以后他更加大胆地提问了。①

　　思考与探究：如果你在课堂上遇到这种情况，你会如何处理？于老师的做法给你哪些启示？

---

① 陈爱苾、吴安民：《教师职业道德修养》，北京出版社，2003年版。

第三章

新时期教师职业道德规范(下)

　　教师作为教育领域的主力军,他们的主体作用能否充分发挥出来,与教师的思想素质和道德品质关系极大。教师是否具有高尚的道德品质,不仅关系到教师本人的成长,而且关系到亿万学生的成长,关系到学校教育任务的完成,关系到社会风尚的好坏,进而关系到社会主义现代化建设的进程。新修订的《中小学教师职业道德规范》不仅要求教师要爱国守法、爱岗敬业和关爱学生,而且要求教师要教书育人、为人师表和终身学习。

第一节 　教书育人

　　乔志勇,山西省价休市绵山镇兴地小学教师,一个普通农家子弟,没有耀眼的光环,没有豪壮的语言。但只要进入课堂,他就神采飞扬;投身工作,他就风风火火。长年来,他像一头拓荒的耕牛,忠实地坚守在山区教育的第一线,守望着他钟爱的三尺讲合,用优秀共产党员的标准践行着自己的职业信念,在教书育人的平凡岗位上默默奉献。

　　辛勤耕耘,默默奉献,把一份平凡的工作做出一种境界,做出一种幸福,这一切源自他为人之师的爱与责任。1995年7月,他毕业于太谷师范学校。同年9月,长期生活在平川乡村的他积极响应介休市教育局"支边支农"的号召,毅然选择了介休东南山区的一所寄宿制小学——樊王乡北坡小学任教。2009年2月,新学期开学,他又做出令家人不能理解的决定——到山区支教,他来到了介休西南山区的绵山镇兴地小学任教。

到学校后,在教书育人责任感的召唤下,他像亲人一样关心着班里的孩子。每天晨读时、午休后,乃至晚餐前,他总在办公室里的"学生接待室"帮一些学生补差补缺,面批作业,看着学生一个个地走进又走出,他总是忙得忘记了疲倦,忘记了时间,经常是要食堂师傅催几遍他才去吃饭……他眼里见的是学生,心里想的是学生,他努力用自己的爱心塑造着山区孩子们美好的明天,用自己的青春为农村孩子编织着七彩的梦!

在乔志勇看来,对学生倾注爱心是教书育人的前提,而要真正做好教书育人工作,还需要了解学生,掌握教书育人的艺术。为此,他在为师之道上积极追求,寻找着使学生开窍的办法。他班上的小赵同学成绩很差,班级倒数第一,学习上没信心,自然就会把心思放到其他方面。他多次找小赵谈话,效果都不佳,便选择与家长沟通、交流。谁知孩子父亲刚到学校就冲着孩子拳打脚踢,他赶忙拉住说:"你这是干什么?我请你来是为了了解情况,教育孩子,不是叫你来打他的。如果这样,我以后还怎么管你儿子呢?"孩子的父亲听他这样说,赶快缩回了手。经过仔细了解,他得知只要小赵一犯错误,父亲就打他。他跟孩子的父亲讲了一堆打骂孩子不能解决问题的道理,说得孩子的父亲心服口服,并保证日后不再犯此类错误。通过这件事,小赵对老师充满了感激。他又趁热打铁,与孩子进行了一番语重心长的谈话。小赵含着眼泪答应,以后一定把心思放在学习上。后来的日子,小赵变了很多,学习认真多了,也安稳多了。但是,学习成绩却不是短时何能提高的。怎么办?时间一长,小赵可能又要反复,总得给他希望吧。他细细地观察,苦苦地思索。终于,机会来了。他在课间活动时发现小赵身体高大,体育技能灵活。他把这一发现及时地告诉小赵。小赵的才能得到老师的赏识,特别高兴。正赶上全镇小学生田径运动会,小赵在老师的鼓励下参赛了,并且凭着自己的运动特长获了奖。从此,小赵的思想认识提高了很多,学习成绩也进步了。后来,小赵小学一毕业就被市少年体校破格录取了。①

导入思考

乔老师的所作所为给了我们什么样的启示?为什么?

---

① 王治国:《教书启智育桃李 播撒师爱泽桑梓》,载《山西教育》,2011年第1期。

一、教书育人的内涵

教育是要培养出德才兼备的人才,而教师作为教育方针和教育目的目标的具体实施者,承担着教书和育人的双重任务。

教书育人是根据社会发展的需要和学生身心发展的规律,在教育教学过程中自觉地把教学与教育结合起来,既传授科学文化知识,又进行思想品德教育,把学生培养成为德、智、体全面发展的一代新人。教师职业一经产生,教师就承担着教书与育人的双重职责和义务,这是由教育在社会生活中的地位和它的根本任务决定的。在任何时代、任何社会,教育工作的根本任务是为一定社会或阶级培养所需要的具有一定科学文化和思想道德的人。[1]

我国无产阶级教育家徐特立提出教师应是人师和经师相统一的教育者。他指出:"教师是有两种人格的:一种是'经师',一种是'人师'。人师就是教行为,就是怎样做人的问题。经师是教学问的,就是说,除了教学问以外,学生的品质、作风、生活、习惯,他是不管的。人师则是这样的东西他都管。我们的教学是要采取人师和经师合一的。如果只传授点文化科学知识,而忽视培养的问题,这样的教育是失败的。"[2]德国教育家赫尔巴特在对原有观点批判继承的基础上,提出了"教育性教学"的原则,成为论述教书育人最系统的理论。他认为,不存在"无教学的教育"的概念,同样也不存在"无教育的教学"。如果教学没有进行道德教育,只是一种没有目的的手段;道德教育如果缺乏教学,只是一种失去手段的目的。因此,教育和教学是目的和手段的关系,我们要通过教学进行教育,教师不仅要"教好书",还要"育好人",这是师德的核心所在。

二、教书与育人的辩证关系

(一) 对教书和育人关系的片面认识

1. "教书为先"论。据调查显示,目前仍有少数教师存在着教书与育人相脱离的观念,具体到现实中,表现为以下两种倾向。一是教书育人分家论。这种观点认为,自己的任务是传授知识,至于育人那是学校领导、政治课老师、班主任的事。二是教书自然育人论。就是把教书和育人混

---

[1] 张炳生,邓之光,陈德华:《教师职业道德新论》,河海大学出版社,2000年版,第72页。

[2] 武衡,谈天民,戴永增:《徐特立文存》(第四卷),广东教育出版社,1995年版,第248页。

为一谈,混淆了教书和育人各自确定的内涵,用教书代替育人,认为自己传授了知识,就自然地完成了育人的工作。

2."育人为先"论。该观点认为,"育人"才是教师的本质和本职工作,而不是教书。人为地把教师的工作和教育的职能分割开来。所以有人主张应把"教书育人"这一词汇改为"育人教书",这样才能反映出教育发展的本质、历史赋予教师的崇高使命。

3."第一课堂"论。在教书的教学实践中除了存在"教书为先论"和"育人为先论"两种片面的认识之外,在教师的教育观念中还存在一种广泛的错误认识,这就是"第一课堂论",即教师认为"教书育人"作为自己的责任仅是"课堂上的活动",离开课堂后就和自己无关了。

(二) 教书与育人的辩证关系

教书和育人作为一个事物的两个方面,它们的区别主要表现在:第一,两者的着力点不同。教书主要针对整个教学过程中教师为学生传授知识,把知识内化为学生解决实践问题的能力,使学生树立实事求是的科学态度和科学精神的过程;育人主要是借助思想道德教育,使受教育者得到全面发展,成为有理想、有道德、有文化、有纪律、有献身精神和创新精神的人才。第二,两者在教育过程中所扮演的角色不同。教书是育人的基本途径和手段,育人是教书的目的和任务。二者不能等同。其辩证关系主要表现在以下三个方面:

第一,相互联系。教书是育人的载体,是前提和基础;育人是教书的灵魂,是指导思想。二者统一于教师的教育实践过程和学生的全面发展过程中。一方面,教不好书,育人就失去了载体,成为无源之水、无本之木。教学失去了原有的教育意义,育人也就成为空中楼阁。另一方面,教师要做到教书育人,就必须在教书时以国家的教育方针政策和教育目标为指导思想,将传授知识、技能和能力与培养学生的良好品德结合起来。

第二 ,相互渗透。教书和育人是相互渗透的。一方面,在各学科的教学过程中渗透着育人,即在各学科的教学过程中渗透着道德教育。其原因在于:各科教材中包含着丰富的道德因素,各学科可根据各自的教学任务和特点,结合教材内容有机地渗透着德育。另外,学生在学校的兴趣和求知欲主要表现在对各门课程的学习上,教师在传授知识的过程中抓住这一点,把德育蕴藏在学科教学中,会改变单一的道德说教的空洞性、无效性,产生"随风潜入夜,润物细无声"的效果。

另一方面,在育人的过程中渗透着教书,即在对学生进行道德教育时,要依据教育的规律以及道德的规律来进行,更为根本的是要充分利用课程中蕴含的教育思想和道德意义进行。教师在实践中把握了教书和育人的相互渗透关系之后,才能避免把学科教学演变为道德教育课的危险,才能走出把学科教学视为"纯知识课"的误区。

第三,相互促进。教书育人关系处理得好,二者之间不仅不会相互干扰,而且可以相互促进。一位老师如果知识丰富、技能全面、能力优秀、具有艺术化的教学过程,就会把枯燥无味的知识讲解变得生动精彩、沁人心扉,让学生陶醉在知识的海洋中;如果在教书过程中把道德教育融入其中,就能把单纯的道德说教转化为娓娓道来的心灵交流。学生在学习知识的过程中无形地接受了教师所传授的道德观念,感受到知识学习的快乐,从而把外在的知识内化为道德,使学生在学习知识的过程中逐步提升自己的道德品质。教师育好人又能促进教好书的顺利进行,使学生"亲其师,信其道",提升知识学习的效果。

三、教书育人的素质要求

(一) 知识系统,扎实有效

教师要做好教书育人的工作,必须要有完备的知识系统。教师的知识系统,一般包括文化科学的基础知识、专业学科知识、教育科学和心理学知识,从知识形成的类型上说,有间接知识,也有直接经验。前者是指从书本学习来的知识,后者是教师在长期的教学工作中不断探索并总结出的一套课堂情境知识和问题解决知识。从教师知识的功能出发,教师的知识系统可以分为四个方面:本体性知识、条件性知识、实践性知识和文化知识,这四个方面共同构成教师的知识结构。

1. 本体性知识

教师的本体性知识是指教师所具有的特定的学科知识,如语文知识、数学知识等,这是人们所普遍熟知的一种教师知识。教师的本体性知识是教学活动的基础,在教学活动中,一切是以本体性知识的传授为基础的,教学的最终绩效也是用学生掌握的本体性知识的质量来衡量的,教师的专业成长和发展更离不开本体性知识的充实和更新。因此,教师的本体性知识必须达到一定的水准。教师对本体性知识的充实要从四个方面着手:一是应对学科基础性知识有广泛而准确的理解,以便在教学中能深入浅出;二是应掌握与所教学科相关的知识,以便在教学中能融会贯通;三是要了解该学科发展的历史和趋势,以便进行知识的充实和更新;四是要善于把本学科知识变成一种学术造诣,以便进行教学科研活动。

2. 条件性知识

条件性知识,也就是具体的教育科学知识。教育学和心理学知识被称为教师成功地进行教育教学的条件性知识。条件性知识是教师顺利进行教书育人工作的重要保障。条件性知识运用得当,能起到事半功倍的效果。

3. 实践性知识

实践性知识就是教师教育教学经验的积累。教师在长时间的教育教学实践中,通过个性化的体验,形成自己教育教学的智慧和应变能力,针对学生的不同特点和具体情况,采取不同的方法和对策。这种来自实践的知识具有明显的经验性。

上述三方面知识是紧密联系的:本体性知识是教学活动的实体部分,条件性知识对本体性知识的传授起到理论支撑作用,而实践性知识对本体性知识的传递起到实践指导作用。

4. 文化知识

教师如果能博古通今,学贯中西,不仅能扩展学生的知识视野,丰富学生的精神世界,而且能激发学生的求知兴趣和欲望,促进学生的全面发展。因此,教师具有广泛而深刻的文化背景知识、打破专业和学科的界线、文理兼修,有利于教育教学工作的顺利开展。

(二) 遵循规律,方法得当

教书育人不是教书与育人内容的简单相加,教师必须全面贯彻教育方针,遵循教育教学规律,注重教育教学方法的选用,将学生培养成有理想、有道德、有文化、有纪律的社会主义事业接班人。教书育人必须遵循的基本规律主要有:

1. 热爱学生与严格要求相统一的规律

教师与学生的关系是教育过程中最主要的关系。教师对学生的态度如何,教师如何处理好师生之间的关系,是教师道德的重要内容。教师如果有了爱学生的道德情感、道德态度,教育中出现的许多矛盾就可以得到协调,教书育人的工作就能顺利进行。没有对学生的爱,就谈不上对学生进行真正的教育。

自古以来,一切在事业上有所建树的教师都重视师生关系问题,都把热爱学生作为对教师的基本要求。我国古代著名教育家孔子提出"有教无类"的主张;宋初的教育家胡瑗认为"严师弟子之礼,视诸生如其子弟,诸生亦爱如其父兄";我国近代教育家夏丐尊提出,教育不能没有爱,犹如池塘不能没有水;现代人民教育家陶行知则倡导"爱满天下"。

在今天的社会主义社会里,尊师爱生是新型师生关系的体现,教师热爱学生是需要加以肯定的一条教育原理,也是人民教师应具有的职业道德。教师对学生的爱,不是个人好恶之爱,它包含严父慈母之爱,但更为广大,更为深厚。因为教师的爱体现着国家的要求、社会的希望、人民的期待,既着眼于社会的利益,又着眼于学生的长远利益,而无一己之私。教师的爱集中表现为诲人不倦,全面关心学生的成长,力求使每个学生品德日趋高尚、知识不断丰富、更加聪明和健康,使他们造福于社会,造福于人类。

教师的教育对象是学生,教师关心爱护学生,把爱奉献给每一个学生,有利于教育教学工作的顺利进行。教师关心爱护学生,首先,要了解学生。学生是有理智、有情感、有意识、有个性的活生生的人。他们不仅有性别上的差异,还有家庭环境、文化背景、生活方式上的差异,有各自不同的生理心理特征和个性特点。如果教师不了解学生,对他们的关心爱护就可能不到位,也谈不上进行有针对性的教育。因此,教师要通过与学生亲切交谈、家访及与其他教师沟通等形式,了解学生经常接触的人和事,了解学生的内心世界,帮助他们解决思想上、心理上的一些问题,使他们从烦恼和忧愁中解放出来,促使学生的个性得到充分发展。

其次,要严格要求学生。"玉不琢,不成器","没有规矩,不成方圆"。什么是"严"?"严"就是始终坚持合格人才的标准。正因为教师对学生爱得深切,要求才更加严格。爱是严的基础,严是爱的具体表现。严绝非冷酷无情,对学生提出生硬过分的要求、采取简单粗暴的做法甚至动辄打骂或随意处置都是错误的。学生的成长过程是无知和有知、短处和长处、缺点和优点之间对立统一的矛盾运动过程,教师的严就在于坚持正确方向,不断创造条件努力促成学生向好的方面转化。青少年意志力薄弱,自制能力差,一切好的习惯都是在严格的训练中培养出来的。如果爱而不严,是溺爱、偏爱,是放纵学生,是对学生的学习和思想不尽责任的态度。因此,要从关心爱护学生的立场出发,提出对学生力所能及的严格要求,做到严而有理、严而有诚、严而有度、严而有方、严而有恒。

2. 知识教育与思想教育相统一的规律

有知识教育的地方就必定有一定内容的思想教育。学生在校学习期间,知识教育无疑非常重要,但更应重视知识教育与思想教育的统一。这是教育教学的一条基本规律。其基本的模式是寓思想教育于知识教育之中。在当前新课程教学的理念中，特别要重视对价值观的引导。教师在课堂教学中重视和坚持对学生进行价值引导，既是教师职业道德的要求，也是教书育人的本质体现。价值引导不等于呼口号，也不同于一般意义上的思想政治教育。一些课程，比如自然科学课程，不一定明显地表现为社会意义很强的价值观问题。这就需要教师一方面增强自身对价值的敏感性，真正理解和把握新课程标准中的"情感、态度、价值观"目标，吃透教材；另一方面，教师要研究教和学的方法，不断改进教学。教师对学生进行价值引导是教师教育机智与教师素质的综合体现。同样的教材，不同的教师可能会教出不同的效果。因此，教师要根据不同的教学内容和不同的教学情境，选择贴近学生生活和实际的引导内容，完成社会外在价值要求向学生内在主体价值要求的转化。教师在价值引导的过程中，必须正视社会生活中存在的价值冲突，既不能视而不见或人为压制，也不能大惊小怪或一味夸大，而是要将学生面临的价值冲突作为教育的重要资源，通过让学生体认社会文化的多元性，确立主体性的价值批判标准，从而选择实现和提高自我价值的现实途径。

3. 知识教育与能力培养相统一的规律

知识与能力是相辅相成。获取知识以能力为条件；增强能力以知识为基础，二者循环往复，互为因果。因此，教师应重视发展学生智力，培养学生的能力，提高学生的综合素质。这就需要教师在教育教学活动中做到：一是搞好基础知识和基本技能的双基教学，为培养和发展学生的能力奠定坚实的基础。二是教师在学科课程知识教育过程中，要积极实行启发式和讨论式教学，激发学生独立思考和创新的意识，重视培养学生收集处理信息的能力、获取新知识的能力、分析和解决问题的能力以及语言文字表达能力。三是鼓励学生积极参加形式多样的课外实践活动，培养学生的团结协作精神和动手能力；开展丰富多彩的课外文化艺术活动，增强学生的美感体验，培养学生欣赏美和创造美的能力；加强和改进对学生的生产劳动和实践教育，使其接触自然、了解社会，培养学生热爱劳动的习惯、艰苦奋斗的精神和较强的社会活动能力；开展形式多样的体育卫生活动，培养学生坚持体育锻炼、形成良好卫生习惯和保持身心健康的能力。

（三）探究出新，追求卓越

21世纪，国家的综合国力和国际竞争能力越来越取决于教育发展、科学技术和知识创新水平。教育在综合国力的形成中处于基础地位，劳动者的素质、各类人才的数量和质量越来越决定着国力的强弱。人才的培养要依靠教育,教师队伍的素质决定着教育事业的成败,决定着现代人才的质量。因此,教师在教书育人工作中勤于进取、勇于创新、精益求精、追求卓越,既是时代和教育发展对教师的迫切要求,也是培养高素质的劳动者和各类专门人才的重要保证。

为此,教师首先要勇于开拓创新,提高创新教育能力。教师必须强化创新意识,具备创新精神,有强烈的创造动机和创新欲望,有勤奋的工作精神和顽强的毅力,有充分的自信心和革新的胆魄,结合创造性思维品格,提升创新教育的能力。其次,教师要善于总结经验,不断提高教育教学能力和水平。总结经验,就是把感性认识上升到理性认识的过程。总结经验要以科学理论作指导,将总结经验的过程变成学习理论的过程。一个教师如果不想让自己停留在原有的水平上,就得重视经验的总结。教师只有做教育事业的有心人,勤于、善于总结教育工作中的经验和教训,扬其所长,避其所短,才能在教书育人工作中取得突出的成绩。再次,教师要加强教育教学研究,争当现代教育教学专家。教育需要研究和思考,有研究的教育才能得到较好的发展,有研究的教师才能成为出色的、有成就的教师。积极参与教育科研,既是提高教师自身教育水平的需要,也是时代对教师提出的要求。

第二节　为人师表

"80后"乡村教师吴金城,大学毕业后,在去深圳教书等多种机会下,他最终选择在乡村当个代课老师,每天拿起锄头当农民,放下锄头当老师,他还被学生们亲切地称为"豆腐老师"。

吴金城今年29岁,2007年7月,他从湖南第一师范学院毕业,一心想考取县上的特岗教师。因为还没到报名的时间,他就先回到家乡禾库镇茶寨村。可没想到,刚回到村里就听说,村小的老师被调回镇上教书了。吴老师说,"禾库"在苗语里的意思是没有路的山坡,可见这里的偏远贫穷,外面来的老师换了一个又一个,都待不长。看着孩子们新学期就上不了学了,吴金城暂时担任起代课老师来,可没想到这一干却耽误了考特岗教师的机会。因为特岗教师只招应届生,吴金城失去了在编的机会。

一个在编的老师一个月有 2000 元左右的工资,而他作为代课老师每个月的工资只有 840 元。

因为家离学校有一个小时的山路,为了赶在 9 点前能到学校,他每天早上都是这样开始的:5 点起床,利用两三个小时的时间把头天晚上泡好的豆子做成豆腐。吴金城的豆腐在全村都是有名的,因为他会特意挑选颗粒比较大的豆子,这样磨出的豆腐口感好。不到 20 分钟的工夫,一天的豆腐就全卖光了。

除去成本,吴金城的豆腐能挣 12 块。吴老师磨豆腐不是为了贴补家用,孩子们的学习条件太差,这些钱他是要给孩子们买学习和体育用品的,能挣一点,就能买一点,从黑板到三角尺,从跳绳到羽毛球拍,从修缮学校用的石棉瓦到奖励孩子们学习的字典、糖果,这些都是靠着吴老师一圈圈磨豆腐,慢慢攒出来的。

孩子们亲切地称吴金城"豆腐老师"。不过这个"豆腐老师"干的可不都是老师的活,每天,吴金城来到教室的第一件事儿是检查班级的桌椅,因为年久失修,大部分都无法使用,只能靠这样的修修补补,吴老师说这些桌椅已经用了快 20 年了。

其实,不仅桌椅该换了,学校也该重建了,孩子们一个月前暂时搬进了这栋民房的二层,因为原来的学校已经成为危房。下雨的时候,吴老师经常上着上着课,就上到房顶上去,这儿修修,那儿补补,但还是无济于事,担心哪天房子塌了砸到学生。吴金城多次协调,上级教育部门终于同意出钱给孩子们先租个房子,每学期 700 元。

不过临时的教室并没有电,天稍暗一点,孩子们就看不清黑板了。吴金城又多次跟房东协商,几天前,房东终于同意可以拉电线过来,不过这电费可得自己交,吴老师说买电线电表的钱少说也得 200 元,还得至少磨上半个多月的豆腐,孩子们就只能先这么凑合。

2012 年 6 月,中央电视台"走基层——寻找最美乡村教师"栏目组来到这里,记者们不忍心看着吴老师为难,就到镇上帮他把电线电表买了回来。吴老师高兴地捧个豆浆机过来说,有了电,孩子们就又可以喝上鲜榨的豆浆了。

学生们的家大多离学校有半个多小时的山路,所以中午他们一般是不回家的。看着孩子们中午不是啃个冷馍馍就是嚼个凉红薯,吃不上热乎的东西,半年前,吴老师花了 299 元买了豆浆机。豆浆机一次可以榨 1200 毫升,孩子们可以轮流着喝。几个月前,按照国家新政策孩子们有了营养餐,不过这豆浆孩子们还是想喝。吴老师还说,等下个月家里梨子成熟的时候,孩子们就可以喝到鲜榨的梨汁了。①

导入思考

吴老师放弃在编教师的机会,选择做一名乡村代课老师,这样的选择说明了什么?对我们有什么启发?

一、为人师表是教师职业的内在要求

"师表"是指榜样、表率。"为人师表"是指事事处处都能够率先垂范,起到表率作用,做他人学习的榜样。正如教育家叶圣陶所说:"教育工作者的全部工作就是为人师表。"无论何时何地,教师都必须在思想品德、学识才能、言语习惯、生活方式和举止风度等方面以身作则,做学生的表率。为人师表是教师职业的内在要求。

车尔尼雪夫斯基说:"教师把学生造就成一种什么人,自己就应该是这种人。"教师是学生最关注的人物,也是他们最爱模仿的对象,教师的一言一行,从道德品质到每一个生活细节,对学生思想品质的形成都起着潜移默化的教育作用。教师的榜样示范作用是教育学生的一种方法,而且是对学生最深远的教育方式。实践证明,教师善于以身作则,用自己的好思想、好道德、好作风为学生树立学习的榜样,能给学生巨大的启迪和激励,乃至使学生终生难忘。

教师劳动的示范性特点决定了教师的思想观念、道德境界、理想信念都会对学生起着重要的示范作用。在教育教学过程中,教师自身的品德和行为是强有力的教育因素。教师从事教育劳动的重要工具就是自己的人格,教育功效的高低也反映了教师人格的健全程度。榜样的力量是无穷的,这决定了教师应当为人师表,从各方面提高自己的思想道德素质,成为学生的表率。

教师正确的世界观、人生观、价值观,高尚的道德思想,对学生有着积极的导向作用,它能帮助学生辨别善恶美丑,提高道德认识,引导学生形成正确的人生观、价值观和道德意识;教师积极的道德情感形象,富于生

---

① 来源:《走基层·寻找最美乡村教师 凤凰日记:"豆腐"老师吴金城》,央视网新闻频道 http://news.cntv.cn,2012年7月9日。

动性和感染性,可以引起学生情绪和情感上的共鸣,培养学生丰富的道德情感和健康的情绪;教师坚毅的道德意志对学生有很大的激励作用,它能增强学生克服困难的信心与力量,鼓舞学生锻炼坚定的意志和顽强的毅力;教师高尚的行为,对学生有着直接示范作用,它能指导学生选择正确的道德行为、培养良好的道德行为习惯。

在现实中,如果有些教师的行为让学生感到这个老师"不配做教师",那是一件多么可悲的事。有的教师向学生索要财物或暗示家长送礼,根据礼金多少来决定学生的座位;有的教师不爱学习,胸无笔墨,上课照本宣科,下课喝酒打牌;有的教师没有责任心,不关心学生的成长,只关心班级的成绩;有的教师与同事钩心斗角,为了金钱或名誉利用学生,弄虚作假。这些行为都有违"为人师表"的教师职业道德要求,不仅难以培养出正直、勇敢、热爱学习的学生,而且有可能对学生的身心造成伤害。

二、内外兼修,言谈举止显文明

由于教师需要站在讲台上,需要在长时间的接触中亲自面对学生来进行教育教学工作。这就要求教师"内外兼修",在保持高尚的品德的同时,也要注意自己的言行举止,在衣着、言谈和行为上都要表现出得体、文明、有修养,这样的教师才能受学生尊敬和欢迎,并有利于学生学习。

(一) 衣着得体

作为教师,只讲"穿衣戴帽,各凭所好"是不够的,教师的穿着打扮不仅具有示范性,而且会影响到学生的学习状态。

一般来说,教师的衣着应简洁而庄重、明快而得体,这样才符合教师职业的特点和美感。教师的穿着还应该讲究协调性原则(与场合协调)、整体性原则(与发型、妆容搭配协调)和育人原则(与上课内容协调)。教师过分地追求个性化,浮华、艳丽、时髦,或者邋遢、暴露、拮据、不洁的穿着都是不适宜的。不适宜的穿着不仅不符合教师的职业身份,而且有可能会在课堂上分散学生的注意力,影响他们的正常学习。

(二) 语言规范

语言和服饰一样能够反映一个人的审美修养和气质性格,而且,语言还会暴露一个人的思想水平、文化修养和道德修养,反映出一个人的情感态度和精神面貌。所以教师的为人师表也体现在用语方式上。

教师在讲课时,应使用规范的语言,口齿清楚,吐字准确,用语精炼,声音清脆,逻辑清晰,前后连贯,专业术语规范;教师在进行课堂管理时,应使用文明、尊敬的语言,不能恶语相向或抱怨连连;教师在与学生交谈时,应使用尊重、平等、谦虚的口吻,时刻不忘使用礼貌用语和敬语,有意选择积极的词语而避免消极的词语,态度诚恳、语气亲切、语调平和、音量适中、音色清亮、音调柔和,展现教师温文尔雅的风度;教师在使用书面语时,也要本着规范清晰、简明扼要的原则,表现出专业性、权威性和严肃性。

(三)举止文明

除了穿着的得体和语言的规范,教师的为人师表还体现在举止的文明上。在公共场合,有些老师会被人一眼认出是从事教师工作,这是因为这些教师不仅有一种独特的人文气质,而且在举手投足间,都保持着文明、谦虚和温和的样子,这就是"教师的样子"。而那些在校内和校外随处吸烟、吐痰、扔垃圾,在公共场合不遵守社会公德,过马路不走人行横道,遇事发火骂人,语言粗俗不堪,吃饭时乱七八糟、毫无顾忌的老师,虽然只是在这些小事上有所失范,却会对学生产生很大的不良影响。

优秀的教师不仅拥有让人敬佩的学识,还会以雅致的风范对学生产生无限的感染力、感召力和亲和力,使学生愿意主动去亲近、爱戴并效仿老师。在教育教学工作中,教师的举止文明主要体现在:和学生相处时要讲究仪态,站有站姿,坐有坐相,用目光、微笑和手势等方式向学生传递关注、理解和教育的信息。教师的举止要做到亲切、自然、庄重和文雅。

三、内省自律,廉洁奉公不谋私

为人师表,既要有精湛宽厚的学士技能,也要有平易博爱的仁者胸怀;既要有诲人不倦的奉献精神,也要有敢为人师的抗俗勇气;既要有教学相长的谦逊品德,也要有公正无私的高尚品格。在新的历史时期,教师面对着更加多元的价值观和各种各样的利益诱惑,如何能够在这些价值观中坚定地选择正确的方向,在内省自律中做到为人师表,是每一个教师都需要反思和探索的。

(一)知荣明耻守高尚

让自己的孩子好好学习,以后出人头地、光宗耀祖,是很多传统中国家长的心愿。社会的大课堂也不时地污染着孩子们纯洁的心灵,在他们心中留下世态万象。这些传统和现状或许是难以改变的,但是,如果身为人师的教育工作者也选择随波逐流、不辨荣辱,那么,孩子们只能在扭曲的价值观面前低头,很难找到真正的理想。

无论是学生还是教师，都有自身发展、实现个人价值的权利。任何人都不是离开社会而孤立存在的，社会离不开个人，个人更依赖社会。个人与社会是相互需要、相互满足的关系，个人价值必须与社会价值相统一。实现个人价值和社会价值的相统一，必须拒绝骄奢淫逸的物质和精神享受，树立正确的荣辱观，追求高尚的道德情操。一个民族有一个民族的时代风尚，一个职业有一个职业的道德要求。教师是社会的良心，代表着一个社会中那部分坚守崇高的人。所以教师为人师表，首先就表现在知荣明耻，以社会主义荣辱观来规正自己的个人价值，去传承正在逝去的优良传统，去坚守正在被人们淡忘的温良品性，去寻找曾经出现在书里的高远理想，以自己的实际言行向学生提供一个堂堂正正、光明磊落的榜样，给学生以积极的引导。

（二）廉洁奉公行正派

坚持廉洁自律、两袖清风、一尘不染是教师保持人格独立的基础，也是检验和衡量每一个教师职业道德水平的重要标志。尤其在社会转型的时代，教师的坚定廉洁自律的职业道德更显得重要和可贵。教师不能在物质和金钱面前失去教师应有的职业道德，而要保持教师人格的独立与尊严，不受世俗不良风气的玷污。教师是班级里所有学生的教师，而不是某一两个学生的家庭教师。教师的廉洁自律既守住了教师为人师表的精神境界，也保住了教育的公共性和公益性。教师可以通过某些形式在市场上出售自己的智慧、知识、技能或者劳动，以获得相应的报酬，但这样的市场交换必须是无损于学生的利益、无害于教学工作和教育事业的，"君子爱财，取之有道"，是每一个为人师表的教师需要遵循的教师之道。

廉则生威，只有廉洁自律的教师才能以自己的高风亮节在学生、家长以及教师群体中树立起崇高的威信和威望，所说的话、所做的事才能真正为学生、家长及其他教师信服。否则，说一套做一套，很容易使自己威信扫地。如果教师自己都做不到廉洁自律，那么对学生、其他教师而言，即使有命令、有制度，也没有人去遵守，即使表面上遵守，也可能阳奉阴违。

廉则生信，只有廉洁自律的教师才能以自己卓越的道德品质赢得广大学生和家长的信赖与支持，进而同他们保持真诚而密切的联系，这样，教师才能够真切地了解学生及其家庭状况的实情，能够有的放矢地开展教学工作。

当前，在我国很多地方，尤其是大中城市有偿补课、有偿家教之风日盛。不少教师利用节假日时间，或在家里或在办公室辅导两三个学生，在帮助学生提高学习成绩的同时,自己也能增加一点收入。随着补课需求的越来越大,一些教师的有偿补课规模越来越大,有的专门在辅导机构任教,有的在自己家里成立辅导班,有的甚至租借教室,大张旗鼓地干起了"大事业",赚起了大钱,当起了老板。有的教师甚至把本应该课堂上讲的内容留到补课时间再讲,而在补课时讲过的内容在课堂上就不再重复,迫使学生不得不参加课外补习。这种不务正业的"走穴"行为,已经严重地影响到了教师的本职工作,在社会上造成了极大的负面影响。

有人认为,教师付出劳动,得到报酬是理所应当的,只要不影响自己的教学任务就可以了。但实际上,人的精力是有限的,时间更是有限的。一个教师承担学校的教学工作,即使是全心投入,也时常会出现力所不及的现象,何来多余的时间去从事补习的"副业"呢?不仅如此,教育是一种公共资源,教师劳动具有公共性、公益性的特殊性,人们无法明确地区分教师上班时间和加班时间,学生在课上出现的问题,即使在课下或校外教师同样有责任帮助他解答,不能借此收取报酬,更不能故意在课堂上不认真教学,再利用校外办班、个别补课的手段来增加个人收入,这不仅会造成教育的不公平,也会严重破坏教师的职业形象。

目前,教育主管部门已经相继出台了一系列制度和规定来打击教师有偿家教的行为。有的学校将有偿家教的做法列入"师德一票否决"的评审范围,有偿家教的行为会影响到教师的聘任、职称和晋级。但制度和规定是外在的规约,教师的为人师表更要靠教师的自省自律、洁身自好,从根本上否认有偿家教的做法,全心全意地投入到学校的教育教学工作之中。

受社会上请客送礼不良风气的影响,现在收受学生、家长礼品、利用学生家长的职务寻求一些便利的现象在任课教师和班主任身上或多或少存在着。当教师和家长有了物质利益的瓜葛之后,教师的尊严、公正就受到了践踏。一些教师的言行开始受到家长的左右,家长不合理的要求就可以堂而皇之地提出,例如孩子的座位安排、"开小灶"等问题,教师心领神会地对个别学生多加关照,教育教学工作过程中也不再能够客观公正地评价学生。让孩子从小接受"权钱交易"的观念是对他们的人生观、价值观的一种扭曲,整个社会都会为此付出沉重的代价。廉洁是对每一位公职人员的共同要求,对教师同样适用。教师的教育教学工作更多的是言传身教,是以自己的人格魅力和道德修养潜移默化地影响和教育学生。

在教师节、新年等节日,学生或家长的一个小卡片、一个电话、一条短信、一封电子邮件,都足以表达对老师的祝福和感激之情。但如果以送礼来换取实际利益,这种行为显然不妥,严重者甚至可以说是一种行贿,教师应该加以拒绝。对于这一点,教师不仅要做到心知肚明,还要以廉洁自律不谋私的职业道德来严格要求自己,做到以身立教、为人师表。

四、践行为人师表,维护教师形象

杜绝有悖教师职业道德的不当言行举止,诸如有偿家教和教师收受财物的失德、失范行为,树立教师职业形象,尽管教师行为失范问题涉及诸多的影响因素,但是,教师自身的因素具有决定性的作用。因此,提高教师自身关于为人师表意义的认识,强化教师维护职业形象的内在动机,充分发挥教师的主观能动性,形成抵御外界物质诱惑的免疫力,进而不断提升教师自身的思想境界,无疑是解决教师行为失范问题的治本之策。教师在师德建设和师德素养的自我完善实践中,可以从以下几个方面实现师德境界的提升。

(一) 加强学习,认真领会和践行相关法律和文件的规定

教师要自觉学习相关法律和文件的规定,深刻领会这些规定中对"为人师表"的阐述。具体包括《中华人民共和国教育法》《中华人民共和国教师法》《中小学教师职业道德规范》(2008 年修订)《中小学教师违反职业道德行为处理办法》《教育部关于建立健全中小学师德建设长效机制的意见》《教育部关于切实加强教育系统廉洁自律和厉行节约工作的通知》中关于维护教师形象的相关内容。教师在学习和领会中应该坚持以下基本原则:

第一,把相关规定作为约束自己言行的准绳。教师要把对相关规定的学习作为自己日常专业学习和校本自主研修的重要内容之一,明确哪些理念和做法是得到倡导并需要执行的,哪些做法是绝对禁止的,哪些做法一旦发生将面临起诉和惩罚。明确不同规定的边界和细则,对相关法规要心存敬畏,做到依法执教。

第二,把相关规定作为自己专业发展的保障机制。教师不应该把相关规定视为自己教育生活的外在束缚力量,应该作为自己专业发展乃至人生幸福的重要保障机制。多元智能理论的创始人、世界著名教育心理学家霍华德·加德纳在谈到个人专业素养时就明确断言过,只有具备以下五种素质的人才能够赢得未来:受过专业训练的人,善于整合的人,有创造性的人,尊重别人的人,有道德的人。加德纳的论述并没有仅仅限于

对知识能力范畴的讨论,而是把道德素质作为重要的影响因素。实践中我们也会得到相同的确证:很多学富五车、才高八斗的人往往因为道德的"短板"止步于前行的路上。为人师表的职业操守不是教师的"紧箍咒",而是通向未来专业发展和人生幸福之路的"护身符"。

第三,把相关规定作为自己主动践行的行为准则。教师对"为人师表"相关法律规定的把握,不能仅仅局限于认知和理解的层面,而应该在不断提高自身认识的同时,积极践行这些准则,在备课、上课、辅导作业、师生交往等日常教育教学工作中,体现为人师表的师德风范。通过对先进事迹和负面个案的深入领会和分析,扬长避短、反思自省,不断提高自己的师德境界,成为遵法守法的先进典范。

(二)勤于反思,树立正确的职业理想,坚定教书育人的职业信念

职业理想是人们在职业上依据社会要求和个人条件,借想象而确立的奋斗目标,即个人渴望达到的职业境界。它是人们实现个人生活理想、道德理想和社会理想的手段,是一个人的价值观、人生观、职业期待、职业目标的具体体现。职业理想对一个人从事某一工作意义巨大。从某种程度上说,一个人的认识决定了他的行为方式和价值追求。教师的职业理想是教师在对教育的历史使命、教育的意义的深刻理解基础上产生的从事教育事业的志向、抱负和追求。一位教师的职业理想水平,决定了他的精神境界和全部的教育行为。

教师要认真体会自身行为的得与失,不用牺牲教师尊严,贬损教师人格、气节等条件去做简单的利益交换。得到几株草木,失去的却是一片森林;得到蝇头小利,失去的却是自己面对学生时的自信和坦然,失去的是面对家长时宝贵的师道尊严和无欲则刚的底气。"获利事小,失节事大"。教师屈服于物欲的支配,匍伏在补课费和礼品之前,在某种程度上说,是对教师尊严的出卖,是对人师气节的摒弃,是对教师人格和良知的自我放逐。

作为普通社会一员的教师,生活的压力、物质的诱惑无处不在,很难做到超然物外。但古人常说:"君子爱财,取之有道",古人的告诫无非在警示后人,不要超越应有的常规道义获取本不属于自己的钱财。在师德问题的讨论中,这句名言同样给我们深刻的启迪:教师的"取财之道"要以合乎自己的职业规范,不违背自己的职业操守,不贬损自己的职业形象为前提。比如说利用业余时间将自己的研究成果出版或发表取得稿酬,不仅不应拒斥,还应加以提倡和鼓励。也就是《礼记》上所提倡的"临财勿苟

得,临难勿苟免""见利不亏其义,见死不更其守"这种择善执着的精神。

(三)自我提升,享受属于教师的真正的教育幸福

教师必须具备较高的德性水平和人生境界。我们知道,制约人幸福能力的最大障碍是人们对生活的享乐主义或庸俗理解。一位没有较高精神追求的教师,极有可能沉溺于感官生活,习惯于病态的幸福,从而失去对真正幸福的感受力和创造力。教师在应对师德素养自我提升的困惑中要学会体会以下教育幸福。

第一,享受创造的快乐。教师的幸福感与教师的职业特性和劳动特点是紧密相关的。教师的劳动是育人的活动,具有鲜明的创造性特征。创造性不仅是教师应具备的特质,也成为教师幸福的源泉。心理学家弗罗姆曾说:"幸福是一个人创发性心向所带来的结果,它既不是来自生理和心理需要的满足,也不是某种心理压力的消除,而是个人在思想、情感以及行为上的一切创造活动所带来的喜悦。"

教师的创造,不一定是完成鸿篇巨制,也不是达到著书立作本身,教师的创造往往体现在平凡的工作中、在师生交往的细节里,凭借自己的教育智慧找到更有效、更科学、更合理的教育策略。可能是一个颇具新意的活动方案,可能是呈现一堂成功的观摩课,抑或是找到一个改进后进生的有效方法。这些微不足道的成就和收获,就成为激励教师不断进取的动力,成为教师在辛勤付出之后的惬意和安慰。

第二,体会尽责的快乐。当代哲学家加缪曾明确断言:"幸福不是一切,人还有责任。"加缪帮助我们从更深层次上理解了幸福的内涵,告诉我们幸福是有所附属的、有条件的。幸福如果建立在"失职""卸责"的条件下,幸福的真意就会大打折扣。同时,加缪也给我们指明了另一种获取幸福的源泉——做一个有责任心的尽职尽责的人,也是我们获取幸福感的路径。当人不能尽职尽责完成应尽的职责时,带给人的是持久的自责,甚至是伴随终身的愧疚感。

《孟子·尽心》中,把"仰不愧于天,俯不怍于人"作为人生之"二乐也"。古人也经常标榜自己拥有这样的人生境界:"岂能尽如人意,但求无愧于心。"这样看来,尽职尽责、无愧于心已成为人们审视评价一个人幸福与否的重要参照。

第三,提升育人的快乐。在日常生活经验中,幸福通常与快乐和需要的满足相联系。需要的满足产生快乐,也就有了生活的幸福。那么,幸福是否等同于需要的满足和快乐呢?心理学家马斯洛认为:人的需要分成

了不同的层次,按层次逐级递升,分别为生理的需要、安全的需要、情感和归属的需要、尊重的需要、自我实现的需要。低层次的需要基本得到满足之后,它的激励作用就会降低,其优势地位将不再保持下去,高层次的需要会取代它成为推动行为的主要原因。有的需要一经满足,便不能成为激发人们行为的起因,于是被其他需要取而代之。高层次的需要比低层次的需要具有更大的价值。热情是由高层次的需要所激发的。人的最高需要即自我实现,就是以最有效最完整的方式表现自己的潜力,唯此才能让人得到更高的幸福体验。

物质的满足对任何人都是重要的,对于教师而言,拥有稳定的收入和物质生活条件作为基本需求,是获得人生幸福感的基本前提。但是,如果教师的需要仅仅停留在这一层面上,没有自我价值实现的更高诉求,没有实现自己教育理想的追求,那么教师的幸福体验与普罗大众就不会有什么区别,教师特有的育人快乐、教学相长的幸福就会被曲解和异化。因此,教师只有在践行教书育人的职责中,在不懈的教育创新和进取中,才可能实现自己的人生价值,体会属于教师的人生幸福。

当下,每一个教师都毫无例外地要面对生活成本的上升、高物价、高房价等带来的生活压力。从某种意义上说,困境和压力是对教师人格、气节和职业操守的特殊考验。提升教师的职业理想境界,体会和享受教师所独有的教育幸福,通过践行为人师表来维护教师的职业形象,是教师战胜这些困扰和诱惑的最重要和最有效的内在动力机制。

第三节 | 终身学习

回首自己走过的45年人生之路,江苏省著名特级教师、苏州市首批名校长高万祥说,读书、教书、著书,不可一日无书。书籍,是学校中的学校,为新世纪培养高质量的"阅读人口"是我们基础教育义不容辞的神圣使命。一个人,只有终身保持着阅读的习惯,才能不断提升自己的爱心、良心、责任心,才能让自己永葆青春。因为,与书为友,就意味着与大师为友,与文明为友,与真理为友。

1973年1月,高万祥高中毕业。在那些寂寞而苦痛的日子里,文学成了高万祥唯一的精神寄托。现在他还清晰地记得当年在乡下苦读的情景。白天干活时,他趁着劳动的间隙,经常独自坐在田埂上看书学习。午休时,他一个人躲在屋里做读书笔记,汗水都把稿纸浸湿了。夏夜,他用棉花塞住耳朵,把屋外纳凉人的谈笑挡在心灵之外。为了对付蚊子的袭扰,他不得不穿上长衣长裤、高筒雨靴。就这样,高中毕业后两年,高万祥几乎读遍了当时能找到和买到的书,床头那本《新华字典》早被他翻得破烂不堪,抽屉里塞满了厚厚的读书笔记、撰写的文章和一大堆退稿信。接下来,高万祥做了三年代课教师。因为不能取得民办教师的资格,20岁出头的高万祥不得不背着简单的行装,像"游击队员"一样,辗转于全乡的十多所中小学校。从幼儿园到高中,常常是刚一站稳脚跟,又要开始"流浪"。尽管如此,这段经历竟让高万祥深深地喜欢上教书这一职业。

对于坚强者来说,逆境与磨难总是人生的一笔财富。1978年,高万祥凭着多年的阅读积淀,以优异的成绩考入江苏师范学院(今苏州大学)中文系。站在苏州东吴园高大的图书馆前,高万祥的心激动得怦怦直跳,他禁不住长吁一口气:告别了,无书可读的日子!告别了,疯狂而苍白的岁月!高万祥说,大学四年,他不敢说自己是最优秀的学生,但一定可以算得上最勤奋的学生。从宿舍到饭厅,从教室到图书馆,他每天都在同样的轨迹上与时间赛跑。对他来说,那时最大的幸福莫过于有书可读。大学时代丰富的阅读给了高万祥新的生命和新的生活。

四年之后,高万祥走上了百年名校张家港梁丰中学的讲台,当班主任,做语文老师,工作是非常繁忙的。但是,高万祥常常忙里偷闲,以不懈地阅读支起一片放飞心灵的蓝天。参加工作后,他订阅了十多种报纸杂志,一有时间就跑书店。他读经典,读时文,文学、教育、哲学、文史、经济无不广泛涉猎。他说,阅读,滋润了他的教育爱心,培育了他的正义与良知,给了他诗意般的教育追求与人生追求。

多年来,高万祥决不让教材、教参独霸课堂,他特别注意从广泛的阅读中提取思想和精神的养料,让书籍为学生打开新的文学与文化的视窗。他一直记着教育家苏霍姆林斯基的话:"把每一个学生都领进书籍的世界,培养起对书的酷爱,使书籍成为智力生活中的指路明灯——这些都取决于教师,取决于书籍在教师本人的精神生活中占何种地位。"因为阅读广泛,高万祥的课堂上总有不少的新鲜故事听。他给学生讲作文与做人的道理,讲《忏悔录》的作者因敞开心扉而被人誉为"欧洲的良心",讲文坛泰斗巴金"把心交给读者"的创作态度,讲李白墓地上那块书写着"真诗不死"的石碑。他无数次地提醒学生:孩子的可爱在于没有矫饰和虚伪,文章的可贵在于真情的流动。为了让学生保持透明的童心,他要求学生把日记当成自己的精神家园,让真实的情感花朵在日记中绽放,让自由的生命个性在日记中挥洒。

"天下第一好事,还是读书。"在高万祥身上,我们再一次感到此言妙极! 平日里,坐在宽大的办公桌前,高万祥没有被频繁的电话弄昏头脑,没有在琐碎的应酬中迷失自己,他的背景永远是一壁高大的书橱。①

导入思考

高万祥老师的人生转折和事业成功靠的是什么?

一、终身学习是教师职业的必然要求

教师要想能够胜任自己的工作,必须不断反思自己的职业,强化自身的学习,树立终身学习的观念。这不仅是知识社会时代发展的客观要求,也是教师职业特点所决定的,还是教师职业生涯持续发展的动力源泉。

(一) 学习成为教师日常生活的一个部分

终身学习是现代社会发展的客观要求。作为 21 世纪人类的一员,终身学习是每个人生存的基本素质,学习已经成为人们事业和活动的第一需要,"活到老,学到老"的精神比以往任何时代都显得更为紧要。

管理学大师彼得·德鲁克曾提醒我们:"这个时代和前一时代最大的不同之处是,以前工作的开始是学习的结束,当下的社会则是工作的开始就是学习的开始。"对于教师职业来说也是如此。只有经常给自己"充电",不断提高和丰富自身的知识素养,才能紧跟社会和时代发展的步伐。也就是说,教师要能够胜任自己的工作,掌握和运用不断出现的各种新的教育理念、教学方法和技术,就必须不断地学习、应用和创新,积极自觉地把学习作为自己的一种专业生活方式,形成"终身学习"的理念,使学习成为自己日常生活中不可或缺的一部分。

(二) 终身学习是教师职业特点的现实需求

从事教师这一职业,具有示范性、创造性、复杂性等不同特点。"育己才能更好地育人",教师的终身学习就是为了更好地"育人",这也是教师职业特点的现实需求。

---

① 陈文:《教师可以更优秀》,华东师范大学出版社,2012 年版,第 176~183 页。

1. 教师职业的示范性要求教师终身学习

教师应该成为学生终身学习的良好榜样。一个教师的良好素养并不是表现在一纸文凭上，教师的学历也不等于实践能力。只有具备持久的学习力，教师的能力才能得到不断增长，素质得到不断提升。被誉为"教师的教师"的德国教育家第斯多惠特别强调："教师本人是学校里最重要的师表，是最直观的最有效益的模范，是学生最活生生的榜样。"任何一个教师，不管他是否意识到这一点，不管他是自觉还是不自觉，他都在对学生进行示范。对于每个从师范院校毕业的教师来说，一定都记得"学高为师，身正为范"这一名言。在我们要求学生学会学习、终身学习的时候，如果我们自己都不会学习、不爱学习，又如何能带动学生去学会学习、热爱学习呢？可见，倡导终身学习，要求教师做终身学习的表率，这也是教师职业示范性特点的基本要求。

2. 教师实践的创造性要求教师终身学习

创新是一个民族的灵魂，是一个民族的希望。为了培育创新的人才，需要依赖教师教育实践的创新，而教师教育实践的创新，又离不开教师对自己工作的持续探究和不断学习。对于当代教师来说，不能只是道德的传声筒和会说话的教科书，而应该成为鲜活的、人格丰满的创造者，在创造中让自己的职业充满生命活力。只有具备创新精神和创新意识的教师，才能培养学生的创新能力；只有教师自身具备不断学习提高的能力，才能教会学生如何学习。教师的创新能力需要终身培养、不断提高，教师的创新动机需要终身激励，而无论是创新能力还是创新动机都应归因于教师的终身学习。可见教师教育实践的创造性要求教师终身学习。

3. 教师劳动对象的复杂性要求教师终身学习

教师以教书育人为职责，他们面对的工作对象不是物，而是活生生的具有主动性的人。这种教育对象的主体性就限制了教师的工作方法不能局限在某一狭隘的框架内。这类主体是有主观能动性的，而且也是随着时代、生活地域和生活环境的改变而不断改变的。这种教育对象的改变包括两个维度：横向的和纵向的。

横向的改变包括教师任教地区或学校的改变等。教师任教的学校改变了，所面对的学生也改变了。不同的学生在家庭背景、学习能力、个性特征等方面都会有很大差异，教师不可能用原来的老一套的方法和模式来教新的学生。纵向的改变包括任教学段的改变和时代的改变。学段的改变主要是指小学、初中、高中阶段的改变，即使在小学阶段，也可分为低、中、高三个学段,三个学段的孩子在学习态度、兴趣爱好上是有差异的。小学、初中、高中阶段之间的差异更加明显。教师如果在不同学段任教的话,首先要做的事情也是学习,学习怎样去面对这些跟以往不同的孩子。而纵向的时代改变给教师带来的专业上的冲击更大。一般而言,教师的职业生涯在 35 年左右。职业生涯的前半段教师自身比较年轻,对新事物也比较敏感,能够接受和学习新的事物,跟自己的学生也比较容易有更多的共同语言,能够有比较新的观念,顺利地对学生产生积极的正面的影响,教学效果也比较好。但是到职业生涯的后半段,教师随着年龄的增长,自己在思维上渐趋保守,跟新生代学生之间代沟也日益加深。这时比较容易产生教学上的适应性困难。要避免这些问题,教师别无他法,唯有不断地学习,甚至主要是向自己的学生学习,只有真正了解自己的学生,才可能真正地实现教师自身对学生的潜移默化的影响和教育功能。

(三) 终身学习是教师专业发展的持续动力

1. 从教师专业结构的发展来看,教师需要终身学习

一般而言,教师专业发展本质上是教师个体专业能力不断发展和提升的历程,也就是教师的专业素质不断成长和成熟的过程。中小学教师专业标准从专业理念与师德、专业知识、专业能力三个维度来界定教师的专业素质。在这三个维度中,除了有一部分专业知识、专业能力可以在职前教育阶段有一定积累之外,其他更多的都必须在实践中去积累和培养,并且随着时代的发展而不断更新,尤其是在理念和方法层面,由此才能适应新时代的要求。

2. 从教师的职业生涯特点来看,教师需要终身学习

一般而言,教师职业生涯分为职前期、入职初期、能力建构期、稳定期、消退期及离岗期。每一个时期都有它的特点。比如,职前期的教师还只是学生身份,无法甚至很少以教师的身份参与到教育教学活动中;入职初期的新教师很有热情,但在各方面的能力还不成熟,所以需要尽力争取学生、同事以及领导的认可,并试图在处理日常问题和自己的专业能力上达到一个较好的水平;能力建构期的教师已适应工作,有了自己的方法和策略,把工作看成是一种挑战;而稳定期的教师则基本上依循自己在职业摸索过程中积累的经验和方法从事教学,对自己的工作比较能驾轻就熟,属于成熟型的教师。但是这个时期的教师也很容易出现一个问题,那就是职业倦怠。消退期的教师已经开始做离岗准备,对教学充满了复杂的情感;离岗期的教师的关注点开始聚焦于生活。因此,只有当教师始

终处于终身学习的状态,时刻都在接受新鲜的事物和知识内容,时刻都能对新的东西保持一种专业上的敏感性的时候,教师的专业才能持续发展,否则就将停止,而影响教育质量的提高。教师是一个教育者、教学者,但同时也是一个终身学习者,教师的专业发展过程是一个持续的过程,要想使这一过程持续健康地发展,只有坚持不懈地学习。因此,教师在其职业生涯中,必须做到生命不息,学习不止,将学习进行到底。

3.从教师自我实现的需要来看,教师需要终身学习

终身学习既是作为教师的一种社会责任,也是作为人的一种自身发展需求。马斯洛的需要层次理论明确指出,自我实现的需要是一个人的高级需求。自我实现作为一种强烈积极要求进步的心境,时刻鞭策和激励着教师自我在职业道德、专业知识、教学技能、人格品质等方面,深入学习与研究,不断充实与提升自己。然而,随着教师工作的深入体验,相当一部分教师逐渐消磨了当初的新鲜感和激情,终日过着忙忙碌碌、焦头烂额的日子,日复一日地原地打转,丧失了自我发展与自我实现的动力,从职业中获得的自我效能感和幸福感也在不断降低。人的能力就像电池一样,它会伴随着时间和使用而逐渐流失。俗话说,"台上一分钟,台下十年功",只有孜孜不倦地汲取新的知识养料,为教师角色不断注入新的能源,才能利用有限的三尺讲台呈现出人生中最亮丽最完美的自我。因此,每个教师都要努力学习更多的知识,提升自己的专业能力水平,不断地为自己加油、充电,最终实现自我的人生追求。

二、终身学习的具体要求

（一）刻苦钻研,严谨治学

教师担负着教书育人的责任,教师的劳动手段就是发挥自身所具有的知识、品德和教育才能。教师的职业特点决定了教师需要终身学习,刻苦钻研。对教师来说,这不仅是关系到"才"的问题,而且有着更重要的道德意义。

翻开中外教育史,人们历来都把教师治学的态度作为对教师进行道德评价的重要标准。夸美纽斯认为,教师应孜孜不倦地提高自己,随时补充自己的储备量。中国古代有"道之未闻,业之未精,有惑不能解,则非师也"的说法。教师要想学生好学,自己必须首先好学;唯有学而不厌的先生,才能教出学而不厌的学生。教师必须教到老,学到老。师范院校是培养教师的基地,受过良好的师范教育只具备了担任教师的基本条件,但要

做好教师工作,还必须在教学实践中不断学习,刻苦钻研,提高自身素质。时代在飞速前进,科学在迅猛发展,新的知识领域、新的研究成果、新的生活方式、新的道德观念、新的教育对象,给教师不断提出新的课题。要使学生勇于面向未来,善于把握未来,在时代的潮流中激流勇进,教师就必须终身学习:向书本学习,向社会学习,也向自己的教育对象学习,不断提高自己的修养,不断改进自己的工作。一个教师如果自满自足,故步自封,就会逐步变成一个平庸的教书匠。那些优秀教师则能一生勇于进取,他们永远是学生效仿的榜样。

1. 要提高自身的思想道德素质

教师要培养社会主义事业建设者和接班人,就要有一个正确的政治方向,就要认真学习,确立正确的世界观、人生观和价值观,掌握科学的方法,并用来分析问题和解决问题。教任何一门学科的教师,都有育人的职责。青少年学生从社会各个方面接受了大量信息,思想中不断产生各种问题,每一个教师都应及时地给他们以正确的引导和科学的解答。另外,研究和讲授任何一门学科都不能离开科学的理论做指导。当前,中小学都在进行新一轮的课程改革,有的教师虽然已经教学多年,但教学水平却始终没有较大提高,即使想进行教学改革,也不知从何下手。这不单纯是缺乏教育理论素养的问题,因为任何一项教学改革的构思和完成,都是以一定的哲学思想为基础的。只有坚持辩证唯物论,从实际出发,自觉运用唯物辩证法,全面具体地分析问题和解决问题,才能不断改革、不断创新、不断前进。

2. 要不断提高科学文化素质

教师是科学文化知识的传递者和传播者,必须具有较高的知识素养和合理的知识结构。在学校的一切活动中,最重要的是教学活动。教学是教师的基本任务,而知识广博,并且对所教学科有较高的造诣,则是出色完成教学任务的前提。教师的教学有不同的风格,有的纵横捭阖,妙趣横生;有的朴实无华,深刻严谨;有的亲切自然,娓娓而谈。但都应做到高屋建瓴、深入浅出、语言准确、举例恰当、讲解清楚,这些都需要有较高的知识素养。知识浅薄,孤陋寡闻是不行的。

教师的知识结构要符合现代教育的要求。整个世界的统一性和普遍联系决定了各门学科之间的相互关联,在人类实践的发展中,它们不断分化和综合,把整个科学推向前进。现代生产是向着两个趋势发展的,即生产的分化和专门化与生产的技术基础的统一。对任何一门学科的学习和运用都不能孤立地进行。所以,要求教师努力做到既专又博,除了努力精通自己所教学科之外,还要广泛涉猎其他学科。博与专是相辅相成、互相促进的。只有这样,才能不断完善自己的知识结构。

3. 要掌握教育教学规律,提升教育科研能力

教育教学规律,是教育发展过程中的本质联系。教育教学规律所涉及的范围很广泛,如怎样处理教与学、传播知识与培养智能等教学过程中的关系,如何使受教育者在德智体美诸方面达到协调发展,如何加强学校、社会和家庭在教育过程中的综合效应等。作为一名教师,不仅要知道自己"教什么",更要懂得"怎么教"。"怎么教"不只是简单的教学程序和方法,而是包含着严肃而丰富的教育理论与教育规律的运用。教师通过学习教育学方面的知识,可以比较系统地了解教育目的、教育原则、教学过程、教学方法等一系列重要教育理论与教学实践问题,以便能够自觉地运用教育教学规律,根据教学内容、学生实际,选择切实而有效的教学途径和手段,以达到教学的最佳效果。

开展教育科研,是现代教师的一项重要任务,是时代的需要,是现代教育改革和发展的需要。随着科教兴国战略的实施、素质教育的推进、新课程改革全面开展,加强教育科学研究、提高教师的教育科研能力问题越来越受到人们的重视。但在一些中小学,特别是农村中小学的教师中,教育科研的气氛还不浓,教师的科研意识和能力还不强,这与我们这样一个教育大国,与时代对教育的要求,是不相称的。

学校不是科研机构,教师也不是专职的教育科研人员,但学校的教育教学活动是教育科研工作的基础,也是教育理论产生的源泉。教师扎根于实践的沃土,身处教育的第一线,经常接触到各种实际的教育现象,只要对教育现象加以分析就可以发现各种问题,而一切悬而未决的重大问题,正是教师科研的突破口或起点。这就要求教师看到自身的优势,打破教育科研的神秘化,增强科学研究的勇气和信心。另一方面,要求教师正确处理教学与科研的关系,以教学带科研,以科研促教学,在教学过程中选课题,在教育研究中找答案,在提高教学质量上求成效,而不能抛开自身的教学工作,为研究而研究,把教学与研究对立起来。

(二) 勇于改革,开拓创新

人类文明正在进入以高科技为特征的知识经济时代,创新是一个民族进步的灵魂,是国家兴旺发达的不竭动力。如果不能创新,不去创新,一个民族就难以发展。开拓创新,离不开教育和人才。全面建设小康社

会,发展社会主义市场经济,大大增加了对人才的需求,有力促进了教育事业改革发展的步伐。然而,教育领域中原有的一些东西又与时代的发展、社会主义市场经济的要求相去甚远,必须改革。《国家中长期教育改革和发展纲要(2010—2020)》指出:"把改革创新作为教育发展的强大动力。教育要发展,根本靠改革。要以体制机制改革为重点,鼓励地方和学校大胆探索和试验,加快重要领域和关键环节改革步伐。创新人才培养体制、办学体制、教育管理体制,改革质量评价和考试招生制度,改革教学内容、方法、手段,建设现代学校制度。加快解决经济社会发展对高质量多样化人才需要与教育培养能力不足的矛盾、人民群众期盼良好教育与资源相对短缺的矛盾、增强教育活力与体制机制约束的矛盾,为教育事业持续健康发展提供强大动力。"

对中小学教师而言,改革主要是如何面对课程设置和教学内容的调整和优化,如何应对素质教育的挑战,如何减轻中小学生的课业负担。对教师开拓创新的要求,必须从学生的智能发展,从学生的创造能力、创造品格的形成和发展出发。

首先,要善于激发学生的认识兴趣。认识兴趣是学生学习的内在动力,要使学生创造性地学习,必须根据学生生理和智力发展水平采取相应的教育措施,教师要善于挖掘教材中丰富多彩的内容,创造生动活泼的教育形式,采用引人入胜的教学方法,以激发学生的认识兴趣;教师对学生的成绩,即使是微小的,都应保持高度的敏感,及时、正确、恰当地予以肯定,以刺激学生,强化兴趣;教师要创造条件使学生应用所学的知识,在实践中体验到所学知识的有用性,进一步激发探索未知的兴趣。

其次,要启发学生积极思考。积极思考不仅是一般教学活动的需要,更是发展学生创造能力的需要。教师调动学生积极思考,是培养学生创造能力,激发学生创造精神的主要途径。由于创造是千变万化的,教学方法也应该灵活多样,不拘一格,无论采用哪种方法都要调动学生的思维能力,启发学生进行创造性思维。

再次,要引导学生去"发现"和"创造"。教师要培养学生的创造力,就要善于组织学生自己去观察、分析、比较、实验、研究、发现和创造。学生学习中的这种创造和发现,虽然大多数是主观的再创造和再发现,不一定具有客观社会价值,但对于学生本人而言,仍然是新的发现和创造。因此,教师应该加以肯定,使学生继续保持创造的意向。

最后,要讲授科学的方法论。方法论是发明创造的有力武器,传播科学的方法论是发展学生创造性不可缺少的。学生对科学方法论的认识和掌握,主要靠教师传授,并且是在教师的引导下运用。

(三) 崇尚科学,终身学习

崇尚科学精神,树立终身学习理念,拓宽知识视野,更新知识结构,潜心钻研业务,勇于探索创新,不断提高教育教学水平,这是新时期教师道德的新要求。1972 年,联合国教科文组织国际教育发展委员会在向联合国提交的报告《学会生存》中,根据社会发展变革的需要,特别强调了两个基本观念:终身教育和学习化社会。联合国教科文组织的国际 21 世纪教育委员会也指出,"终身学习是 21 世纪的通行证"。我们要在未来的社会生存下去,就必须接受终身教育,坚持终身学习。终身学习,已成为现代人的一种生活方式。

终身教育是一种知识更新、知识创新的教育,终身教育的主导思想就是要求每个人必须有能力在自己的一生中利用各种机会,去更新、深化和进一步充实最初获得的知识,使自己适应快速发展的社会。每位教师都必须具备自我发展、自我完善的能力,不断地提高自我素质,不断地接受新的知识和新的技术,不断更新自己的教育观念、专业知识和能力结构,以使自己的教育观念、知识体系和教学方法等跟上时代的变化,了解教育和学科的最新发展。终身学习的能力既是社会发展对人的要求,也是教育变革对教师职业角色提出的要求。设想如果一个老师他自己的思想观念、知识结构从始至终都是一成不变的,他如何能培养出符合社会需要的人才? 因此,教师自己要端正态度,不断进行学习,更新自己的知识体系,培养自己各方面的能力。

教育要使得学生掌握学习的方法,树立终身学习的理念。普通中小学教育是打基础的教育,这种基础就包括了终身教育的基础。以往人们把教育分为正规教育和非正规教育,普通教育和成人教育,认为终身教育只是非正规教育或是成人教育的任务。这是很大的误解。终身教育是一种教育理念,体现这种理念的教育体系就是终身教育体系。它贯穿人的一生,包括纵向的一个人从婴儿到老年期各个不同发展阶段所受到的各级各类教育。普通教育不仅要为人的终身学习打好基础,而且同时也负担着继续教育的任务。对于国家民族来说,教育成就未来。

在当今社会信息化、产业数字化、经济全球化的状况下,人们似乎对经济利益和行为的直接效应越来越重视,而忽视了一些内在的东西。孰不知只有内在东西的推动和作用才会出现外在的变化和发展。为此,教师应清楚地意识到这种变化和发展的本质,并自觉地加强这种变化和发展的良性循环,不断给自己充电,提升自己的素质。这里的"充电"有多重含义:

其一,当今社会新事物每天都会出现,作为教师是固守传统还是乐观接收并能将其分类剔除糟粕、取其精华,这就要看教师的自我修养了。

其二,孩子一定比我们能更快地接受新事物,他们往往盲目地崇拜并有时在老师面前展现出来,这时需要教师对其进行正确的引导,试想,老师都不知他们所云,更别提对他们进行指导了,这样使师生之间的距离无形之中拉远了,也许下次学生不再向老师表现自己了。老师了解不到学生心理的变化,还能给他们什么样的教育呢?

其三,教师这一行业本身就是一个不断需要探索和研究发现的过程。新课程标准对教师的教学要求提道:努力成为学习型教师,并在自己的继续教育和教学实践中不断探索。可见,终身教育这一理念已深入人心,人们已越来越迫切地认识到知识的无限性。只有通过不停地学习和不断地努力,才能保持自己的社会性,才不至于被这个日新月异的社会淘汰。

其四,教师的行为会潜移默化地影响学生。如果我们平时给学生造成一种完成课内任务就无事可做、和其他教师聊天的印象,那就会影响学生,也养成懒散的学习习惯,学习积极性不高,信心不足,长此以往,学习劲头全无,对他们的终生学习产生不利影响。同样,如果教师给学生带来的是一种竞争的氛围,那么他们自然就会养成做完作业认真看书复习、预习等良好的学习习惯,形成良性循环,有利于学生的终身学习和发展。

其实,我们只要留心一下周围就会发现,有的人由于种种原因没有受到良好的学校教育,却通过刻苦自学,具备了一定的文化素质;有的人尽管有着较高的学历,甚至有着高级职称,却不再自学自修,久而久之,便落后了。一个人文化素质的高低,最终取决于在漫长的人生旅程中能否锲而不舍地坚持自学,也就是做到终身学习。我们强调终身学习,并非是说要一辈子都待在学校里;事实上,我们也不可能终生都在学校里度过,主要还得靠自学;而读书,则是自学的主要手段,也是提高文化素质的主要手段。"书籍是人类进步的阶梯"这句高尔基的名言,形象地说明了书籍对推动人类文明的作用。当今时代,有了电影、电视;尤其是电视,几乎每个家庭每天都要收看。观看有益的影视作品,固然可以收到与读书差不多的效果,却远远替代不了读书;更何况电视节目面向的是大众,其中消遣娱乐的成分占了相当大的成分。如果大部分业余时间都沉溺在电视机前,不仅会影响读书,而且会使人的头脑越来越简单,思维越来越肤浅,知识越来越贫乏。

用经济学上投入产出的效益观来看,对人生各个时期投入时间与精力所获取的利润也是不同的。尽管人们常说"活到老,学到老",但不得不承认,时间在人生不同的年龄段,具有不同的价值。一个人在青年时期读书,与他在中年时期读书,以及与他在老年时期读书,对他整个一生的影响显然是大不相同的;也就是说,花费同样的时间和精力读书,在人生不同的时期取得的效果是不同的。这并非是说,人过了青春时期时间就不值钱了,读书就不重要了;而是说,该在青春时期读的书如果没有很好去读,以后就很难弥补,甚至会铸成终生的遗憾。

三、做一名学习型教师

任何人在职业生涯中的成长过程,都是一种学习、发展与创造的过程。对于中小学教师来说,要相适应知识时代的要求,想要过上一种高质量的生活,想要由一个新手老师、平庸老师成长为合格教师,骨干教师、优秀教师,进而成为专家型教师和教育家,就需要具备不断学习、持续发展和勇于创造的能力,是自己成为一名学习型的教师。我们每一个教师都要促进自己专业的发展,提升自我的生命价值,就要不断学习,终身学习,做一名学习型教师。

(一) 转变自身学习方式

1. 强调教师学习的主动性

对于中小学教师来说,学习是需要具有强烈的自我发展意识和动机的,实现从"要我学"向"我要学"的转变,需要对自己的学习活动有着明确的目标和计划安排,并能对自己的学习活动进行自我监控和调节。只有这样,才能实现学习效益的最大化。如果一味地以政策和制度去约束、强迫教师读书学习,而教师本人却缺乏自觉性,那么学习只能成为一种压力和负担,而不可能成为一种快乐和幸福。教师通过自主学习,可以不断增长知识和增强能力,培养良好的行为习惯,升华思想境界,从而不断完善自己的专业技能,丰富自己的专业情意。许多优秀教师的专业成长历程都说明了一个基本事实:只要教师在自己的教育生活中能够坚持自主学习,具有很强的求知欲和学习力,就一定能够获得成功。因此,自主学习能够使教师充分发挥自我能动作用,自主能动地追求个人的发展,让教师掌握自身发展的主动权,真正成为学习和发展的主人。

2. 强调教师学习的合作性

教师在学习过程中经常会遇到这样或那样的问题，只靠个人的力量有时候解决不了，这就需要教师与自己的同行们一起探讨、交流、合作学习。而且，不同经历和背景的教师，在自己的工作实践中往往能够形成对各种不同问题的个人看法，这是极为重要的、潜在的知识资源。因此，我们需要不断挖掘教师在职业生涯中所积累的成功经验和失败教训，以及处理疑难问题的实践智慧，与其他教师一起合作、分享。通过合作学习，能够激活教师的思维，形成开放、活跃和合作的心智模式，极大地提升教师的教育智慧。而且，重视教师学习的合作性，有助于改变教师"单兵作战"的专业生存方式，形成一个有着共同发展愿景或目标的教师学习共同体。反过来，教师学习共同体的形成又进一步推动着教师学习的有效实现。

3. 强调教师学习的探究性

探究是人的一种本能，也是一种复杂的学习活动。教师的学习不仅仅是获取与掌握一些新的信息、知识，更多的是要创造性地去解决自己在实践中遇到的各种实际问题，这是一种基于问题的学习。如果教师在学习中没有自己的问题，没有自己的独立思考，没有一种寻根究底的精神，那么，就只会一味地盲从和迷信外在的权威，难以形成创新的意识和能力。因此，在教师学习的过程中，特别强调教师要具备敏锐的问题意识，善于带着问题学习，要有自己的思考并形成自己的教育理解，这一切都强调了教师学习的问题性与探究性。

（二）教师应掌握有效的学习方法

1. 在阅读中学习

教师是天生的职业学习者，是天生的职业读书人。对于现代教师来说，应该将读书作为他们的一种生活方式。苏霍姆林斯基认为，教师的工作效果取决于他的知识和素养，取决于他读些什么书、怎样自学和怎样充实自己的知识，提高教育素养的办法就是——读书、读书、再读书。对教师而言，读书的目的不是为了应付明天的课，而是出自内心的需要和对知识的渴求。教师要读书，要有学习的愿望，要有对知识的渴求和理解智力活动的奥秘的志向，沿着这些小路攀登，才能使你到达教育技巧的顶峰——即师生之间心灵交往的和谐境界。这是丰盈自己智力和扩充精神财富的重要手段。教师只有多读书，才能不断提高自己的教育素养。

当前社会上许多教师不喜欢读书，教师没有阅读的热情和习惯，阅读现状令人担忧。教师阅读也不能是随意的、不加任何选择的，而要有选择、有目地广泛阅读。对于中小学教师来说，主要应该阅读学科专业类书籍、教育经典著作、青少年读物以及教育报刊等方面的读物。关于阅读什么类型的书这一问题，苏霍姆林斯基曾建议年轻教师，为了自己提高教育教学的质量，应该在自己的藏书里定期（每月）收藏这三类书：（1）关于你所教的那门学科方面的科学问题的书；（2）关于可以作为青年们的学习榜样的那些人物的生活和奋斗事迹的书；（3）关于人（特别是儿童、少年、男女青年）的心灵的书（即心理学方面的书）。然而，读教育名著，与大师对话，和名校交流，拜专家为师，以学者为友，到底应该学什么？苏霍姆林斯基指出，我们固然要学大师们的理论精髓和实践经验，但更重要的是学习他们不迷信权威的创新精神，学习他们不懈追求探索的人生境界和献身事业的人格力量。只有这样，我们才能把学习内容转化积淀为自己的综合素养和创造能力，才能提升自己和事业的境界。

2. 在实践反思中学习

真正的学习并不是一个人关起门来苦读，真正的学习应该学会借助有效的表达和倾听，很好地表达自己的观点和想法，并以开放的心态容纳别人的想法。对于一个教师来说，如果仅仅满足于经验的获得，而不对经验进行深刻的反思，那么，即使有几十年教学经验，也许只是一次经验的几十次重复，根本不可能会有任何行为上的改进。如果教师不能抽身出来对自己每天的教学工作做一些理性的反思，而是被各种具体的日常事务所淹没和控制，那么，即使教龄再长，也只是在低水平上的简单重复，更不用说发展进步和实践创新了。

在教学实践中，教学内容在变化，面对的学生群体在变化，物理和心理环境在变化，导致教学实践的情境性，使得教学过程呈现出变化多姿、不可预设的特征。而这种教学的情境性，对教师的教学能力提出了更高的要求，同一个方法，在这个班使用效果很好，而在另一个班使用则可能效果平平；去年这样教学很有效，而今年继续这样教却效果平平。这就是教学实践对教师提出的挑战，要求教师向实践学习，反思实践到底为何变化，同一个教学内容、同一个教学方法，为何在不同情境中取得的效果截然不同。这就需要教师反思学生的不同，反思方法的实用性，反思教学内容与学生思维方式的适切性，等等。教师对自己教学实践的持续反思，促使教师保持一种积极探究的心态，不断挖掘和整理自己的隐性观念，也就要求教师在实践、思考与创新的过程中不断地调整、改进与提升自己的教育品质。

3. 在网络中学习

教师的网络学习，主要是一种在线的非正式学习形式。在教师学习的过程中，最主要和最普遍的形式就是通过网络浏览大量新的信息，即时查询解决实际工作和生活中遇到的各种问题的具体方法。同时，教师们也会运用电子邮件、BBS、QQ、MSN、博客微博、微信等方式进行网络交流，并能够有效表达自己的观点和想法。

4. 在培训中学习

在中小学和幼儿园教师培训中，主要有专题讲座、问题研究、教学观摩等多种培训方式。专题讲座式培训主要解决教育教学的理论问题，教师要在专家引领下，学习和掌握那些先进的教育理论知识，并用来指导自己的实践工作。问题研讨式培训主要是解决教育教学过程中存在的疑难问题，在问题研究和讨论中找到解决疑难问题的有效方法。教学观摩式培训主要解决教育教学的技能问题。教师在观摩他人的教学活动时，要主动学习并借鉴他人的优点，提高自己的教学技能水平。教师在培训学习中要积极主动地带着自己的问题和疑惑去学习，要充分利用好各种难得的学习资源，要把每一次培训学习都看成是提升自己专业素养的机会。

5. 在团队合作中学习

在教师的专业发展中，教师之间的同伴互助非常重要。所谓同伴互助，是指教师之间的一种平等合作互助方式，以发现和解决教师现有问题为基础，通过团体合作、经验分享等增进教师专业成长的一种教师生存方式。教师既可以向年长的教师学习，也可以向年轻的教师学习；既可以向本校教师学习，也可以向外校的教师学习。在这种同伴互助式的学习中，可以做到取人之长、补己之短，改进教育教学的方法策略，不断提高自身的专业素质水平。

教师开展团队合作学习，就是要充分发掘和利用团队中有利于自己专业发展的各种资源，善于向同伴学习、与同伴合作。因为在这个团队中，每位教师在教育背景、认知结构、智慧水平、思维方式、生活方式以及教学经验等方面都存在着很大的差异，而这种差异正是一种宝贵的学习资源。只有通过教师之间的合作互动，减少内耗，才能相互启发、相互填补，促进各自的专业发展。在团队合作学习的过程中，不同教师间的交流对话，可以促进教师之间的知识互补、经验共享，共同解决工作实践中的问题与困惑，不断提高学习共同体内每个成员的教育教学能力，从而更好地促进自身专业发展。

练习与探究

1. 怎样理解教书与育人的辩证关系？

2. 为人师表需要我们从哪些方面去努力？

3. 简述如何成为一名终身学习的教师。

4. 采访一位你熟悉的、具有良好师德的老师，请他（她）谈谈在教书育人、为人师表、终身学习等方面的体会，并形成一篇具有启示性的短文。

第 四 章

教师职业道德范畴

　　教师职业道德范畴是教师职业道德体系的重要组成部分,是教师职业道德原则和职业道德规范转化为教师内心的道德要求、产生职业道德情感的重要因素。明确教师职业道德范畴对于教师正确认识从教过程中的各种道德关系,调整道德行为,自觉实践教师职业道德原则和规范的要求,具有十分重要的意义。

　　教师职业道德范畴,是指那些概括和反映教师道德的本质特征,体现一定社会对教师职业道德的根本要求,并成为教师的普遍内心信念,对教师行为产生影响的基本道德概念。本章从教师职业理想、教师职业义务、教师职业良心、教师职业公正和教师职业幸福等方面对教师职业道德范畴做些阐述。

第一节 　教师职业理想

　　甘洛县乌史大桥乡二坪村,是凉山北部峡谷绝壁上的彝寨,村民上下绝壁都要攀爬5架木制的云梯,进出极为艰难,村民一年难得下绝壁一次。彝族教师李桂林听说二坪村停办了十几年的小学准备复课,一开始决定先去看看情况。经历了18个小时的翻山越岭、攀岩过河,到了悬崖上的二坪村,眼前的场景把李桂林惊呆了。老大爷、老大娘穿得破破烂烂,披着破毡子,没鞋穿。那些七八岁的孩子大多数都是赤条条的,没衣裤穿。全村有400多人,没有识字的。有的人连钱都不认识,没法上街。下山以后要上个厕所方便一下,都不认识"男""女"两个字。这种情景让李桂林心里非常难过，经过激烈的思想斗争，他决定先留下来试试看。"我想的是最多搞个一两年，可能坚持不下来，还是会走人。但回头一想，我们一走这些孩子怎么办?"就这样，李桂林、陆建芬夫妇俩留在了山上，把知识的种子播种在彝寨，为村民走出彝寨架起"云梯"，为偏远山区的教育事业撑起了一片蓝天。19 年如一日地教书育人，共培养了 6 届学生共149 人，昔日的"文盲村、穷山村"变成了"文化村"。他们的事迹感动了中国，被评为"感动中国 2008 年度十大人物"。

感动中国组委会授予李桂林、陆建芬这样的颁奖词：在最崎岖的山路上点燃知识的火把，在最寂寞的悬崖边拉起孩子们求学的小手，19 年的清贫、坚守和操劳，沉淀为精神的沃土，让希望发芽。

李桂林、陆建芬夫妇坚守在贫困边远地区，创造出令人感动的业绩，这不是偶然的，也不是出自冲动，而是源于献身教育工作的职业理想，正是这种崇高的职业理想赋予他们矢志不移、坚守教育岗位，战胜一切困难，努力实现人生目标的力量和勇气。①

导入思考

1. 你认为是什么力量支撑着李桂林、陆建芬夫妻扎根绝壁上的二坪村，19 年如一日地教书育人?

2. 你认为职业理想对一个教师来说重要吗?

一、教师职业理想的含义

职业理想是人们在职业上依据社会要求和个人条件，借想象而确立的奋斗目标，即个人渴望达到的职业境界。它是人们实现个人生活理想、道德理想和社会理想的手段，是一个人价值观、人生观、职业期待、职业目标的具体体现。职业理想对一个人从事某一工作意义巨大，决定了他的行为方式和价值追求。

教师的职业理想是伴随着教师职业出现而产生的，它是在对教育的历史使命、教育事业的伟大意义的深刻理解的基础上产生的一种从事教育事业的志向、抱负和追求。既包括对所从事的教师职业的追求，也包括对做一个什么样的教师的追求。教师崇高的职业理想来源于坚定的职业信念。

---

① 来源：《2008 年感动中国年度人物》，央视网 CCTV.com，2009 年 2 月 5 日。

二、教师职业理想的作用

理想是前进的方向,是心中的目标。职业理想是职业素质的重要组成部分,有了崇高的职业理想才能产生良好的职业行为。人生发展的目标是通过职业理想来确立,并最终通过职业理想来实现的。俄国的托尔斯泰曾说过:"理想是指路的明灯,没有理想就没有坚定的方向。"这对教师的教育教学工作来说也不例外。一位教师的职业理想,决定了他的精神境界和全部的教育行为,是其献身于教育工作的根本动力,无论是对整个教育事业还是对教师本人都具有十分重要的意义。

(一)职业理想是教师持续从教的不竭的动力源泉

教师拥有坚定的理想信念,就会坚信教育的力量,保持对教育事业的忠诚与执着。实践证明,教师只有树立崇高的职业理想,才能以饱满的热情、乐观的人生态度和高度的社会责任感去兢兢业业从事教育事业,才能够发自内心地认为教育工作无小事,对教育工作怀有敬重感、尊严感,才能在工作过程中享有教育的乐趣,做到"静下心来教书,潜下心来育人"。全国特级教师魏书生总结出职业生涯依次经历的五重境界,即"无心大意——三心二意——半心半意——一心一意——舍生忘我"。在职业信念递升过程中,他逐渐"灵魂不再流浪、精神不再漂泊,思想不再浮躁,感觉天天在过教师节"。最终将对教育事业的热爱浓缩成一句话:若有下辈子,我还选择当教师!没有对教育事业的正确理解就不可能产生对教育事业的热爱,也就失去了从事教育事业的根本动力。尤其是在实践中遇到困难和阻力时,如果没有职业理想的支撑,人就会心灰意冷、丧失斗志。

> 为天地立心,为生民立命,为往圣继绝学,为万世开太平。
>
> ——(宋)张载
>
> 人生为一件大事来,做一件大事去。
>
> ——陶行知
>
> 他日良材承大厦,赖今朝血雨番番滴,光和热,无穷际。
>
> ——赵朴初

（二）职业理想是实现教师自我价值的精神动力

马克思在《青年在选择职业时的思考》一文中说："如果我们选择了最能为人类福利而劳动的职业，那么，重担就不能把我们压倒，因为这是为大家而献身；那时我们所感到的就不是可怜的、有限的、自私的乐趣，我们的幸福将属于千百万人，我们的事业将默默地、但是永恒发挥作用地存在下去，面对我们的骨灰，高尚的人们将洒下热泪。"

教师的职业就是"最能为人类福利而劳动的职业"，崇高的职业理想使教师在创造满足教育的社会价值的同时也体验着自身价值。孔子一生致力于教育事业，千古流芳，在中华民族的历史长河中永放光辉。陶行知不留恋国外优越的生活，脱去西装，穿上草鞋，开展乡村教育运动，其献身现代乡村教育的宝贵精神一直为当今教师所推崇。毛泽东赞扬他是"伟大的人民教育家"，宋庆龄称其为"万世师表"，郭沫若称其"两千年前孔夫子，两千年后陶行知"。

当今一些教师也用真挚的语言表达了自己的教育理想，如："成长中的生命如此不同，我必须把最好的潜能发挥出来，让他们拥有一个快乐而充实的童年！""漫漫人生路，我要用耕耘标注生命的坐标，无悔无怨诉诸永远的忠诚。""一掬星光，一盏明灯，照我一夜到天明；一方草坪，一地落英，伴我乌发变银丝。""三尺讲坛，塑一尊无字丰碑；几截粉笔，牵一世无悔真情。"

（三）树立远大的职业理想和坚定信念是职业倦怠的最好解毒剂

有研究表明，目前部分教师因工作压力大、责任重大、面对的学生良莠不齐，内心充满了压力和挫折感，工作常常处于疲于应付的被动状态，身心疲惫，产生了一定程度的职业倦怠，教师职业就是"最能为人类福利而劳动的职业"，教育教学工作充实而幸福，至少有三重获得感：帮助学生成功，获得满足感；纠正学生过失，收获成功感；得到学生感恩，获得成就感。教师只有确定坚定的职业信念，不仅仅把教师职业当成谋生的手段，而是出于自己的精神需要和人生追求，像孟子那样以得天下英才而教之为乐，才能做到"静下心来教书，潜下心来育人。"

总之，教师崇高的职业理想无论是对社会、对学生还是对教师本人，都具有极其重要的教育价值。有了崇高的理想，教师的职业劳动就具备了不同于一般职业劳动的独特性；教师的职业劳动就不仅仅是"为举家谋柴米油盐"的谋生手段，同时更是实现社会价值和主体价值的永恒追求。

三、做一个有职业理想的教师

自古以来,中华民族就有尊师重教、崇智尚学的优良传统,正所谓"国将兴,必贵师而重傅;贵师而重傅,则法度存"。教师是一个神圣而伟大的职业,担负着培育祖国人才的重任,对祖国的富强起着极其重要的作用,是孩子幸福的引路人,在每一个孩子的心目中,教师都一直充当一个最亲切、最智慧、最伟大的角色,被誉为人类灵魂的工程师,是天底下最光荣的职业。

古人云:"经师易求,人师难得。"一个优秀的老师,应该是"经师"和"人师"的统一,既要精于"授业""解惑",更要以"传道"为责任和使命。好老师心中要有国家和民族,要明确意识到肩负的国家使命和社会责任。作为一个有理想的教师,必须注意处理好两大关系:

一是要把个人志愿与社会需要结合起来。我们不否认个人志愿在职业选择中的重要作用,但要强调要把个人志愿与社会需要结合起来、统一起来。一个教师确立诸如"我要教育好我的学生,使他们将来成为科学家"、"我能成为教育家"、"我能成为特级教师"、"我能成为教学专家、能手"等职业理想,本身就同时包括了教师职业的社会价值和教师本人的主体价值追求。教师在职业实践过程中用这样的职业理想要求自己,有利于内化职业规范和职业道德,把教书育人当作自己内在需要得以满足的价值选择,形成始终如一的职业行为。

首批特级教师斯霞老师的墓碑上,镌刻着她常说的一句话:"我为做一辈子小学老师感到自豪。"这句话概括了她一生的经历和追求。斯霞的魅力表明:在平凡的岗位上可以做出不平凡的业绩,平凡的人可以成为有益于社会的杰出的人。

二是要正确看待苦与乐。孟子认为人生有三乐,其中一乐就是"得天下英才而教。""干教育亦苦亦累亦潇洒。"教师职业艰苦且清贫,但同时充实而幸福。有人认为,作为教师至少有三重收获:一是收获各类人才;二是收获学生真挚的感情;三是收获创造性劳动成果。可见,只要教师把这份平凡的工作看作一个宏大的世界,耐得住清贫,甘于奉献,就一定能够体会到为师的乐趣。陶行知先生说得好:"教师的奉献精神就是以为学生服务为最高目的,以培养青少年成才为最大责任,不计报酬,淡泊名利,乐于奉献,不重索取地以教为志、以教为荣、以教报国的精神。""捧着一颗心来,不带半根草去",是对教师职业精神的最好诠释。

我心中的理想教师，应该是一个胸怀理想、充满激情和诗意的教师；

我心中的理想教师，应该是一个自信、自强，不断挑战自我的教师；

我心中的理想教师，应该是一个善于合作、具有人格魅力的教师；

我心中的理想教师，应该是一个非常尊重他的同事，非常尊重他的领导，非常善于调动帮助他成长的各方面因素的教师；

我心中的理想教师，应该是一个充满爱心、受学生尊敬的教师；

我心中的理想教师，应该是一个追求卓越、富有创新精神的教师；

我心中的理想教师，应该是一个勤于学习、不断充实自我的教师；

我心中的理想教师，应该是一个关注人类命运，具有社会责任感的教师；

我心中的理想教师，应该是一个坚韧、刚强，不向挫折弯腰的教师。

——朱永新

教育是事业，事业的意义在于奉献；教育是科学，科学的价值在于求真；教育是艺术，艺术的生命在于创新。作为一个新时代的人民教师，只有树立远大而崇高的职业理想，才能为民族振兴、国家富强和人民幸福奉献自己的聪明和才智。

第二节　教师职业义务

全国师德标兵石桂娟，从事教育工作 30 年来，默默耕耘，乐于奉献，爱生如子。长期地超负荷工作，使得石老师的身体一直不太好，她也想好好休息几天，可一走上讲台望着那一双双明亮朴实而又充满渴望的眼睛，石桂娟又不忍心了，总想忙过这阵子再说，结果一拖再拖，一直没有去医院做过彻底的治疗。事业上的尽心尽责,使得石桂娟对家庭生活无法面面俱到。身患糖尿病的丈夫一直需要人照顾,可石桂娟一想起自己的职责,心中的天平自然又倾向了事业这一边,在石老师的心中,学生、工作始终是第一位的。石老师在做这种选择时,常说的一句话是:"我是老师"。"我是老师",一句普普通通的话,但它掷地有声!"我是老师"反映了一名教师强烈的责任意识,这种责任意识表明教师形成了承担责任和履行义务的自律意识和人格素养,这是新时期教师道德的一个核心内容。

导入思考

1. 石桂娟老师普通的一句"我是老师"包含着怎样深刻的内涵?

2. 你身边有常说"我是老师"这句话的老师吗? 这样的老师,你对他(她)评价如何?

一、教师职业义务的含义

从一般意义上讲,义务就是对他人、对社会做应当做的事情,就是对他人和社会做与自己的职责、使命、任务相宜的事情。

无论人们承认与否,在社会关系中生活的每一个人都必然要承担一定的责任或义务。正如马克思所说:"作为确定的人,现实的人,你就有规定,就有使命,就有任务。至于你是否意识到这一点,那是无所谓的。"①

所谓道德义务,一般而言,是指一定社会关系中,个人或群体在一定的内心信念驱使下,自觉履行对社会和他人所应尽的道德责任。

教师作为社会中的一个特殊的职业群体,一方面他们同一般的社会成员一样要对社会、对他人履行一定的义务。另一方面,作为一种特殊的职业,教师在教育教学实践中对社会、集体、学生又承担着特殊的职责、使命和任务。这既表明教师个人对社会和他人承担的责任,也表明社会和他人对教师个人行为的要求,相对于一般义务,社会对教师的职业义务要求程度更高。

教师的职业义务通常有两方面的内容:一方面是指社会向教师提出的必须遵循的道德要求;另一方面是指教师在教育职业劳动过程中,自觉意识到的各种道德要求的合理性,并把自觉遵循这些合理的道德要求作

---

① 《马克思恩格斯全集》(第三卷),人民出版社,1960 年版,第 329 页。

为自己内心的一种习惯意愿，主动地履行职业道德行为规范要求。

二、教师职业义务的主要内容及意义

（一）《教师法》中规定的教师应当履行的义务

1. 遵守宪法、法律和职业道德，为人师表；

2. 贯彻国家的教育方针，遵守规章制度，执行学校的教学计划，履行教师聘约，完成教育教学工作任务；

3. 对学生进行宪法所确定的基本原则的教育和爱国主义、民族团结的教育，法制教育以及思想品德、文化、科学技术教育，组织、带领学生开展有益的社会活动；

4. 关心、爱护全体学生，尊重学生人格，促进学生在品德、智力、体质等方面全面发展；

5. 制止有害于学生的行为或者其他侵犯学生合法权益的行为，批评和抵制有害于学生健康成长的现象；

6. 不断提高思想政治觉悟和教育教学业务水平。

教师职业义务是教师自觉意识到的责任，它完全依赖于教师的道德良知和责任感。因为教师的劳动具有个体性和自主性，教师拥有的劳动自由和工作空间是其他职业难以比拟的。如一名销售人员可以通过他的销售业绩来衡量任务的完成情况；一名技术工人可以通过生产过程的标准化、规范化、程序化等量化标准来衡量他是否履行了应尽的义务。而教师的教育教学活动是不可能标准化、程序化的，需要教师从自身的责任、良心和荣誉的角度出发，处理好教师职业义务与劳动自由的关系，更好地履行教师义务。

（二）教师自觉履行职业义务的意义

在教师职业劳动中，教师自觉履行职业义务有着重要意义，能起到独特作用。

1. 有利于各项教育教学工作顺利推进，让家长满意

教师工作既有大量显性的、可以量化的工作，也有许多隐性的、难以量化的事情，很难以硬性指标来考核。因此教师工作被人们形象地称为"良心活儿"。教师在备课、上课、批改作业、考试考核、对学生进行教育等方面有很大的自由度。教师深刻认识和自觉履行教师义务，以高度的责任心严格要求自己，认真地肩负起教师职责，才能确保教育教学任务的高质量完成，让家长的期待得到满足。

全国优秀教师韩培兰的班里曾来了一个患脑瘫的孩子,她智力低下,右半身瘫痪。当时,孩子的妈妈眼含着泪花对韩培兰说:"医生说,这个孩子的生命随时可能终止。我把孩子托付给您,不期望她能学到多少东西,只是想让她和别的孩子一样过过校园生活。"孩子父母的要求不高,但韩培兰感到的却是沉甸甸的压力。"孩子只要在自己这里一天,就要为她负责一天啊。"从此,在本已繁重的教学任务之外,韩培兰又添了份额外的工作:每当课间铃一响,她的身影就会出现在教室里,帮孩子削铅笔、整理书包、拧水杯盖、扶着孩子上厕所……音乐课在5楼,每次都是韩培兰把40多公斤重的孩子背上扶下。由于智力低,对这个孩子教育起来非常困难。孩子胆小,跟她说话声音一大就吓着了她,韩培兰每次和她说话都要细声细语慢慢地说。同样的知识,别的孩子教几遍可能就记住了,可对这个孩子,韩培兰却需要反复教十几次。

当孩子终于会用稚嫩的童音朗读课文时,孩子的妈妈激动得流下了眼泪:"大姐,您让我改变了对孩子的看法,更让我学会了如何做母亲!"

2. 有利于在教育教学工作中培养高尚的道德品质,提升道德觉悟

苏霍姆林斯基说过:"恪守义务可以使人变得高尚。"高尚的道德修养作为教师内在的一种信念和外在的品质表现,不是与生俱来的,而是在现实生活中、在长期的教育教学实践中逐步形成的。一方面,任何选择了教师职业的人,都必须履行自己的职业义务,按照教师职业道德的要求选择自己的从业行为;另一方面,教师在遵章行事的教育活动中,也会不断体验和认识到履行教师义务的必要性,从而逐渐把履行教师义务转化为自身的内在需求,形成一种高度自觉的责任感和使命感,促进自身道德觉悟的不断提升。

3. 有助于培养学生的义务意识,给社会带来深远影响

教师的身教对学生的品德起着潜移默化的作用。孔子说:"其身正,不令而行;其身不正,虽令不从。"教师欲把学生造就成什么样的人,自己就应当是这样的人。教师在工作中积极地、严格地恪守职业义务,也为学生树立了榜样,使学生确立道德信心以及自觉履行义务的责任感,从而使受教育者成为能够恪守职业义务、负责任的人。

三、做一个自觉履行职业义务的教师

《教师法》第四章第三十二条明确规定:教师享有法律规定的权利,履行法律规定的义务,忠诚于人民的教育事业。

习近平指出:"好老师应该懂得,选择当老师就选择了责任,就要尽到教书育人、立德树人的责任,并把这种责任体现到平凡、普通、细微的教学管理之中。"当代教师至少面临三大责任:一是岗位责任。就是爱岗敬业、教书育人、为人师表,这是教师职业的本质特征。二是社会责任。人民群众把子女送到学校,就是把家庭美好的希望寄托给了学校,我们教师有责任把学生教好、保护好、培养好,有责任让家长放心满意,有责任促进教育公平,促进和谐社会的建构。三是国家责任。我国是一个有近 14 亿人口的大国,现代化建设的宏伟目标要求将沉重的人口负担转化为巨大的人力资源,这个转化工作主要依靠教育来承担,这是广大教师和教育工作者对民族、对未来所肩负的重要责任。

(一)要对学生负责,做一个学生信任的教师

爱岗敬业,教书育人,为人师表,这是教师职业的本质特征。教师要关心、爱护全体学生,尊重学生人格,促进学生在品德、智力、体质等方面全面发展。

四块糖果的故事

陶行知先生当校长的时候,有一天看到一位男生用砖头砸同学,便将其制止并叫他到校长办公室去。当陶校长回到办公室时,男孩已经等在那里了。陶行知掏出一颗糖给这位同学:"这是奖励你的,因为你比我先到办公室。"接着他又掏出一颗糖,说:"这也是给你的,我不让你打同学,你立即住手了,说明你尊重我。"男孩将信将疑地接过第二颗糖。陶先生又说道:"据我了解,你打同学是因为他欺负女生,说明你很有正义感,我再奖励你一颗糖。"这时,男孩感动得哭了,说:"校长,我错了,同学再不对,我也不能采取这种方式。"陶先生于是又掏出一颗糖:"你已认错了,我再奖励你一块。我的糖发完了,我们的谈话也结束了。"陶行知先生在面对学生的错误时,选择了宽容的教育方式,换来孩子一生信任。

（二）要对学生家长负责，做一个家长满意的教师

家长把子女送到学校，就是把家庭美好的希望寄托给了教师。教师的基本任务就是传授科学文化知识，并以自己的人格去陶冶学生的人格，以自己的灵魂去塑造学生的灵魂。因此，教师要不断提高思想政治觉悟和教育教学业务水平。

（三）要对社会负责，做一个对社会发展有贡献的教师

青年兴则国家兴。我国拥有世界上最为庞大的青少年群体。根据第五次全国人口普查，我国 18 岁以下的未成年人占全国总人口比例接近30％。现代化建设的宏伟目标要求将沉重的人口负担转化为巨大的人力资源，这个转化工作主要依靠教育来承担，这是广大教师和教育工作者对民族、对未来所肩负的重要责任。

第三节　教师职业良心

季羡林先生长年任教于北京大学，在语言学、文化学、历史学、佛教学、印度学和比较文学等方面都有很深的造诣，研究翻译了梵文著作和德、英等国的多部经典，其著作已汇编成 24 卷的《季羡林文集》，他即使身居病房，每天还坚持读书写作。季羡林先生为人所敬仰，不仅因为他的学识，还因为他的品格。他说：即使在最困难的时候，也没有丢掉自己的良知。他在"文化大革命"期间偷偷地翻译印度史诗《罗摩衍那》，又完成了《牛棚杂忆》一书，凝结了很多人性的思考。他的书，不仅是个人一生的写照，也是近百年来中国知识分子历程的反映。季羡林先生被评为"2006度感动中国十大人物"，"感动中国"评审委员会这样评价这位百岁老人："智者乐，仁者寿，长者随心所欲。曾经的红衣少年，如今的白发先生，留得十年寒窗苦，牛棚杂忆密辛多。心有良知璞玉，笔下道德文章。一介布衣，言有物，行有格，贫贱不移，宠辱不惊。"①

导入思考

1. 是什么力量使季羡林先生能够一生"言有物，行有格，贫贱不移，宠

---

① 来源：《2006 年感动中国年度人物》，央视网 CCTV.com，2007 年 2 月 27 日。

辱不惊"?

2. 你认为人的良知对人生会有怎样的影响?

一、教师职业良心的含义

生活中,经常听到人们这么说:"我问心无愧",或者"我是凭良心做事"。道德在人内心的化身就是道德,良心是一个最古老的道德范畴。

所谓良心,是指人们在履行对他人和社会的义务过程形成的一种强烈的道德责任感和自我评价的能力。伦理学研究认为,良心是由人们的社会关系和物质生活条件所决定的,不同的社会关系和不同的物质生活条件,会使人形成不同的良心。如一名医生或教师,会把他们对一般人具有的爱心和正义感,迁移到职业生活中,形成职业的正义感,以及对病人、对学生的爱心等职业良心品质。

> "良心"是一个古老的伦理概念。在我国,最早提出"良心"范畴的,当属孟子。孟子说:"恻隐之心,人皆有之;羞恶之心,人皆有之;恭敬之心,人皆有之;是非之心,人皆有之。恻隐之心,仁也;羞恶之心,义也;恭敬之心,礼也;是非之心,智也。仁义礼智,非由外铄我也,我固有之也,弗思耳矣。故曰求则得之,舍则失之。"[①]孟子将恻隐、羞恶、恭敬、是非之心称为良心,是一般人应有的、最起码的同情心、羞耻感以及对他人应有的尊重和对事物的理性判断等。

教师职业良心就是教师在对学生、学生家长、同事以及对社会、学校、职业履行义务的过程中所形成的特殊道德责任感和道德自我评价能力。具体要求是:恪尽职守、自觉工作、爱护学生、团结执教。

几千年来,教师在人们眼里永远是谦谦君子的形象,这就要求教师在教育中不但保持较高的学识水平,而且在社会公共生活和私人生活中"为人师表",至少要做到在公德和私德上无可厚非。日常生活中,人们心目中的教师往往被定格为道德的化身——"学为人师,行为世范"、"人类灵魂的工程师"。教师的职业良心其实是在社会的道德规范、公众的期望、教师的自我约束、自我调节中形成和发展的。

---

① 《孟子·告子上》。

二、教师职业良心的作用

教师职业良心作为教师一种内在的道德信念,是教师建功立业的精神支柱。它贯穿于教师职业行为的始终,有利于促使教师自觉履行职责,选择和实施最佳的职业行为。应该说,教师的工作十分辛苦,教师的劳动是地地道道的"良心活",不是靠简单地计算工作量就能够解决的。作为一名人民教师,能够心甘情愿地去教书育人,靠的正是人民教师的职业良心。

1. 在实施教育行为前,教师职业良心起着促使教师选择正确教育行为的作用

教师在选择自己的教育行为时,总是从某种动机出发,考虑其选择某一教育行为的目的及后果。教师职业良心可以指导教师根据教师义务的道德要求,从学生、家长和社会的需求出发,对教育行为进行思考和权衡,对符合道德要求的动机予以肯定,对不符合道德要求的动机予以抑制或否定,从而做出正确的动机选择,以求对得起自己的良心,对得起教师职业的要求,对得起社会的期盼。

2. 在实施教育行为过程中,教师职业良心起着监督和调节作用

在教育教学中,教师职业良心对教师行为时时处处进行着自我监督,对符合道德要求的情感、意志和信念予以坚持和激励,对不符合道德要求的情感和欲念予以克服。教师在教育过程中,当意识到自己的某些不当行为可能伤害学生自尊心、可能影响学生的个性发展、可能损害学校的荣誉时,教师的职业良心会及时发出指令:"我不该这样做。"由此避免出现不良后果。2008 年四川汶川大地震中,特级教师谭千秋用自己的英雄壮举,诠释了为人之师的良知与责任。试想如果关键时候,他只顾自己逃生,因自己不积极作为致使学生如花的生命从自己眼前消失,那他将会受到良心的终生拷问。

3. 在教育行为实施后,教师职业良心对教师行为起着评价和激励作用

人们常把良心形象地比喻为"内心道德法庭",而教师职业良心就是教师对自己教育行为的自我评判,是建立在教师内心的道德法庭。教师在做出一种教育行为后,都会在心里做一番自我评价。当教师看到由于自己的教育行为带来了良好的教育效果,对学生的成长有了积极影响,内心就会产生满足和愉悦,从而激励自己继续这样的行为。而当教师意识到自己的行为损害了学生的利益,不符合社会对教师的要求时,其内心就会

感到内疚和惭愧,受到良心的谴责,促使其吸取教训,尽力弥补和挽回损失。教师正是通过这种良心的自省与自律,不断完善自己的道德人格的。

一位新任教师的成长故事①

对任何一个教育者来说,教育失误是难以避免的,也是可以原谅的。如经验不足啊,工作粗心啊,方法简单啊,褒贬失当啊,等等。但是,最不能原谅的教育失误,是对学生心灵的伤害。

刚参加工作的那一年,我曾先后三次打学生,而且每次我都有"充足"的"理由":我是因为爱我的学生,而打欺负他们的高年级学生。但我这种狭隘自私的爱,并没有让我的学生感激我,相反,他们也认为我"有失身份";而被我"教训"的高年级学生则不但长期仇视我,而且对"人民教师"的神圣也产生了怀疑。这点我至今想起来仍然感到深深的内疚……每当我自以为"雄辩"、自以为"尖锐"、自以为"辛辣"的时候,学生的面部表情满不在乎而心灵却在哭泣。更有甚者,有的学生可能已习惯于我的讽刺而无动于衷了,"所谓哀莫大于心死"——这更是我教育的悲哀了!

我曾多次在失误之后,这样原谅自己也这样对学生进行解释:"我是真诚地爱学生,我是一片好心啊!"但是,现在我意识到,不管我们平时对学生有如何深厚的感情储备,不管我们过去在学生心目中有多高的威望,也不管我们以前对学生进行了多少"行之有效"的教育,只要我们深深地伤害了他们的心灵——也许是一记耳光,也许是一句辱骂,甚至也许只是一个鄙视的眼神——那么,这一切都烟消云散了!

根据我的教训,教育者要尽量避免在这四方面对学生心灵造成伤害:打学生,用语言伤害学生的自尊心,冤枉学生,当学生面表现出对他的绝望……

因此,我用我的教育失误真诚地告诫我的同行:永远不要对学生扬起你的拳头;永远不要用刻薄的语言对你的学生说话;宁可让学生欺骗十次,也不要冤枉学生一次;无论你的教育遇到了多么大的困难,都千万不要对学生说"你是不可救药的!"

也许正是有这样的良心反省与自律,才成就了教育家。

---

① 选自李镇西:《做最好的老师》,漓江出版社,2006年版。

三、做一个有良心的人民教师

教师的职业良心可以表现在教育工作的每一个环节。主要体现在这样四个方面:恪尽职守、自觉工作、爱护学生、团结执教。

1. 恪尽职守

自古以来,恪尽职守就被视为美德,孔子称之为"执事敬",朱熹解释敬业为"专心致志,以事其业"。恪尽职守是做好一名人民教师最基本的操守。有人说过这样一番话:选择了高山就选择了坎坷,选择了宁静就选择了孤单,选择了成功就选择了奋斗,既然选择了远方,也就选择了风雨兼程。作为一名教育工作者,选择了教师这个行业,那么就要做好燃烧自己的准备,就要负起对社会、对未来,对国家的承诺与责任,就要像热爱生命一样热爱自己的职业。

2. 自觉工作

自觉工作的要求是教师的劳动特点决定的。首先,教师的教学行为具有个体和自由的特性。因为教师的工作多数情况下都是无人监督的。虽然有教育对象要面对,但由于学生的未成熟性,由于师生关系的不对等性,学生往往也没有全面监督教师工作及其质量的能力。其次,教师的工作在一定意义上是没有边界和限度的。比如教师不仅要完成校内的工作,还应当与家长、社区等方面建立教育联系。这一联系需要教师精力上的大量投入。怎样才算践行了使命,没有明确的界定。所以,教师必须有自觉工作的良心。

3. 爱护学生

爱护学生是教师的天职。教师对学生的爱护不同于一般的亲朋之爱,主要表现在为学生"传道、授业、解惑"上,还有必须对教育对象的成长负责。老师在学生心目中具有重要位置,老师无意间的一句话,可能造就一个天才,也可能毁灭一个天才。教师对学生发展中存在的这样或那样的问题,不能够采取放任的态度,并且,教师在纠正学生的缺点时又必须充分考虑到不能挫伤他们的自尊心。

> 罗杰·罗尔斯是美国纽约第53任州长,也是纽约历史上第一位黑人州长。他出生于声名狼藉的大沙头贫民窟,那里是偷渡者和流浪汉的聚集地,环境肮脏、充满暴力。因此,罗尔斯从小就受到了不

良环境影响,读小学时经常逃学、打架、偷窃。一天,当他又从窗台上跳下,小手伸向目标时,被校长皮尔·保罗逮了个正着。出乎意料的是,校长不但没有批评他,反而微笑着说:"我一看你修长的小拇指就知道,将来你一定会是纽约州的州长"。罗尔斯大吃一惊,因为长这么大,只有奶奶让他振奋过一次,说他可以成为五吨重的小船的船长。这一次,校长先生竟说他可以成为纽约州的州长,着实出乎他的意料。他记下了这句话,并且相信了它。从那天起,"纽约州州长"就像一面旗帜在他心里高高飘扬。他的衣服不再沾满泥土,语言不再肮脏难听,他开始挺直腰杆走路,成了班主席。在以后的四十年间,他没有一天不按州长的身份要求自己。51岁那年,他真的成为纽约州的州长。皮尔·保罗校长的一句话改变了罗杰·罗尔斯的命运。

4. 团结执教

团结执教也是教师良心要求的重要组成部分。教师的劳动从其活动过程来看具有明显的个体性,但教育效果的取得却是长期的、共同作用的产物。所以教师间和谐的同事关系是职业道德的本质要求。所以马卡连柯说:"应当有这样的教师集体:有共同的见解,有共同的信念,彼此间相互帮助,彼此间没有猜忌,不追求学生对个人的爱戴。只有这样的集体才能够教育儿童。"

第四节　教师职业公正

北京第二实验小学是一所高干子女和普通市民孩子兼收的学校。霍懋征做过几十年班主任,绝无偏爱和歧视,无论是对国家领导人的子女,还是对普通老百姓,甚至"右派分子"、资本家的孩子,都一视同仁,从不厚此薄彼。她说:"我们的教育不可能使每个学生都成为专家学者、部长司长,可我们应该把学生都培养成对社会有用的好工人、好农民、好公民。"因此霍懋征教师一视同仁,把爱更多地倾注在那些基础

较差的淘气的学生身上,以及那些贫困的需要更多帮助的学生身上。学生病了,她带着去看病求医,为学生买药、送饭;学生家庭有困难,她就自己掏钱为学生买午餐;学生踢足球,没有鞋穿,她在比赛前夕为同学送去短裤、球鞋;学生的父母因公调外地工作,她就把孩子接到自己家食宿……

一个名叫小永的男孩,是全校有名的淘气鬼。只要他在班上,老师就无法上课;只要外宾来校参观,就得派专人看管。学校决定送他去工读学校。霍懋征对校长说:"把他交给我。孩子虽然学习不好,但他还要一辈子做人呢!"把小永领回班后,她仔细分析这个孩子的长处,帮助他树立自信心。在霍懋征的关心和感召下,小永课上不随便说话了,课下也不胡闹了。

"文化大革命"开始后,"红五类"出身的小永当上了红卫兵,而霍懋征却被打成了"反动学术权威",被看押了起来。但几乎每次批斗会只要小永在场,他就会暗中保护他的霍老师。更令霍老师感动的是,10 年之后唐山大地震时,震后的第二天上午,霍懋征正在屋里收拾东西,突然耳边传来小永的声音:"霍老师,我叫了两个朋友给您搭防震棚来了!"后来,霍懋征接到了小永的电话,多年没联系的他,头句话便是:"娘啊,娘啊,我可找到您了。您是我的亲娘,没有您就没有我的今天。"①

导入思考

1. 为什么淘气的小永把霍懋征当"亲娘"呢?
2. 将来你会公平地对待每一位学生吗?

一、教师职业公正的含义

(一)教师职业公正的含义

公正,即公道、正义,它用来表示人的品德,指为人处事没有私心,不违反公认的道德准则和公平合理的原则。

所谓教师职业公正,即教师的教育公正,是指教师在教育和教学过程中,公平合理地对待和评价每一个学生。当前,教师职业的公正性是教师

---

① 选自《社会各界送别"国宝老师"霍懋征 》,来源:搜狐网 www.sohu.com,2010 年 2 月 20 日。

职业道德素养水平的一个重要标志。

(二) 教师职业公正的内容

教师职业公正,既表现为教师对自己的公正,也表现在公正对待同事、领导及学生家长等方面,更表现在正确对待教育对象上。教师职业公正的核心是对学生的公正。具体内容有以下几点:

1. 坚持真理

真理是对客观事物及其规律的反映。教师作为真理的传授者、学生思想品德的塑造者、学生心灵的陶冶者,应该是也必须是真理的化身。教师不仅是真理的传播者和坚持者而且是真理的探索者和发现者。

2. 秉公办事

秉公办事是教师公正的另一重要内容,主要反映在对社会不公平现象的评判和抨击以及对学生利益的公正处理两个方面。

3. 奖罚分明

奖罚是否能达到预期的目的,关键在于奖罚是否公平合理,教师只有正确运用这个教育手段,使被奖惩者与周围其他人都感到公平合理,才能驱邪扶正、扬善抑恶。教师要从教育目标出发,奖要合理、罚要公正,使学生心悦诚服。

4. 面向全体

教师在教育教学中,时刻牢记教育的对象是全体学生,不可亲几个疏一片。教师要善待每位学生,相信每位学生,不放弃每一个学生。

二、教育歧视的表现及危害

1. 教育歧视的表现

教师职业公正或教育的公正,在一定意义上讲只是一个十分抽象的道德原则。在现实中,由于施教者和受教育者都是有血有肉有情感的人,教师如果没有对教育意义的深刻领悟或使命感,没有无私奉献的情怀,不具有较高的人生境界,是很难完全实现公正原则的,就会造成教育歧视现象的存在。

学校歧视。即在学校的教育管理与评价体系中,存在着"分数至上"、成绩至上的价值导向,从而导致教育歧视现象。比如根据学生的成绩分快慢班,学校对快慢班的教育管理侧重点不同,师资配备不均衡等。

教师歧视。有的教师在教育教学中常常有失公平,对"后进生"存在歧视现象。比如有的老师根据学生成绩安排座位,有的老师上课提问只提成绩好的同学,有的老师将行为习惯差的同学安排在角落里,对其视而不见、放任自流,有的老师甚至不批改"后进生"的作业,等等。

同学歧视。"优等生"因常常受到表扬有优越感,而"后进生"、外来子女则被冷落,没有人愿意与"后进生"交朋友。

2. 教育歧视的危害

教育歧视的危害是巨大的。

首先,教育歧视不利于学生的身心健康成长。

著名作家毕淑敏写过一篇散文《谁是你的重要他人》,这个"重要他人"是毕淑敏小学时的音乐老师,在一次歌咏比赛中,为了表现自己特意提高声调,老师当众批评说一颗老鼠屎坏了一锅汤,这位老师以毕淑敏唱歌跑调为由,命令她站在队列中只能张嘴却不能唱出声音。这一做法对作者的影响是:"在那以后几十年的岁月中,长辫子老师那竖起的食指,如同一道符咒,锁住了我的咽喉。禁令铺张蔓延,到了凡是需要用嗓子的时候,我就忐忑不安,逃避退缩……"

无疑,学生时代的毕淑敏的心是玻璃做的,透明而易碎,需要细心呵护。这位音乐老师无疑影响了毕淑敏的一生,让她始终生活在恐惧唱歌的阴影里。

其次,教育歧视行为扭曲了教育的本质。教育的本质是促进人的全面发展。早在2000多年前孔子就提出"有教无类"的思想,著名教育家苏霍姆林斯基也曾说过:"留给我印象最深的并不是无可挑剔的模范生,而是别具特点、与众不同的孩子。"而一些名校、一些老师将文化课成绩作为评价学生的唯一标尺,显然违背了因材施教原则,不利于学生全面发展。

再次,教育歧视会加剧教育的不公平。重点学校与普通学校的划分、将成绩好的学生与成绩差的学生进行分班教学、差异性管理,直接导致教育资源的不平衡配置,人为地制造教育的不公平,导致教育的功利化,家长为了孩子进入重点校、重点班而操碎了心,早早地让各种奥数班、加强班夺走了孩子的童年。

三、公平施教,做一个公平公正的老师

教育公平是社会文明进步的标志,是社会民主化进程的重要推动力量。习近平总书记在党的十九大报告中强调:"教育要落实立德树人根本任务,发展素质教育,推进教育公平,培养德智体美全面发展的社会主义建设者和接班人。……努力让每个孩子都能享有公平而有质量的教育。"

职业公正是教师职业道德的重要内容。坚持公正纯洁的、无私的教育和处事原则，是每一个教师应履行的责任和义务。只有具备公正品质的教师，才能正确履行教师道德义务，才会有教育教学上的威信。

教师在具体的教育活动中实践职业公正，应做到以下几个方面：

1. 尊重学生差异和受教育的平等权利

这个世界之所以精彩，就在于物质的多样性与差异性。学生也一样，根据多元智能理论的观点，人类至少有八种以上的智能，即语言、数学逻辑、音乐、身体运动、空间、人际、自我认识、内省等，即使同一种智能，其表现形式也是不一样的。在教育实践中，每个学生无论是生理上还是思维上是有差异的，这是教育不能忽略的事实，也是教育的出发点与立足点，每个学生都有无限发展的潜能。作为教师，应该善待每一个学生，努力去发现学生身上的长处和优点，让学生感受来自老师的尊重和理解，激发学生身上的潜能。

"国宝"教师霍懋征爱学生的小故事

有一次，霍懋征老师在上课时，发现一个学习成绩最差的学生举手要求回答问题，可是当霍老师提问他时，这个学生却答不上来。课后，霍老师问这个学生为什么不会也举手，学生哭着说："老师，别人都会，如果我不举手，别人会笑话我。"霍老师由此感到每个学生都有一颗强烈的自尊心。她私下里告诉这个学生，下次提问时，如果会答就举左手，如果不会就举右手。此后，每当看到他举左手，霍老师都努力给他机会让他回答，举右手时则不让他回答。一段时间后，这个学生变得开朗了，学习成绩也有了很大进步。霍老师悄悄地把这个方法也告诉了班里其他几个学习不好的学生，如法炮制，一段时间后，发现整个班级都变了。

---

2. 树立全面发展的教育观，公正合理地评价学生

"有教无类"是每个教师应该遵循的教育原则。教师要树立全面发展的人才观和"人人皆可成才"的观念。"全面发展"不等于平均发展，更不是要学习成绩门门优秀。教师应该关注的不是哪个学生成绩更好，而是哪个学生在哪些方面更好。每个学生学有所长，业有所专，才能更好地服务社会。教育既应"补短"，也要"扬长"，从这个角度来说，"全面发展"的

教育就是承认差异,扬长避短,使人人都能展现出独特的才华,只有这样,教育公平才有可能实现。

3. 实事求是,赏罚分明

教师教育学生,必须是慈爱与严格相结合。公正原则要求的爱,不是出于个人的狭隘感情或"自然好恶",而是出于教师对祖国和民族未来的热爱、对教育事业的热爱,出于一种教师高尚的道德责任感;严,也不是随心所欲,而是严中爱,严中有理,严中有方,严中有度。

教师要以宽广的胸怀去面向全体学生,深入了解学生、潜心研究教育的自身规律,选择公正合理的态度、方法耐心地教育学生。尤其是班主任处事公正与否,直接影响学生情绪。因此教师要力戒偏爱,以公正消除矛盾。

教师还应科学使用惩戒。惩戒是指通过对学生不良行为进行强制性纠正,达到教育、改正的目的,最终促进学生发展与进步的一种教育方式,它是一种正面教育。惩戒有两层含义:一是"惩治过错,警戒将来",二是"引以为戒"。适当的惩戒具有不可替代的教育作用。苏联教育学家马卡连柯认为,惩罚在教育中是必要的,并将惩罚与学生的尊严感联系起来,他说:"合理的惩罚制度不仅是合法的,也是必要的,合理的惩罚制度有助于形成学生坚强的性格,培养学生的责任感、锻炼学生的意志和人的尊严感,培养学生抵抗诱惑和战胜诱惑的能力"孙云晓认为:"没有惩戒的教育是不完整的教育,没有惩戒的教育是一种虚弱的教育、脆弱的教育、不负责任的教育。"[①]当然,惩戒应建立在不违背学生人格尊严、承受能力、主观意愿的基础上,如批评提醒、罚抄课文、课后留堂约谈、要求犯错学生写情况说明书、罚值日与扫地、操行评定、在教师办公室暂时性隔离、放学后与教师一起留堂半小时等。当教师的惩罚已严重损害了学生的人格与尊严、超出了学生的承受能力时,惩戒就变成体罚。这是每一位教师应该把握好的,陶行知四块糖果的故事就给了我们很好的启示。

教育公正是一个历史的范畴。在带有较浓厚的等级制的古代社会中,人格上的不平等往往使"有教无类"之类的教育公正成为一句空话。现代社会是一个以民主、平等为特征的社会。在今天,教育公正既是社会公正的一部分,同时社会公正也为实现教育公正创造了良好的社会条件。教育工作者应当通过自己的努力促进教育公正的实现。

---

① 全国师德研究课题组编:《师德突出问题典型案例评析:幼儿园教师读本》,北京师范大学出版社,2014 年版。

第五节　教师职业幸福

我国著名教育家斯霞,被誉为"小学教育界的梅兰芳"、"中国的苏霍姆林斯基"。她17岁执教,85岁退休,一生执教68年,是我国基础教育界教龄最长、功勋卓著的教师。在漫长的教师生涯中,她多次放弃跳槽和升官的机会,始终坚持做小学老师。她说:"我最爱学校,我喜欢孩子,和他们生活在一起,我感到自己永远年轻。"她提倡"童心母爱",以一颗童心,爱学生之所爱、乐学生之所乐、悲学生之所悲,用爱陪伴学生成长,终其教育生涯,把全部的爱献给了孩子。在她被任命为南京市教育局副局长期间,仍然坚持天天到南师大附小上班。在小学教育教学改革方面,她独树一帜,用5年时间完成小学6年的教育教学任务,她创造的"字不离词,词不离句,句不离文"的"随课文分散识字"的教学方法,在全国教育界产生广泛影响。她担任国家教委中小学语文教材审查委员会成员10年,为我国小语教学和国家小语教材的建设做出了重要贡献。①

导入思考

1. 新时期,我们如何看待斯霞老师的"童心母爱"?
2. 你认为做老师幸福吗?怎样才能获得职业幸福?

一、教师职业幸福的含义

什么是幸福?不同性别、不同经历、不同年龄、不同心境的人,对幸福会有不同的理解。幸福是指人们无忧无虑和随心所欲地体验自己理想的

---

① 《人民教育家斯霞》,载《新华日报》2009年10月1日,第Z18版。

精神生活和物质生活时,获得满足的心理感受。有以下三层含义:(1) 幸福是人们对自己理想的生活感到满足的主观感觉,是自然而然且发自内心的感受,而非客观标准。(2) 幸福的发生是建立在个体对幸福的预期基础上的,当实现或接近幸福的目标时才引发幸福的感受。理想生活的标准因人而异,个体目标不同,对同一目标的实现幸福感不一样。(3) 幸福关涉的内容既有物质领域的,也有精神领域的。幸福不是单纯的物质生活领域的幸福感,还需要精神伦理的高度和谐。一个永无止境追逐物质利益最大化或个人欲望永远无法满足的人,是不会获得持久幸福感的。

教师的职业幸福,是教师职业道德的出发点和归宿,是指教师在教育教学活动中得到的一种满足感、成就感和愉悦的情绪体验。在教师的职业生涯中,有了快乐的心态,才能有一个与学生共同成长的快乐过程,才能在繁忙与劳累的工作中寻找到当教师的乐趣。孟子说"君子有三乐":"父母俱存,兄弟无故,一乐也;仰不愧于天,俯不怍于人,二乐也;得天下英才而教育之,三乐也。"①

二、教师职业幸福的特点

教师职业幸福就是教师在从事一系列职业活动后获得的满足。当然,这种满足会表现出一系列的显著特点。

1. 教师职业幸福的独有性

在人们的心目中,教师始终有着崇高的地位。在中国,早在先秦时期,荀子即将教师地位摆至与"天地君亲"相并列的高度,要求统治者"贵师而重傅"。其后中国人也一直认为教师"有父之亲,有君之尊"。在其他各民族的文化中也存在着同样的对于教师的尊重。因此,教师职业被认为是"太阳底下最光辉的职业",是一种充满幸福感的职业。

2. 教师职业幸福的精神性

教师在从事教育教学活动中,"传道,授业,解惑",为社会培养一批批人才,同时也体现出自己的生命价值,促进了自身发展。三尺讲台,让我们尽情展示每个人自我的风采;小小的课本,引领我们与学生一起感知真、善、美。教师这个职业,让我们每位从教者一次次蜕变,使自己更深切地感悟到人生的真谛,使自己的心境走向平和与豁达,让我们逐渐明白幸福原来触手可及,就在心底。

---

① 《孟子·尽心上》。

3. 教师职业幸福的集体性

一般来说,教师在教育工作中至少直接存在这样四种合作关系,即教师个体与学生个体之间、教师个体与教师集体之间、教师个体与学生集体之间、教师集体与学生集体之间的合作关系。一个学生,我们可以说是某某老师的学生,也可以说是某某学校的学生、某某班的学生。因此,教师的幸福具有合作与共享性,也具有超越性。

4. 教师职业幸福的无限性

一个教师即使退休或停止了教育工作,丝毫不妨碍学生对他永远的尊敬,也不影响他对所从事过的这一事业及其劳动成果的美好回忆。霍懋征对自己的一生做总结:"把孩子教育好,让他们一生为社会、为人类做出贡献,当老师的是最幸福的!"

三、教师职业幸福的实现

(一) 教师职业幸福来自学生

关爱学生是教师实现职业幸福的前提和源泉。教师服务的对象是天真活泼的孩子。孩子的点滴进步都离不开教师的谆谆教诲、循循善诱,反过来,孩子的成长也成就了教师。教师的幸福感就在孩子的成长中点滴凝聚,孩子带给教师的满足感、成功感、成就感最终汇聚成一点——做个幸福的教师。因此,"对孩子关爱"的职业心态是职业幸福的源泉。

1. "帮助孩子成功"能让教师获得满足感

孩子的成功伴随着一路的汗水与辛苦;教师的满足得益于长期辛苦的付出终于有了回报。作为特殊的产品——学生,是教师幸福的源泉。师生的情感是在普通的教育实践中孕育产生的。马斯洛需求层次论中最高层次就是自我实现的需要。只要激发了人的内在需求,有机会展示他的能力并得到他人的认可,他的满足感就能转化为无穷的力量并使他获得愉悦与幸福的感觉。

2. "纠正孩子过失"让教师获得成功感

孩子的成功能使教师有满足感,但不是所有的孩子都能让教师感到满足。很多时候,孩子是在犯错中长大的,而教师的幸福感往往就在帮助孩子纠正一个又一个错误中相随而来。有人曾经这样说:"孩子犯错,上帝都会原谅。"真正爱孩子的教师就是在帮助他们成长中渐渐获得成功感的。因为,教师是灵魂的工程师,他们在用真爱真情塑造一个个高尚纯洁的灵魂。有人说,教"好"孩子不是本事,把一个个"坏"孩子教好才是真本事。教好一个孩子,就拯救了一个家庭,这样伟大的"灵魂工程"的圆满竣工怎能不激发起教师内心巨大的成功感呢?

3."孩子懂得感恩"让教师获得成就感

人们都说现在的孩子不懂得珍惜,不知道感激,老师也时常会抱怨。但做小学教师,还是经常会有小小的感动的。天真可爱的孩子的一句句"老师,你回来了,我真想你!""老师,我喜欢你!""老师,节日快乐!""老师,谢谢你的爱!"……孩子们的这些言行让教师感到很满足。此时,老师们常会由衷地感叹:"当教师真好,这是真幸福!"

(二) 教师职业幸福来自学校

学校,是教师们相处的大家庭,也是成长的大环境。教师的幸福除了来源于学生之外,更来源于学校这个文化场。专业的发展、领导的器重、同事的信任、同伴的互助等能否充分获得,决定了教师对自身职业的正确定位、对个体生命价值的准确判断以及对人生的积极或消极态度。教师在挑战的舞台上,有愉悦的心情,有感恩的心态,展示的便是充满幸福的微笑。

(三) 教师职业幸福来自自身

教育的本质是让受教育者享受幸福,追求幸福。这样,从事教育的教师就应该首先享受幸福,成为幸福的人。教师的职业幸福感最终还是教师自己。举个例子:为了提炼出镭,居里夫妇倾注大量的心血、智慧、体力甚至生命,他们在一间夏不避燥热、冬不避寒冷的破旧棚屋内,从事着脑力加苦力的劳动,从1898年到1902年四年时间里,废寝忘食,坚持不懈,终于从几十吨铀沥青矿废渣中提炼出十分之一克纯镭盐并测定了镭的原子量。人们在敬佩居里夫妇的时候,往往用坚忍不拔、牺牲精神、呕心沥血等词语来赞美他们。其实,这些赞美者并没有理解科学家的情怀。这种牺牲,对于居里夫妇来说是一种享受,是一种幸福,是一种职业的痴迷陶醉!只有把职业当作享受的人,才可能心甘情愿地废寝忘食,坚持不懈。

练习与探究

1. 简述教师职业理想的含义及作用。

2. 新时期教师如何履行职业义务?

3. 教师职业良心的作用有哪些?怎样才能成为有良心的人民教师?

4. 简述教师职业公正的内容、作用和要求。

5. 教师职业幸福的意义有哪些？怎样才能获得职业幸福？

6. 拓展性活动：

结合本章所学内容，利用课余时间走访当地名师，领略名师职业道德风采，然后根据走访材料撰写一篇不少于 1500 字的心得体会。

第五章

教师职业道德修养

中华民族历来注重道德品质的自我修养,并把"修身"作为"齐家、治国、平天下"的先决条件。教师是培养人、教育人的人,更应加强自我修养,弘扬高尚师德,将教师职业道德要求转化为自己的信念并付诸行动,从而承担起教书育人的重任。中共中央、国务院《关于全面深化新时代教师队伍建设改革的意见》(2018年1月20日)进一步要求,广大教师要以德立身、以德立学、以德施教、以德育德,争做"四有"好老师,全心全意做学生锻炼品格、学习知识、创新思维、奉献祖国的引路人。由此可见,加强师德修养,弘扬高尚师德仍是新时代对教师的职业要求。

教师加强职业道德修养,首先,要深入理解教师职业道德修养的科学内涵,充分认识教师职业道德修养的重要意义;其次,要准确把握职业道德修养的主要内容和应遵循的原则;再次,要掌握教师职业道德修养的方法。

第一节 教师职业道德修养的含义与意义

新学期开学后,某幼儿园中班张老师在家长微信群内宣传其朋友举办的钢琴、舞蹈培训班,并私自将家长联系电话提供给校外培训机构。该班大部分幼儿都报名参加了钢琴或舞蹈培训。小萌等几位幼儿,因家庭经济原因,家长没有报名。张老师在家长微信群里批评这些家长对孩子舍不得投入,课堂上还公开批评未报名的家长对孩子不负责任,并冷落这几个孩子。家长为此意见很大。

导入思考

1. 上述案例中的张老师违反了哪些教师职业道德规范？
2. 教师为何要加强职业道德修养？

一、教师职业道德修养的含义

修，指在学问和品行方面的学习和锻炼；养，即培养和培育。所谓道德修养，是指人们在道德方面进行的"自觉的自我改造、自我陶冶、自我锻炼和自我培养功夫"。① 它既指修养的过程，也指修养所达到的水平。

教师职业道德修养是指教师在职业活动中，根据我国社会主义道德原则和教师职业道德规范，通过自我锻炼、自我改造、自我陶冶、自我教育，不断达到新的道德境界的实践活动和过程，以及所达到的师德水平和精神境界。②

二、教师职业道德修养的意义

对教师来说，并非是选择了教师职业、取得了教师资格，就理所当然地具备了教师的职业道德，达到了应有的师德境界。教师职业道德修养不是一蹴而就、一劳永逸的事情，需要教师依照职业道德规范，不断地进行学习、体验、对照、检查和反省。

2014 年 9 月 9 日，习近平总书记在与北京师范大学师生代表座谈时指出，师德需要教育培养，更需要老师自我修养。做一个高尚的人、纯粹的人、脱离了低级趣味的人，应该是每一个老师的不懈追求和行为常态。好老师要有"捧着一颗心来，不带半根草去"的奉献精神，自觉坚守精神家园、坚守人格底线，带头弘扬社会主义道德和中华传统美德，以自己的模范行为影响和带动学生。可见，新时代加强教师职业道德修养尤为重要。

（一）加强教师职业道德修养是学生健康成长的需要

首先，加强教师职业道德修养有助于学生道德品质的形成。少年儿童正处于"染于苍则苍，染于黄则黄"的阶段，他们的道德人格尚未定型、尚未健全，对什么是善、什么是恶、什么是荣、什么是辱、什么是高尚、什么

---

① 罗国杰：《伦理学》，人民出版社，1989 年版，第 456 页。

② 钱焕琦：《教师职业道德》，华东师范大学出版社，2008 年版，第 201 页。

是卑劣等问题还缺乏切身的体验和成熟的看法。教师的一言一行、一举一动,都会对其教育对象产生潜移默化的影响。有人曾比喻说,学生好比洁白无瑕的银幕,教师好似清晰的拷贝,拷贝上的各种形象总是要无可掩饰地映到洁白无瑕的银幕上去。青少年学生不仅从书本里学习善恶观念,更多的是直接从教师在教育劳动中表现出来的道德意识和道德行为中汲取是非、善恶的观点,寻找自己做人的榜样。尤其是幼儿和小学生,教师在他们的心目中是比父母还重要的榜样,其一言一行对小学生道德品质的形成起着直接的启蒙作用,会对学生道德人格的形成产生影响。

其次,加强教师职业道德修养对学生道德行为的养成具有示范作用。少年儿童可塑性强,行为模仿性强,教师高尚的道德人格、自觉的良好行为,可以为学生所效仿;同样,不良的习惯、不自觉的行为等,也会被学生效仿。少年儿童良好的道德行为的养成固然需要教师向学生讲授正确的道德知识,但身教胜于言教,教师不仅仅用自己的学识教人,而且更重要的是用自己的品格教人;不仅通过语言去传授知识,而且用自己的灵魂去传授"品格"。因此,教育人者,必先受教育;教育"有修养人"者,必须更有修养。一个注重师德修养、德才兼备的教师,他本身就是学生最亲近的榜样、最形象的教材、最崇高的表率,而且他的自我修养功夫愈深,他在学生中的威望愈高,其教育教学的效果就愈好。

(二)加强教师职业道德修养是社会发展的需要

目前,中国特色社会主义进入了新时代,开启了全面建设社会主义现代化国家的新征程,进入了全面建设社会主义和谐社会的新的发展阶段。教师承担着传播知识、传播思想、传播真理的历史使命,肩负着塑造灵魂、塑造生命、塑造人的时代重任,是教育发展的第一资源,是国家富强、民族振兴、人民幸福的重要基石。广大教师应牢记使命、不忘初心、爱岗敬业、教书育人,为新时代培养德智体美全面发展的社会主义建设者和接班人。

教师作为社会成员之一,应义不容辞地承担起构建和谐人际关系、和谐育人环境的责任。而加强教师职业道德修养有助于教师正确认识和处理自己与其他教师、学生、学校、家长、社区的利益关系,明确自己的权利以及应尽的责任和义务;有助于教师依据已经了解和掌握的职业道德原则、规范,调节自己的想法、行为,正确处理教育活动中各种复杂矛盾。在教师之间、师生之间、教师与家长之间形成和谐、融洽的关系,从而创造和谐的育人环境。

当前,我国社会主要矛盾已经转化为人民日益增长的美好生活需要和不平衡、不充分的发展之间的矛盾，人民对公平而有质量的教育的向往更加迫切。面对新时代、新征程、新使命，教师队伍建设并不能完全适应。特别是随着我国社会主义现代化建设的不断深入，社会经济成分、组织形式、就业方式、利益关系和分配方式的日趋多样化，人们的思想和道德观念也呈现出多样、多元、多变的特点。正确的与错误的思想彼此交织，积极的与消极的观念相互激荡。不可否认，教师队伍中出现了理想丧失、道德失范、是非混淆、精神空虚、诚信缺失的现象。在这种形势下，加强教师的职业道德修养就显得尤为重要。教师特殊的职业性质和良好的道德形象，不仅使教师能够给学生和周围群众的精神面貌施以积极的影响，而且还会通过这些学生和群众对社会精神风貌产生积极的辐射作用，从而有助于良好社会风气的形成，在全社会形成"爱国、敬业、诚信、友善"的良好社会道德风尚，培育和践行社会主义核心价值观，有力地促进社会主义精神文明建设。

第二节　教师职业道德修养的内容

陈鹤琴先生一生未离开他热爱的教育事业，被学生亲切地称为"妈妈"。他用生命来热爱、研究、了解幼儿，包括自己的孩子，改变了国内幼教事业一片空白的现实。1940年初，陈鹤琴来到了大后方江西泰和，他要在文江村的大岭山上构筑自己的理想，实现自己多年的夙愿：办幼儿师范学校，为中国化的幼儿园培养教师和人才。他以陶行知创办的晓庄师范为榜样，创办了实验幼稚师范学校，这也是我国第一所国立公办幼儿师范学校。当时正值抗战时期，生活非常艰苦，条件非常困难，陈鹤琴亲自勘察校址、设计校舍、置办木材、请木工、瓦工。

陈鹤琴一向注重仪表，在学生面前率先示范，为学生们起表率作用。有一次，陈鹤琴带着学生到上海的学校做调查，看见有个学生的裤扣没系上，于是，走上前去帮这位学生扣好，并微笑着对他说："这是一种对人的礼貌啊！"。学生脸红了，以后再遇到陈鹤琴，便马上将自己的穿戴审视一遍，养成良好的习惯。

导入思考

1. 在艰难困苦的抗战时期,陈鹤琴为何能实现自己多年的夙愿?
2. 陈鹤琴在职业道德修养方面值得我们学习的是什么?

教师职业道德修养的内容,主要包括提高教师职业道德认识、陶冶教师职业道德情感、坚定教师职业道德信念、锻炼教师职业道德意志、培养教师职业道德行为和习惯等五个方面。此外,教师职业道德修养还需要保持心理健康,克服职业倦怠,正确进行职业生涯规划。

一、提高道德认识,陶冶道德情感

(一)提高道德认识

教师职业道德认识,是指教师对职业道德理论、规范和要求的理解和掌握。从知与行的关系来看,认识是行动的先导。荀子说:"知明而行无过。"对于一名教师来说,提高职业道德认识是进行师德修养的起点和前提,是教师职业道德要求内化的首要环节。

提高教师职业道德认识,主要包括以下三个方面。

1. 对教师职业道德价值的认识

教师职业道德修养的关键在于自觉性,对教师职业道德价值的认识是教师自觉加强师德修养的前提。一名教师只有深刻认识到自己所从事职业的重要性和特殊性,认识到提高师德修养对今后有序开展教育工作的意义和价值,他才有可能将外在的教师道德要求变成自己内在的需要和自觉的道德行为。

2. 对教师职业道德规范的认识

师德修养不是一个盲目、自发的过程,而是一个有目的的、自觉的过程。作为一名教师,加强师德修养,首先要学习和理解教师职业道德的内涵和基本原则,熟悉和掌握教师职业道德的基本规范和范畴,全面了解学校和社会对教师的基本师德要求,这是师德认识的主要内容。

3. 对教师职业道德的评价判断能力

提高教师职业道德认识,不仅要掌握职业道德的理论、规范和要求,道理上懂得是非、美丑、善恶、荣辱,而且还要在实际教育活动中分清上述各种界限,提高对教师职业道德的评价判断能力。

道德评价判断,是指运用已掌握的道德规范和标准对自己和他人的行为进行道德分析、评价、判断的活动,是道德认识的具体化过程。教师职业道德评价判断的能力,是教师运用师德规范对自己和其他教师的行为进行善恶判断的能力。教师在职业道德评价判断的过程中,可以巩固和加深对职业道德的认识,促进道德信念的形成。提高教师对教师职业道德的评价判断能力,有利于教师在复杂多变的环境下做出符合师德规范要求的正确道德判断和行为选择,有利于增强教师道德自律和自我提高的意识和能力。

(二) 陶冶道德情感

教师职业道德情感是教育工作者根据一定的教师职业道德观念,在处理相互关系、评价某种行为时所产生的内心体验。[①] 教师职业道德情感是以职业道德认识为基础,在长期的教育活动中逐步形成的。师德情感是一个潜移默化的过程,教师要产生明显的情感体验,必须经过较长时间的努力。因此,师德情感的陶冶比师德认识的提高更为复杂,但也更加稳定。师德情感一旦形成之后,便成为推动教师献身教育事业的一股强大的动力,促使教师能够几十年如一日,教书育人、兢兢业业、诲人不倦。教师职业道德情感是教师积极工作、勇于开拓进取的内在动力,是教师培养优秀道德品质、保持高尚道德行为的重要精神动力。

教师的道德情感应从以下几个方面进行培育。

1. 对教育事业的追求

教师应充分认识到自己所从事的职业是崇高而伟大的事业,它关系到人才的培养和国民素质的提高,更关系到一个民族的振兴和国家的富强。教师只有培养这种道德情感,才能把自己的命运与前途和国家教育事业紧密联系在一起,才能做到默默无闻、献身教育。一个不热爱教育,对教师职业不感兴趣的人,一旦从事教育,必将误人子弟。

2. 对学生的热爱

教师对学生的热爱和关心是教师对教育事业热爱和追求的具体体现,也是师德情感中最重要的内容。

热爱一个学生就等于塑造一个学生,而放弃一个学生无异于毁坏一个学生。爱是教育行为的内在动因,爱是教育人生的基础。对教育对象的理解、认识与爱是教师职业道德的核心之一。[②]

---

① 钱焕琦:《教师职业道德》,华东师范大学出版社,2008 年版,第 211 页。

② 唐凯麟,刘铁芳:《教师成长与师德修养》,教育科学出版社,2007 年版,第 68 页。

热爱学生不是溺爱和迁就,而要严格要求学生。俗话说"严师出高徒""教不严,师之惰""严是爱,松是害",说的就是这个道理。教师对学生严格要求,也并不是一味斥责,而是要严而有格、严而有理、严而有情、严而有度,把热爱与严格要求结合起来,做到严慈相济。让学生在教师的真诚关爱中启迪心灵,在教师的严格要求中奋发成长。

热爱学生就要关心学生,既要关心一切学生,一视同仁不偏爱,又要关心学生的一切,关心学生的德、智、体、美,关心学生的生活。

热爱学生就要尊重学生,尊重学生人格,严禁讥讽、挖苦、歧视、侮辱、体罚和变相体罚学生的行为。

3. 对同事的尊重和友谊

教育工作是一项庞大的系统工程,教师个体很难独立完成对学生全面教育的任务。这就需要加强同事之间的友谊,团结协作,相互尊重,形成教育合力。

4. 自尊感、责任感、荣誉感

教师的自尊感,是一种由自我评价所引起的情趣体验,是教师渴望自己的劳动得到社会的承认和尊重,表现为自重、自爱、自立、自信、自强、自主等多方面。自尊,即要维护教师声誉,保持良好的道德形象,自觉按照教师职业道德要求规范自己,不做任何有损教师形象的事。

教师的责任感,是教师对学生、对社会、对他人应承担的义务和应履行的职责的内心体验,主要表现在自觉对学生负责、对家长负责、对学校负责、对社会负责。责任感是一种高尚的职业情感,是做好教育工作的巨大动力。这种情感可使教师在没有任何外在压力、无人监督、无人知晓的情况下,也能凭自己的责任心,自觉地去履行教书育人的职责。荣誉是教师在履行自己的职责,对社会做出贡献后得到的评价,意识到自己的社会价值并感到由衷的愉快,这就是荣誉感。教师的荣誉感就像推进器,促使教师认真履行职业道德的义务,发扬拼搏精神,为培养合格的新人贡献出自己的一切。

培育正确的荣誉感,一要消除虚荣心,二要正确处理义务和荣誉的关系,三要正确处理好集体荣誉和个人荣誉的关系,四要正确对待他人的荣誉。

二、坚定道德信念,磨炼道德意志

(一) 坚定道德信念

教师职业道德信念,是教师对职业理想、职业人格、职业原则、职业规范坚定不移的信仰,是深刻的师德认识、炽热的师德情感和顽强的师德意志的统一,是把师德认识转变为师德行为的中间媒介和内驱力。教师职业道德信念决定着教师行为的方向性、目的性,也影响着师德水平和师德内化的程度,具有稳定性、持久性和一贯性特点。

作为一名教师,只有认识、体验到自己所从事的工作的重要和高尚,意识到自己肩上担负着祖国和民族的未来,从而树立献身教育事业的坚定信念,他才能做到言行一致,不论遇到多么大的困难,都能处处为教育事业着想,呕心沥血,矢志不渝,为培养社会主义事业的建设者和接班人而默默地奉献自己的一生。

(二) 磨炼道德意志

教师职业道德意志,是教师在履行道德义务过程中,自觉地克服困难并做出行为抉择的毅力和坚持精神。它是在形成一定师德认识和师德情感的基础上,调节教师道德行为的重要精神力量。教师所从事的培养人的事业,是一项极为光荣而艰巨的事业。在这个过程中,教师不仅要付出辛勤的劳动,甚至有时还要做出某些牺牲,而且会遇到来自外界的各种阻力和障碍,如现实条件的制约、错误舆论的非难、亲朋好友的埋怨等。这就需要教师有顽强的毅力和坚持不懈的精神,以及不断履行师德的顽强意志。

教师职业道德意志主要表现在道德行为的自觉性、坚毅性、果断性和自制性。

1. 自觉性

自觉性是指对行为目的有明确而深刻的认识,并使个人的行为完全符合正确目的的意志品质。它要求教师对自己从事的事业有明确而深刻的认识和坚定的信念,积极自觉地献身于教育事业。教师在行为上如果偏离了教育目的,就要及时自觉调整;如果出现外界干扰,无论干扰来自何方或力量有多大,教师都必须有能力抵制和加以排除。

2. 坚毅性

坚毅性就是行动中坚持目标,百折不挠地克服困难的品质。教师面对复杂的教育环境,经常会遇到意想不到的困难和干扰,必须以超常的勇气和毅力去克服一切阻力,实现教育目的。

3. 果断性

果断性是指在紧急情况下,教师内心经过复杂的、剧烈的思想斗争,当即做出适当的道德决定,取得理想的效果。教育活动的特点要求教师必须具备随机决断的能力,即面对突发事件能果断决策,它是教师发挥高度创造性的表现。但果断不是武断和轻率,果断是建立在正确认识的基础上的决断,它要求全面考虑活动的目的和条件,能预知行动的后果,并有承担风险和责任的心理准备。

4. 自制性

自制性就是善于掌握和支配自己言行的意志品质。坚定的自制力是教师对自己的职业道德需要、动机、情感、行动的控制和调节能力。当客观现实诱发不利于实现教育目的情绪冲动时,教师能控制自己的情绪,冷静地把握言行和分寸。现实生活中,总有一些教师面对"恨铁不成钢"的学生时,会爆发出一种不能控制的激动情绪,出现打骂、讥讽学生的现象,给学生造成心理伤害。教师自制力越强,其行为越富有理性,不因失败而精神萎靡,不因意外情况变化、教育行为受阻而悲观失望。教师在任何情况下都应理智地控制自己的情绪,把握自己的言行。

三、规范道德行为,养成道德习惯

教师职业道德行为和习惯,是指教师在职业道德认识、情感、信念的支配下,在教育活动中对他人、集体、社会做出的可以观察到的客观反应及所采取的实际行动,即在职业道德意识支配下表现出来的有利或有害于教育事业及他人、集体和社会方面的行为。[①]

教师职业道德行为和习惯属于道德品质的外部状态,是教师个体道德品质的具体表现。在师德品质的构成要素中,师德认识、师德情感、师德意志、师德信念均属道德意识范畴,它们的作用在于指导和影响师德行为的抉择。但是教师职业道德修养如果仅仅停留在师德意识的修养上,不用实际行动去履行道德义务,这种师德修养就不是知行统一的职业道德修养。职业道德行为和习惯的养成是职业道德品质形成的关键。教师只有在实践中贯穿道德原则和规范,并且始终坚持下去,经过长期的锤炼,使其成为个人良好的行为习惯,道德品质才算达到了比较完善的程度。

教师良好的职业道德行为和习惯对学生起到表率作用,尤其是对幼儿和小学生来说,他们缺乏分析能力,善于模仿,教师的表率作用更为重要。

---

① 周德义,王嘉德,王容德:《师德修养与教师专业成长》,科学出版社,2006 年 3 月版,第 141 页。

身教重于言教,无声的"身教",恰似丝丝细雨,"随风潜入夜,润物细无声"。

四、保持心理健康,克服职业倦怠

(一) 保持心理健康

教师职业道德的形成要经历道德认识、道德情感、道德信念、道德意志、道德行为和习惯的完整过程。在这个过程中,教师心理健康水平是一个重要影响因素。

教育部《中小学心理健康教育指导纲要》指出:"加强师资队伍建设是搞好心理健康教育工作的关键……要重视教师心理健康教育工作。各级教育行政部门要把教师心理健康教育作为教师职业道德教育的一个方面,为教师学习心理健康教育知识提供必要的条件。要关心教师的工作、学习和生活,从实际出发,采取切实可行的措施,减轻教师的精神紧张和心理压力,使他们学会心理调适,增强应对能力,有效地提高心理健康水平。"由此可见,国家已把教师心理健康教育作为教师职业道德教育的一个方面。因此,教师的职业道德修养离不开健康心理素质,教师的健康心理是师德修养的内在基础。[①]

1. 教师心理健康应当符合一般人心理健康的标准,又体现教师职业的特殊要求

具体地说,一个心理健康的教师应该具备以下主要特点:

(1) 具有积极的职业态度和教师角色的认识;

(2) 具有良好的爱心和表达能力;

(3) 具有开朗、乐观、积极向上的健康情绪;

(4) 始终保持一颗童心;

(5) 富有同情心和耐心;

(6) 具有良好的人际关系。

2. 教师心理健康问题的表现

(1) 社会适应不良。教师中相当一部分人对教师角色、学校人际关系、工作方式、生活环境等方面存在诸多不适应,从而产生压抑、偏激或悲观失望等不良情绪,年轻教师在这方面往往表现得更为明显。

(2) 人际关系紧张。一些教师不善于处理复杂的人际关系,不能与学生、同事、领导融洽相处,不是与同行发生纷争,就是与学生产生对立,

---

① 连秀云:《教师职业道德修养》,教育科学出版社,2005年版,第92~93页。

或者与领导发生冲突,久而久之形成孤独、无助、郁闷、焦虑、自卑等不良心态。

(3)情绪不稳定。由于种种主客观原因,一些教师常处于情绪低落、心境不佳的状态,不能调节和控制自己的不良情绪,甚至恣意发泄,借题发挥,造成人际环境恶化。这种人际关系的恶化反过来又刺激不良情绪的滋生与蔓延,以致形成恶性循环,使他们长期处于紧张、焦虑和忧郁的状态。

(4)心理失衡。一些教师在工作、学习、生活中不能处理好理想和现实的矛盾,遇到挫折易产生强烈的心理失衡,并诱发不良情绪,乃至形成灰暗情绪,如嫉妒、自卑、妄想、愤懑、抑郁等情绪和攻击性行为等。有的还出现思维不灵活、反应迟钝、记忆力衰退等心理机能的失调。

(5)不良的个性特征。某些不良的个性特征也是心理不健康的表现,如心胸狭窄、意志脆弱、过于争强好胜、以个人为中心、自我封闭、过于敏感等。

3. 教师心理健康问题产生的主要原因

影响教师心理健康的因素是多方面的,综合起来,导致教师心理健康问题的因素主要有如下几个方面:

(1)受教师职业特点的影响。

一是教师职业特殊性的影响。教师职业本身有其特殊性,主要表现在教育对象的多样性,要求教师有多维度的心理取向;教育工作的示范性,要求教师加强自我形象的塑造;教育内容的广泛性,要求教师拥有博大精深的学识,不断完善自己的认知结构;教育任务的复杂性,要求教师有较强的心理调节与适应能力。因此,做一个合格、称职的教师难度大、要求高,生怕背上"误人子弟"的罪名,无形之中就增加了教师的心理负重与压力,势必造成教师的心理健康问题比一般人群要严重。

二是社会和家长对教师的期望值增高的影响。现在家长望子成龙、望女成凤,社会和家庭对教师的期望值日益增高,但同时对教师工作的理解程度并不高。学生成绩不理想、厌学以及出现不良行为,往往都怪罪老师。这些状况易于激发教师的不良情绪,形成不良心态。此外,心理学家认为,从许多方面看教师是一个相当孤独的职业,整天与学生在一起工作,与其他的成年人相对隔离,在日复一日、年复一年的教学过程中更多的是独自面对自己的问题。这种职业特点本身有可能诱发心理健康问题。

三是扮演多重角色的影响。教师工作的性质决定了教师要扮演多重角色,教师是知识的传授者、学生活动的管理者,对学生负有教育管理的责任;教师是学生父母的代理人,在一定时间内要照料学生;教师是学生的朋友,是学生的心理治疗者,需要与学生平等地交流思想和感情;教师又是人际关系的交往者,除需要与其他教师、学生家长、学校领导打交道外,还要在家庭中充当各种角色:为人父、为人母、为人子、为人女,会遇到各种家庭矛盾,常常是左右为难、应接不暇。多方位的角色转换容易造成教师的心理矛盾和冲突,造成教师的心理健康问题。

(2)工作繁重,压力过大。教师,不仅是太阳底下最光辉的职业,也是压力最大的职业之一。许多关于教师心理的研究说明,教师的心理健康状况与心理压力关系密切。

教师工作繁重有其特殊的背景,我们是穷国办大教育,虽然"科教兴国"已成为基本国策,但教育投入不足,教育优先发展的战略地位尚未得到完全落实。教师面临的工作环境与生活环境较为艰苦。一些地方政府为降低教育的投入,常常控制教师的编制,特别是公办幼儿园编制很少。二胎政策已经放开,幼儿园、小学入学人数增加,学校只有加大教师的工作量,增加班级人数,因此,教师的教育教学任务偏重,且难度进一步加大。现在多数学校仍按"升学率""优生率"来考核教师,并以此决定教师的评优晋级和奖金发放;而名目繁多的检查、考评、验收,也使教师穷于应付、疲于奔命。

与从事其他职业的人员相比较,教师的工作不能简单地用 8 小时来衡量。教师每天的工作很繁重,除了上课以外,还包括备课、批改作业、个别辅导、家访、不断处理学生问题,还有各种教研会、行政会等,教师真正留给自己的时间已经很少了。许多教师常常是夜以继日地完成备课及管理等工作。

随着知识经济和信息社会对学校教育要求的日益提高,随着教育改革的不断深化发展,教师的工作压力日渐明显。一方面,积淀下来的许多教育、教学弊端难以改变,造成了教师的困惑,压抑了教师的个性发展;另一方面,实施素质教育对教师素质的要求愈来愈高,而不少教师由于教学技能的欠缺和素质发展的滞后,在不同程度上一时难以适应,因而心理的焦虑、困惑日渐增多。

(3)福利待遇"不尽如人意",心理不平衡。我国中小学义务教育阶段新的一轮调资已经实施,可以说义务教育阶段教师的工资、待遇得到了提高。《教师法》虽规定教师的平均工资水平应当不低于或者高于国家公务员的平均工资水平,但由于公务员的实际收入高于当地教师,于是出现教师乐于报考公务员现象,优秀教师流失现象依然存在。因此,社会提供给教师的工资待遇、社会地位还"不尽如人意",在教师心理都形成了一种潜在的压力。新的竞聘制度带来的岗位竞争日趋激烈,也使不少处于弱势的教师不适应,长期处于难以摆脱甚至时时被强化的心理压力之中。

此外,不合理的比较方式也会造成心理上的负面影响,有些教师,在报酬、地位方面,总爱与比自己高的人比,生活水平上总爱横向比而不爱纵向比,越比越悲观、失望、憋气、不平,不合理比较的结果是平添了许多苦恼。

(4)教师自我心理调控能力不足。许多教师缺乏心理学知识和自我心理调节能力,心理问题得不到及时排解,不良情绪长期得不到释放,导致不良情绪突破心理承受的极限而爆发,这时,往往会拿学生当出气筒。

4.教师心理健康的维护与保持

教师的心理健康受复杂的因素影响,但一个优秀的教师绝不应让自己一直处于压力之中以至于身心俱损,影响工作和生活。教师的心理健康问题,除教育行政部门、学校领导及社会有关方面应高度重视外,教师本身也应重视心理健康的自我维护与保持,并在以下几个方面做出努力:

(1)树立正确的教育观和价值观。教师要保持自身心理健康,就要正视自己所处的客观环境和周围现实,确立正确的职业观和教育观,科学的人生观和价值观。树立崇高的职业理想,淡泊名利,用乐观进取的人生态度看待生活。在教师生涯中,处理好个人与社会现实之间的关系,正确对待人生道路上的矛盾冲突,正确对待教学实践中的成功与不足。走出"自我"的封闭圈,通过劳动创造为社会和他人做出贡献,努力把自我价值实现的过程与社会价值实现的过程统一起来,在积极为社会和他人做贡献中实现自我价值,更好地迎接未来社会的挑战。

(2)形成正确的自我认知。自我认知,是指人对自己和自己周围关系的一种认识,是影响心理健康的重要心理因素。自我认知能自觉地调节心理需求和相应的行为。符合客观实际的自我认知,有利于个体心理保持正常状态,增进心理健康;反之,则会引起心理和行为失常。

教师要维护自身的心理健康,必须实事求是地正确认识自我,客观评价自我,承认、接受现实的自我,不宜自我期望值过大,过于追求"完美"。要根据社会和时代的需要,塑造出理想的自我,完善个性,有效地控制自我的心理和行为,排除内心干扰,自觉接受社会道德的约束。

(3)善于交往,改进教育人际关系。人不可能离开社会、离开人群而独立生存。与人交往是个体社会化的必经之路,人际交往具有心理感染、满足精神需要、维护心理健康之功能。

教师应主动搞好和学生、同事、领导、家长的正常人际关系,消除隔阂,相互理解,缩短彼此间的心理距离。在人际交往中,要注意交往风度,光明磊落,严于律己,宽以待人,竭诚相见,尊重他人,关心他人,乐于助人。要善于沟通感情,交流信息,采取宽容的态度去对待别人,多看别人的长处,求大同存小异,将自己和谐地融于学生之中,融于教师群体之中,融于社会之中,保持健康的心理。

(4)调理情绪,保持心理平衡。教师要维护自身的心理健康,就要陶冶情操、锻炼意志,主动自觉地调控情绪。教师应学会运用积极的心理防御机制与科学的调适方法,逐步做到从容地应对生活中的各种不良刺激,以预防心理障碍乃至心理疾病的产生。要善用理智控制法、合理宣泄法、注意转移法、艺术升华法、自我暗示法、自我安慰法等方法,调适不良情绪;保持幽默,笑口常开,常以欢乐促健康;正确对待并战胜挫折,认真、冷静、客观地分析产生挫折的主客观原因,采用积极的自我防卫方式和心理调控方法,减轻挫折感,尽快摆脱挫折情境,化消极因素为积极因素,保持心理健康。

(5)科学用脑,强身健体。教师要维护自身的心理健康必须科学用脑,自觉讲究用脑卫生和用脑艺术,有效地挖掘自己的智能潜力。特别要注意用脑不要过度疲劳,工作一定时间后要有短暂的休息,动静结合、劳逸相间,让大脑的工作、休息符合生理规律。此外,应避免用脑过分单调,在学习、工作时采取"转换法",变换学习或工作内容,让大脑细胞在工作进程中"轮休"。

教师要维护自身的心理健康还应养成锻炼身体的习惯,增强体质,"每天锻炼一小时,幸福生活一辈子",为心理健康提供物质条件。应妥善安排生活,合理支配时间,讲究工作方法,选择最佳工作心境,使工作、学习、生活紧张而有秩序,规律而有节奏。

(二)克服职业倦怠

许多教师在从业多年以后有这样的感觉:从教之初的豪情壮志逐渐消失了,安于现状、平淡无为、得过且过的想法增多了,甚至有的教师出现了放弃教师职业的消极想法。这就是教师出现职业倦怠的症状表现。

1974年,美国临床心理学家费登伯格首次将"职业倦怠"一词引入心理学领域。所谓职业倦怠,一般是指"失败、筋疲力尽或因过度消耗精力、资源而变得枯竭",是一种压力长期积累而造成的更严重的紧张状态。教师职业倦怠定义为:由于教师长期工作在压力的情景下,由工作中持续的疲劳及与他人相处中的各种矛盾、冲突而引起的挫折感加剧,最终导致的一种在情绪、认知、行为等方面表现出筋疲力尽、麻木不仁的高度精神疲劳和紧张状态。①

1. 教师职业倦怠的表现症状

(1) 身心疲惫。疲劳是职业倦怠的典型症状。职业倦怠的教师由于长期处于疲劳状态而得不到恢复,常会表现出身体能量被过度耗尽、持续的精力不济、头疼、神经衰弱、失眠等身心疲劳症状。职业倦怠症并非仅仅因身体劳累所致,关键是源自心理的疲乏。一个人长期从事某种职业,在日复一日、年复一年的机械重复工作中,渐渐会产生一种疲惫困乏乃至厌倦的心理,总是难以提起兴致,打起精神,只是依仗着一种"惯性"来工作,全无主动性、创造性可言。这就是职业倦怠的典型表现。

(2) 认知枯竭。职业倦怠的教师空虚感明显,感到自己的知识无法满足工作需要,尤其是难以胜任一些变化性的工作。不能适应知识的更新和不断变化的教学要求,怀疑自己,感到无能和失败,产生自我谴责。一旦自责成为一种习惯,也就说明倦怠的程度较重了。

(3) 情绪消极。职业倦怠的教师会感到情感资源被极度地耗尽、已经干涸,工作满意度低,对工作的热忱与奉献减少,对学生缺乏同情心和支持,不能忍受学生在教室里的捣乱行为,甚至表现出焦虑、压抑、苦闷、厌倦、怨恨、冷漠等消极情绪。消极情绪一旦形成而不能调整,教师便会对工作失去热情,而抱着无所谓的态度。

(4) 成就感降低。职业倦怠的教师价值观和信念会突然改变,个人成就感降低,评价自我的意义和价值的倾向降低;认为工作是一项枯燥乏味机械重复的烦琐事务,工作信心不足,因而无心投入。

(5) 去人性化。职业倦怠的教师会以一种消极的、否定的、麻木不仁的态度去对待自己的工作。对他人不信任,无同情心可言,冷嘲热讽,把人当作一件无生命的物体看待,肆意贬损学生,疏远学生,甚至是家人或

---

① 方中雄,刘维良:《教师职业生涯发展与心理健康》,首都师范大学出版社,2006年版,第114页。

孩子。由于对他人的过度反应,常导致人际关系恶化,摩擦增多,常常会打骂学生或孩子,极端的倦怠状态会导致教师出现自伤或自杀的行为。

2. 教师职业倦怠的危害

教师职业倦怠无论对教师个体,还是学校教学工作,以及社会各方面都将带来极消极的影响,教师个体、教育事业、整个社会都将因此付出相当大的代价。

(1) 对教师自身的影响。职业倦怠不仅会导致教师产生各种生理疾病,影响教师的心理健康,而且不利于教师在职业生涯方面的发展,甚至严重影响教师的生活质量。

(2) 对学生和教学工作的影响。教师职业倦怠会导致教学品质低劣。倦怠的教师对学生缺乏同情心,工作投入和参与变少,对学生违反课堂纪律没有耐心,课堂准备不充分,创造性低。教师的倦怠会导致教师对工作信心和热情的减少,导致师资流失现象日益严重。

(3) 社会方面影响。教师职业倦怠使教师与学生、教师与教师、教师和领导、教师和家长之间的人际关系受损,不利于人才的培养。

3. 导致教师职业倦怠的原因

造成教师职业倦怠的原因有客观、主观两个方面。客观原因主要涉及职业、学校和社会三个方面,主观原因主要指教师的个人因素。从本质上看,职业倦怠的产生是由于个体对自身工作的付出与得到的回报之间不平衡的认知而导致的心理与行为上的消极反应。

(1) 职业因素。教师工作时间长,职业压力大。教师工作的时间应该遵循正常的劳动制度,但是在实际的工作中,中小学教师的工作时间远远超过了法律规定的劳动时间。很多教师工作一天下来都会有疲劳感,如果经过休息有所恢复属于正常现象。但是,有的教师长期有这种表现,而且休息之后没有好转,若长期处于疲劳状态而得不到恢复,就会处于身心疲惫状态。

教师的工作较其他行业来说是一个复杂性更大、职业压力更大的工作,虽然面对的学生会不同,但是教学内容却不会有大的变化,因此,教学工作内容具有高重复性。教师如何能够在既有知识的基础上创造性地进行教学,是需要教师的创造性思维的,这需要花费大量的时间和精力。在长期的教学过程中教师如果感受不到新意,很容易感到枯燥乏味,没有成就感。这种体验容易导致教师的职业倦怠。

学生因素对教师职业倦怠有显著的影响。众多研究也发现,学生问题是导致教师产生职业倦怠的最主要的压力源。现在的中小学生家庭条件大多较为优越,而这一时期的青少年心理素质较脆弱、敏感,逆反心理严重,如果加之不良的家庭教养方式和家长过高的期望,那么都会给教师的教育教学工作带来巨大的压力。不仅如此,近几年离异家庭、单亲家庭子女增多对教育提出了新的挑战。学生群体中的问题如早恋、违纪、网络成瘾等行为经常使教师焦头烂额、疲惫不堪。学生学习动力不足、厌学使得教师常常感觉到教育的无奈。对教师而言,要不断地激发学生的学习兴趣远比其他工作更易让人感到疲倦,管理学生的困难已经成为教师职业压力和倦怠的主要因素。

工作评价的单一性与工作对象的高度差异性之间的矛盾。教师的工作对象是成长中的个体,看上去他们年龄相当、身心发展相似,但实际上学生的知识准备程度、心智发展水平、兴趣和个性特点差异很大。在仅用考试成绩这个唯一受社会认同的指标来评价教师工作的情况下,教师注定要付出比其他职业更多的时间和精力来用于教育和教学,以致造成时间、体力和精力的透支。而且,学生作为具有独立思想和人格的个体,始终处于发展变化的过程中,即便教师能够付出巨大的劳动因材施教,学生在兴趣、态度、价值观等方面的改变也是缓慢的和难以准确评价的。有些时候,学生所发生的改变与教师所付出的努力也并不一定成正比。教育教学效果的不确定性,使教师的付出和回报之间产生了明显的不平衡,因此职业倦怠进一步加强。

期望与现实的差距。教育教学工作是一个长期的过程,取得的成果也需要一定的时间才能显现出来。而且,教学过程是由教师与学生共同来完成的,所以,这些因素导致教师的成功具有不可确定性,职业成就感不像其他职业那么明显。因此,会造成理想与现实的冲突,期望与现实的差距。

(2) 个人因素。教师个体的认识偏差与个体的人格特征也是导致职业倦怠的因素。同样环境下同样工作量的两位教师,一位兴致勃勃,而另一位却可能精疲力竭,原因即在于此。研究表明,某些不良的人格特征,如不现实的理想和期望、较低的自我价值与判断、自信心降低、对自己的优缺点缺乏准确认识和客观评价等都很容易使人产生职业倦怠。那些富有理想和热情洋溢的教师,以及执着地为实现理想而努力工作的教师,也容易产生职业倦怠。因为这些教师对工作过分投入,希望通过自己的努力来提高教育质量,实现自己的价值,但当他们觉得自己对工作的投入与从工作中的所得不匹配时,就可能产生职业倦怠。

(3)学校因素。教育实践表明,学校中缺乏一种良好的组织氛围与教师的职业倦怠有着重要的关系。学校大多采用"家长式"、"一言堂"的管理制度,一些管理人员把自己的职务当官做,对教师缺乏同情心,做事官僚,在处理有关教师的考评、职称评定及兑资等过程中缺乏公开、公平、公正。近年来,学校越来越细化的各种成绩排名,对教师教学的全程的、过度的监控等等,增大了教师的心理压力,扭曲了师生关系,侵犯了教师的人格尊严。另外,居高不下的班级人数、狭窄的办公环境、紧张的工作状态等,都可能会导致教师失去对学校的归属感,渐渐出现职业倦怠。

(4)社会因素。家长过高的期望给教师的教育教学工作带来了巨大的压力。家长面对子女有望子成龙、望女成凤的愿望是可以理解的,但许多家长常常忙于工作或生意,在子女教育问题上往往是疏于管理和沟通,或是"棍棒教育"。一旦子女出现成绩不佳或有其他不良行为时,家长大多怪罪于教师的教育不当。可见,家长过高的期望难免给教师的教育教学工作带来了巨大的压力。

新课程改革(简称"新课改")给教师的工作带来新的压力。近几年来,随着新课改的实行,人们原本认为教育改革能够减少教师的压力,然而,新课改似乎在一定程度上增加了教师的压力。在大力推进课程改革过程中,许多新的思想观念也猛烈地冲击着广大教师,他们在实施新课标的过程中遇到了许多新问题、新矛盾,产生了新的压力。内心原有的对职业的认识与新近提出的新要求产生了矛盾,引起了抗拒的心理。如果不能正确认识和积极适应,则必然会产生消极情绪。全社会还没有真正形成良好的尊师风气。教育投入明显不足,教师的收入与他们付出的艰辛劳动不成比例,教师在与社会其他职业(特别是公务员)的从业人员比较时,会出现不协调的现象。人们虽认识到教育的重要性,但对教师还缺乏真正的尊重,因此,从根本上说,还没有真正形成良好的尊师重教风气,这对在职教师来说,必然会产生职业倦怠。

价值观念多元化的影响。改革开放40年来的社会巨变,使人们价值观念多元化,给人以更多的自由去选择自己的人生。于是,在选择中伴随着各种各样的焦虑与痛苦,使情绪发生波动,加上现实生活条件的不理想,使教师心理波动较大,易出现职业倦怠。

4.教师职业倦怠的控制和缓解

教师职业倦怠不仅仅是一种状态,也是一种长期累积与发展的过程。

要有效地控制和缓解教师的职业倦怠,就需要从个体、学校、社会等各方面采取和谐一致的措施。概括地说,主要有以下三个方面。

(1)教师的努力。

解决职业倦怠离不开个体的努力,教师应对职业倦怠持积极的态度,以便及早解决问题。

正确认识职业倦怠。意识到职业倦怠并不是一生中只发生一次的现象,它可能一次又一次地潜入我们的生活。我们应该识别职业倦怠的症状,并在危害产生之前进行调整,以便恢复平衡。

加强自身修养,坚定教师职业道德信念和理想。首先,坚定教师职业道德信念和理想是职业倦怠的最好"解毒剂"。坚定正确的教育观念和积极的教师信念,培养教师对学生无私的、理智的爱与宽容精神对预防教师职业倦怠是至关重要的。其次,反思是一个预防教师职业倦怠的有效方法。反思指通过对教学经验的反思来提高教学能力,调整自己的情绪和教学行为,从而促进教师心理健康的过程。这种反思不仅仅指简单的反省,还指一种思考教育问题的方式,要求教师做出理性选择,并对这些选择承担责任的能力。反思训练包括每天记录自己在教学工作中获得的经验、心得,并与指导教师共同分析;与专家型教师相互观摩彼此的课堂教学,随后与对方交换看法;对课堂上遇到的问题进行调查研究等。

培养良好的个性特征。改变自己不良的人格特征,提高自我调节能力,以积极的态度和策略应对可能遇到的压力。教师经历的职业压力是产生倦怠的重要前提条件,因此,教师要时刻关注自己所面临的压力,在遇到压力事件时尽快进行调整。教师的教学工作具有复杂而多变的性质,这就使教师要经历多种意想不到的事。一般来说,如果采用积极的应对方式就会变得心情舒畅、乐观主动,如寻求积极的解决问题的方法、请求别人的帮助等。

教师要学会正确认知和评价自己,明白自己也是一个平凡的人,会有七情六欲、喜怒哀乐;了解自己的优缺点,做一个真实的人;正确评价自己的能力和教育教学效果,从而积极对待理想与现实的差距,积极对待自己的工作付出与回报之间的关系,以最大限度地减少不适应心理。

学会疏导情绪。人的基本情绪包括快乐、喜爱、惊讶、厌恶、羞愧、愤怒、悲伤等。教师面对压力和挫折的不良情绪主要表现为容易激动、愤怒,常常感到压抑苦闷,情感减退等,这些不良情绪会影响到教师的正常能力表现,影响人际关系,影响身体健康。而这些负面作用会诱引教师的心理走向职业倦怠。因此,教师要学会在厌恶、愤怒、恐惧等不良情绪严重偏离正常水平时,采取有效手段进行缓解。如合理宣泄不良情绪,或用转移法、幽默法等进行情绪疏导都是适合教师的好方法。

培养健康的生活方式。实践表明,广泛的兴趣、多交朋友、适当的锻炼、合理的饮食和休息等都能减轻压力,提高生活和工作的质量,从而有效预防和缓解职业倦怠。

(2)学校的支持。

教师的职业倦怠是在学校的管理和组织环境下形成的,因此,改善学校的管理和组织环境是解决教师职业倦怠问题的重要内容。

改进学校的管理。一要赋予教师更多的学校决策和管理的参与权。现代社会更加凸显以人为本的理念,学校在教育教学管理过程中应充分体现以教师为本的思想,克服"家长式"、"一言堂"的管理模式,让教师参与学校的决策和管理,这将有助于激发教师的工作热情与动力,从而使教师具有更强的责任感与归属感,有助于减少教师职业倦怠的产生。二要制定合理的教师评价制度。一种合理的教师评价制度,不仅仅是对教师成绩的肯定,对教师劳动的尊重,关键是在很大程度上提高了教师的工作积极性,使整个学校呈现出先进更先进、后进赶先进的良好局面。而不合理的教师评价制度,则可能打击教师的工作积极性,犹如在教师的心上撒了一把盐,其负面影响在短时期内很难消除,从工作中体验不到成就感的教师很容易形成职业倦怠。因此,校方应多了解教师对其评价制度的意见和建议,尽可能地制定出适合本校发展的教师评价制度,从而保护和提高教师工作的积极性,以减少教师职业倦怠的产生。

营造良好的组织氛围。一是安排合适的工作量,严格作息制度。教师的职业倦怠与工作压力有直接的关系,因此,校方在学期初教师工作量安排上,既要考虑专业对口、教师的适应能力,又要考虑量的合适性。此外,应严格遵守作息制度,减少或杜绝无休止的加班加点,给教师充足的休息时间。二是经常倾听教师的意见和建议。学校各级管理人员尤其是校长应把工作重心下移,经常性地深入教师中去,与教师近距离接触,了解教师的意见和建议,并提出切实可行的整改措施,以更大程度地满足教师的需要,这种做法不仅可以提高学校管理的有效性,而且会使教师深感尊重和温暖。三是开展校内教育教学研讨活动,解决教师工作上的困惑。面对"新课改"如何加强素质教育和创新教学,面对新时期学生中出现厌学等一些不良行为如何进行教育等,学校应经常性地开展校内研讨活动,促进教师相互探讨、相互交流、相互学习,提高教师解决困惑的能力。来自同事的工作支持以及情感支持能够提高个人成就感,降低压力感和倦怠感。四是开展各种文体活动帮助教师释放压力。学校在制订学期工作计划时应考虑安排教师的文体活动。教师参加文体活动,既能强身健体,又增加了同事之间交流的机会,丰富了课余生活,还可以释放工作上的压力,降低倦怠感。

提高教师的师德水平,促进教师的专业成长。心理问题与人的理想、道德有很大关系。一个教师道德高尚,在工作中有理想、有向往、有追求,就会有明确的奋斗目标,事业心、责任心就很强,工作的动力就很大,这样的教师在工作中就会情绪饱满、乐观,就不容易感染不良情绪;反之,一个教师道德水平不高,在工作中没有理想、没有向往、没有追求,就没有明确的奋斗目标,工作的动力就小,容易产生不良情绪。因此,提高教师的师德水平可以有效缓解教师的职业倦怠。

教师的成就感提高有利于防止职业倦怠,而教师的成就感与教师的专业能力是分不开的。作为教师必须具有一定的专业素质、专业能力和专业知识,但仅仅停留在现有的能力和水平上是不够的,教师的专业需要不断成长,专业能力需要不断提高。学校应开展系列培训和实践活动,鼓励教师参加继续教育和各种在职进修活动,帮助教师正确进行教师职业生涯规划,从而促进教师专业水平的不断增长和专业技能的不断提升。

(3)社会的支持。

教师职业被人们赋予很高的社会期望,教师承担着培养未来接班人的重任。担当如此重要的任务,责任感、使命感、义务感便油然而生。这一方面是动力,另一方面也是压力。要使这种压力保持在适当的水平,从而缓解高压力带来的职业倦怠,社会的支持非常重要。

首先,要形成尊师重教的社会氛围。一方面,学生家长要尊重教师的劳动,对教师寄予合理的期望,在教育子女方面,要配合学校的教育,承担起应有的家庭教育责任。另一方面,国家和政府要把提高教师的社会和经济地位落到实处。中共中央、国务院《关于全面深化新时代教师队伍建设改革的意见》(2018年1月20日)已明确提出要完善中小学教师待遇保障机制,健全中小学教师工资长效联动机制,核定绩效工资总量时统筹考虑当地公务员市级收入水平,确保中小学教师平均收入水平不低于或高于当地公务员平均工资收入水平。这些措施的落实都有助于降低工作压力、减轻职业倦怠。

其次,高质量的培训是缓解教师职业倦怠的重要途径。一方面,教育行政主管部门在组织新教师职前培训时,应重视培养新教师对教师职业特性的认识,同时,还应把处理压力和职业倦怠的策略和技巧教给教师,使他们对未来可能面临的压力有充分的心理准备。另一方面,政府要加大投入,不断完善教师的职后培训和继续教育,不断提高在职教师的教育教学水平和创新能力,提高教师的职业责任感。此外,还应建立教师心理测评制度,及时地发现问题、解决问题。

五、正确进行教师职业生涯规划

许多教师感觉自己整天在忙忙碌碌,可是几年下来后,却没有什么收获,反而迷失了追求的目标。也有不少教师对自己要达到什么目标、通过几个阶段达到自己的目标、现在自己处于什么阶段等问题,脑子里往往是模糊的、不清楚的,有的甚至从来就没有这样考虑过。表现在工作上,就是听从领导安排,以完成任务为目标,没有多少自己的追求,态度比较被动;当工作不满意时,往往归因于外部的环境制约,认为自己尽了力,没有办法克服困难。职业生涯规划,正是解决教师行为的盲目性的较好的方法。

所谓教师职业生涯规划,是指教师根据自身的现实条件与发展潜力、外界机遇与制约因素,确定自己的职业发展方向、职业发展目标,制定发展计划、学习计划以及实现职业生涯目标的具体行动方案。

(一) 教师职业生涯规划的作用

1. 对教师个人的作用

(1) 有利于帮助教师确定职业发展目标,制订行动计划,有效地实现自我价值。有着明确的职业发展目标可以激励教师积极创造条件,充分挖掘和最大限度地发挥自己的潜能,鞭策个人努力工作,有条不紊地完成计划目标,增加成功的可能性,从而有效地实现个人的自我价值和社会价值。

(2) 有利于促进教师自身的提升,不断适应新时代社会发展的需要。现代社会知识更新速度加快,科技水平突飞猛进,全球性的网络使得知识来源多渠道化,教育理念不断在创新。这就要求我们教师要与时俱进,更新教育理念,更新知识结构,扩大知识领域,不断地学习现代教育技术,运用现代化的教育教学手段提高教学工作效率。因此,加强教师的职业生涯规划,不断地提升自身的能力,尤为重要。

（3）有利于帮助教师克服职业倦怠,提高成就感、幸福感和满意度。当教师对自己的职业发展有自己的设想,并能按照这个设想完成自己的发展目标时,他们就会有很高的成就感、幸福感和满意度,从而会更有效地投入工作,有利于克服教师的职业倦怠。

2. 对学校的作用

一位教师一旦进入工作岗位后,他的职业生涯规划就不再是他个人的事情,学校会积极地参与到这一过程中去。学校通过对教师职业生涯的管理,不仅能保证教师的需要,而且能使学校的人才资源得到有效开发。

职业生涯管理能使教师的个人兴趣与特长受到学校的重视,提高教师工作的积极性,合理挖掘教师的潜能,有效开发学校的人才资源。同样,学校在了解教师的职业兴趣以及他们对成长与发展的方向的要求后,会结合学校发展的需要,合理地指导教师进行职业生涯规划,增强学校的有效人力资源,使学校更适合社会发展和变革的需要。

（二）教师进行职业生涯规划的基本步骤

1. 充分的自我认识

教师职业生涯规划从自我认识（或自我评价）开始,了解自己是教师职业生涯规划的首要步骤。只有充分认识自我,才能确定职业生涯方向和路线,合理设定职业生涯目标。自我认识包括对自己的兴趣、爱好、特长、性格、学识、技能、智商、情商以及组织管理、协调、活动能力等的认识或评价。

2. 了解教师职业生涯的发展阶段

近年来,许多学者致力于教师职业生涯发展的研究,提出了一些理论。美国学者费斯勒将教师职业生涯分为八个时期:职前期、入职初期、能力建构期、热情成长期、职业挫折期、职业稳定期、职业消退期、职业离岗期。[1] 这八个时期与我国教师的职业生涯发展基本吻合。

（1）职前期。这是教师特定职业角色的准备阶段,即教师的培养时期,主要是指师范院校学习阶段。从师范生角色过渡到教师角色有一个重要的环节,这就是教育实习阶段。学生在教育实习阶段不断弥补不足、完善自己,促使自己不断朝着理想教师的目标迈进。

（2）入职初期。入职初期指教师受聘于某所学校的最初几年。青年

----

① ［美］费斯勒:《教师职业生涯周期》,中国轻工业出版社,2005年版,第40～41页。

教师刚刚步入学校时,拥有的书本知识较多,实践经验缺乏,从总体上说专业化水平还比较低。此时,他们关注自己在陌生环境中能否生存,关注自己能否适应或者胜任学校的教育教学工作。因此,这一阶段要拜师学习,逐渐熟悉备课、上课、辅导、批改作业、考试测验等教学常规性工作;通过课堂教学,不断地把教学知识转化为教学能力,从而在三尺讲台上"立住脚"。

（3）能力建构期。在这个阶段,教师练就了教学基本功,如教师的"二字一话一机"（粉笔字、钢笔字、普通话、计算机）等一般基本功;备课、上课、批改作业、辅导、测验等常规基本功;处理重点、难点等课堂教学基本功;分析和了解学生、管理学生的基本能力。教师在此过程中形成了过硬的基本功,具备了独立的教育实践能力,成为胜任学科教学的教师。这个阶段的教师容易接受新观念,积极参与各种培训和教学研讨活动。这一阶段的工作富有挑战性,教师渴望提高自己各方面的业绩。

（4）热情成长期。这个阶段的教师在能力水平建立以后,热情不断成长,并能持续不断地追求自我实现。他们不仅能够愉快地胜任教学,而且能够准确地分析学生,班级管理比较自如,自我成就感不断增强。这个阶段教师的主要特征是充满热情,工作积极主动,不断充实、丰富教学方法,有高度的工作义务感,持有较高的工作满意度。

（5）职业挫折期。这个时期的典型特征是教师对教育教学的高期望受到挫折,教师的职业满意度和工作热情明显下降。不少教师随着工作满足感的减弱和自我成就感的降低,开始对自己为什么从事教育工作提出疑问,并产生了工作动力的危机,称之为"职业倦怠期"。这一时期的教师感觉到,他们难以从日复一日的教育教学工作中获得乐趣,经常有力不从心之感。尽管这种挫折感大多出现在职业生涯的中期,但当教师长期处在各种社会压力和教育矛盾中,不能有效应对和调适时,就会产生自我挫折感。

（6）职业稳定期。这个阶段是教师职业生涯的高原期,缺乏激情和挑战性是这一时期的突出特点。这一阶段的教师满足于已有的经验和技能,就此裹足不前。工作上维持现状,缺乏激情,抱有"做一天和尚撞一天钟"的态度,只求无过、不求有功。

（7）职业消退期。这个阶段是教师准备离开教学岗位前的低潮时期。不同教师在这一阶段的表现是不同的。有些教师回顾过去,桃李春风,满心喜悦,他们曾经有过辉煌的教学成绩,有着美好的回忆,期待着功成身退,享受退休后的自由与洒脱。另有一些教师,因一事无成,苦楚忧虑,有着离开教学岗位的失落感,也有一种没有成就事业的牢骚、抱怨和忧郁。这个时期也许是几年,也许是几个月或几周。

(8) 职业离岗期。这个阶段是教师离开教学生涯以后的一段时期。在这一阶段,教师要学会适应离岗的现实,在兴趣、家庭、社会活动和工作方面寻找到新的满足源和支撑点,学会利用教师的技能和专业知识继续自己的职业后生涯。

3. 分析成长环境

分析成长环境,目的在于了解环境特点,分析对自己成长有哪些有利或者不利的方面,以便确定自己的职业目标和成长的方法。所分析的环境应该包括:

(1) 社会环境。分析个人处在一个什么样的时代;当代的政治、经济、社会、科技、文化有什么样的特点,这些特点对我们的职业和工作提出了哪些要求,提供了什么样的有利条件,提出了哪些挑战,给自己的工作和发展带来了什么机遇;本地区的社会环境有什么特点,对自己的工作和发展有什么样的影响等。

(2) 学校或幼儿园环境。分析所在的学校或幼儿园是一个什么类型和水平的学校与幼儿园;它有哪些有利条件和不利条件,它给自己的工作和发展带来什么样的影响,对有利的条件,自己是否充分利用了,对不利条件,自己能否克服和避免;学校的物质环境、人际关系环境、信息环境如何等。

(3) 家庭环境。分析原来的家庭是什么家庭;它给自己的成长带来了什么样的影响;配偶对自己的工作是否支持;家庭的经济条件和文化氛围对自己的工作与发展有什么样的影响;自己能否克服不利的影响等。

4. 确定职业生涯发展方向和路线

在确定教师职业后,还必须思考自己的发展方向和路线问题,即走行政路线,向行政方面发展,还是走专业技术路线,向专业方面发展等。发展路线不同,其技能要求也就不同。

5. 设定职业生涯目标

教师职业生涯目标是个长期的目标,它可以分解为多个近期目标,通过逐步实现近期目标,才能够最终实现长期的目标。大目标分解成小目标,才可以轻松地完成目标。有些老师不愿制定职业生涯规划,因为他们害怕做出具体的决定,选定一个目标,就意味着放弃追求其他目标的机会,而且他们害怕假如达不到目标,会对其自我理想造成打击。

　　职业生涯目标包括工作或职称、职位目标,教科研目标,学历、学位进修目标等方面内容。如某个刚刚踏入小学的青年教师设定如下工作目标:1~3 年目标:合格教师;3~5 年目标:优秀教师;5~7 年目标:教学能手;7~9 年目标:特色教师;9~12 年目标:特长教师。

　　6. 制定行动计划与措施

　　职业生涯目标设定后,接下来就是制定实施计划(包括阶段的划分以及步骤的安排),通过实际行动达成目标。这里所指的行动,是指落实目标的具体措施。

　　7. 评估与完善

　　影响职业生涯规划的因素很多,有的因素是可以预测的,而有的因素却难以预测。在将职业生涯规划逐步变成现实的过程中,在很多情况下,理论上可行的,实践中未必可行。另外,还有许多自己不能完全把握的东西也会干扰计划的实施,在这种情况下,还需要根据具体情况灵活地应对。因此,要使制定的职业生涯规划行之有效,就需要不断对其进行评估与修订。

第三节　教师职业道德修养的原则

用爱心托起明天的太阳[①]

　　2017 年全国教书育人楷模评选活动中,新疆维吾尔自治区喀什地区巴楚县多来提巴格乡幼儿园园长艾米拉古丽·阿不都被评为全国教书育人楷模。

　　从事幼教事业,是艾米拉古丽一直以来的梦想。在 2009 年 9 月,她被任命为多来提巴格乡双语幼儿园园长,这让她梦想的火花得以绽放。从此,本着"一切为了孩子"的宗旨,她走上了艰苦创业的开拓之路。

　　艾米拉古丽一贯遵循"以情感人、以德育人、以理服人"的管理理念。她爱孩子、爱家长、爱教师,总是以真诚的态度、坦诚的交流去赢得孩子的信赖、家长的尊重、教师的支持。艾米拉古丽捧着一颗"真心"对孩子,她

---

　　① 来源:《中国教育报》,2017 年 9 月 15 日。

牢记"身教重于言教"的信条。在入园的孩子中,有不少单亲家庭的孩子和困难家庭的孩子,对这些孩子,艾米拉古丽给予了他们比其他孩子更多的关注。

为了幼儿园的孩子,她舍弃了陪自己孩子。在"维稳"工作的严峻形势下,值班任务重,她就把仅仅2岁半的儿子送到300公里外的父母家中,为此,父母和丈夫曾经不解,但最终还是被她的敬业精神感动,最终给了她全力的理解和支持。她领导全园教职员工齐心协力,通过加大宣传力度,提升保教质量,走村串户家访,邀请家长观摩、参与保教活动等一系列措施,解决了幼儿生源不足以及家长不送孩子来幼儿园上学的问题。她常说:"一切都是为了孩子,我做的没有什么,老师们更辛苦。"

导入思考

1. 艾米拉古丽园长的爱心体现在哪几个方面?

2. 为了幼儿园的孩子,艾米拉古丽把2岁半的儿子送到了300公里外的父母家中,这体现了师德修养的什么原则?

一、知与行统一

所谓"知",是指对教师道德的认识及其在这一基础上所形成的观念等,这是师德修养的前提。所谓"行",是指行为,即教师把职业道德的理论认识付诸行动,这是师德修养的目的。

在道德修养中,要求"知"和"行"是统一的。荀子说:"不闻不若闻之,闻之不若见之,见之不若知之,知之不若行之,学至于行之而止矣。"这是强调知和行的统一,而且把知的终极目标落到行上来。在教师职业道德修养中,一个教师如果缺乏必要的道德知识,连起码的道德善恶、是非也分不清,不知道哪些言行与自身职业相符合,哪些言行与自身职业相违背,是不可能形成正确师德观念的。假如"知之而不行,虽敦必困",也就是说,你学得再好,掌握的知识再多,却不能指导自己的实践,必然会陷于困境。明代思想家王阳明认为,人们的道德理论、道德意识必须与自己的道德行为相一致,做到"言行一致""笃实躬行"。因此,一个教师仅仅学习了师德理论也并不能说明他具备了某种道德品质,如果只学不用、只说不做或者言行不一,说得冠冕堂皇也只能是徒有其名,培养高尚的师德品行只是一句空话。伟大的教育家孔子说过:"德之不修,学之不讲,闻义不能徙,不善不能改,是我忧也。"由此可见,注重知行统一,是中国传统道德修养的重要准则。

2014年1月,习近平总书记在中央党的群众路线教育实践活动第一批总结暨第二批部署会议上讲道:贯彻党的群众路线,"知"是基础,是前提,"行"是重点、是关键,必须以知促行、以行促知,做到知行合一,既解决认识提高问题,又解决行动自觉问题,使群众观点、群众路线落地稳、扎根深,落实到每个党员行动上,贯彻到治国理政实践中。① 习近平总书记强调的"知行合一"对师德修养具有重要指导意义,坚持知行统一的原则,就是要把学习道德理论、提高道德认识同自己的行动统一起来,使理论与实践相结合。教师在师德修养过程中更要注重品德实践,自觉培养道德行为习惯,真正成为道德的高尚者。总之,只有坚持知和行的统一,才能真正提高师德修养。

二、动机与效果统一

所谓"动机",就是趋向于一定目的的主观意向和愿望。它是意识到的行为动因,即激励人们行动的主观原因。所谓"效果",就是人们行动所产生的客观结果和后果,它是人的行为的客观记录。

动机和效果是人的行为互为存在、互为转化的两个要素。动机是人的行为的思想动力。离开动机,就不会有行为的发生,也就谈不到什么效果。效果反映一定动机,动机本身就包含着对一定效果的追求并指导行为达到一定的效果。动机体现在效果之中,并通过效果去检验。动机作为主观东西,只有转化为效果才实现其作用,否则就成了一种毫无意义的空想或假想。效果又是不断产生新的动机的基础。

教师职业道德的修养过程同样是动机和效果相互依存、相互转化的过程。教师职业道德修养的动机来自对社会、对职业、对学生所负的责任,来自对师德修养意义和作用的理解。作为教师应时时意识到自己的职业对象是活生生的人,意识到自己不仅担负着向下一代传授科学文化知识的重任,而且负有向学生进行思想品德教育的职责等等。当教师把这些认识和理解转化为自己的迫切需要和强烈欲望时,就形成了加强师德修养的内在动机。教师要真正担负起为人师表、教书育人的职责还必须把内在动机转化为行动,用教师道德的基本原则规范自己的言行,将它

---

① 来源:中国政府网 www.gov.cn,2014年1月20日。

运用于自己的工作和生活实践中，以提高实际效果。

坚持动机和效果的统一。教师要不断进行道德理论和知识的学习，加深对师德修养意义和作用的理解，不断增强修养的动力；同时要善于通过各种方式把良好的道德动机转化为实际行动。在动机和效果的统一上实现师德境界的升华，既重视动机，又重视效果，才不会成为"说话的巨人，行动的矮子"。在动机和效果的统一上对自己提出比较全面的要求，是师德修养中必须坚持的。

三、自律与他律结合

所谓"自律"，是指自我控制，是指教师依靠发自内心的信念对自己教育行为的选择和调节，自觉主动地内化道德的有关原则、规范和要求，并自觉地付诸行动。所谓"他律"，是指教师在接受职业道德的有关原则、规范和要求的过程中，其意志受到外在因素的干扰和驱使，凭借外在动力对行为进行的调节和控制。

自律和他律的关系，实质上就是内因和外因的关系。他律是教师进行道德修养的外在动力，外因是事物变化发展的外部力量，任何离开他律直接通向自律的修养都是不现实的、不客观的。外在舆论压力、外在的监督力量等往往对个人的道德行为产生约束作用，久而久之，一些道德要求会逐渐由被动型接受转化为主动型消化。他律要求教师主动接受各种师德教育，提高师德认识，陶冶师德情感，锻炼师德意识，规范师德行为。教师要主动接受社会和舆论的监督，自觉依靠各种制度、纪律等外在压力来规范自己、约束自己。自律是教师进行道德修养的内在动力，内因是事物发展的动力，是事物变化的根据。自律依靠自身的内心信念来实现，这种内心信念是促使教师自觉修养的动因，在师德修养中，教师自身的内因——内心信念是起决定作用的因素。一个教师只有真正懂得了师德要求的重要性，只有发自内心地对人民教师道德义务真诚信服和具有强烈的责任感，才会在教育实践中恪守人民教师的道德要求，并会由于自己在教育活动中履行了某种道德义务而感到一种精神上的愉悦和满足，形成一种信念和意志，在今后的教育工作中勇于坚持这种行为。有了内在的师德信念，教师一旦发现自己的行为不合乎师德要求，即使没有受到别人的指责和舆论的批评，也会受到自己"良心"的责备，感到羞愧不安，对自己的行为做出自我批评，从而纠正错误的行为，尽力避免在今后再发生类似的事。因此，自律是师德修养的内在基础，是任何其他力量都不能代替的。

　　总之,教师职业道德的修养既要用外在因素进行自我约束,又必须发挥主观能动性,做到自律和他律的结合。

四、继承与创新结合

　　中华民族历来十分重视道德修养,从倡导"克己""养心""慎独"到强调"诚意""正心""修身""齐家",自古及今,一代又一代甘于默默奉献的教师总是以自己高尚的德性,为学生做出表率,服务于社会。

　　21世纪的今天,面对现代社会的巨大变迁,传统精神遭遇现代观念的巨大挑战,当代教师仍然要不断地继承和弘扬先哲师德的优秀传统,汲取我国几千年优秀的教育文明成果。但是,在世界经济全球化、世界格局多极化的发展趋势下,随着知识经济的到来和科技迅猛发展,特别是网络信息技术的普及与发展,要求今天的教师还应具备创新精神和科学精神。在师德修养中,要做到创新与继承同行。

　　习近平总书记2013年10月21日在欧美同学会成立100周年庆祝大会上的讲话中指出:"创新是一个民族进步的灵魂,是一个国家兴旺发达的不竭动力,也是中华民族最深沉的民族禀赋。在激烈的国际竞争中,唯创新者进,唯创新者强,唯创新者胜。"[①]师德同样需要不断发展、不断创新。因此,在进行师德修养过程中,我们要始终坚持继承优良传统与弘扬时代精神相结合的原则,既要继承中华民族几千年形成的师德传统,又要积极借鉴世界各国师德建设的成功经验和先进成果,使教师职业道德修养既体现优良传统,又反映时代特点,才能在师德修养上达到一定的高度,登上一个又一个时代的高峰。

第四节 | 教师职业道德修养的方法

　　明朝有一个名叫黄绾的人,一心想按照封建道德标准培养自己的道德品质,于是便遵照宋朝理学家程颐、程颢和朱熹所倡导的一套儒家"修养"经去做。他经常把自己关在家中,闭门思过。每当发现自己有什么不

---

　　① 来源自:中国政府网 www.gov.cn。

符合封建道德标准的思想品质时,便痛心疾首地罚自己10天中整日不吃饭、整夜不睡觉,甚至罚自己下跪、自己打自己等。他在一个本子上用红笔记载自己符合"天理"即封建道德标准的思想,在另一个本子上用黑笔记载自己发自"人格"(即所谓与封建道德势不两立的各种要求)的念头,每隔10日作一次小结,看看自己的修养效果。不但如此,他还用木牌写上自己应该时时加以注意的缺点,拴在手臂上,不时地拿出来反省;把"修养"之经书藏在袖中,时常翻阅,作一番自我警告。黄绾的修养之意不可谓不诚,心不可谓不切,但结果怎样呢?他这样刻苦地做了许多年,到头发全白了,仍然觉得收效不大,有时候虽然可以使自己的行为得到约束,但心中的不正当念头却不能消去,"未足以纯德明道"。他只好发出悲叹了。①

导入思考

1. 黄绾的道德修养方法为何收效不大?
2. 黄绾的道德修养方法对今天有没有借鉴意义?

一、加强学习

习近平总书记在全国高校思想政治工作会议上强调,教师是人类灵魂的工程师,承担着神圣使命。传道者自己首先要明道、信道。高校教师要坚持教育者先受教育,努力成为先进思想文化的传播者、党执政的坚定支持者,更好担起学生健康成长指导者和引路人的责任。加强学习,是教师职业道德修养的基本前提。教师要加强职业道德修养,提高自身道德水平,就必须通过多种途径和方式进行学习。

(一)学习马克思主义的基本理论

马克思主义是形成无产阶级世界观、人生观和道德观的理论基础,毛泽东思想、邓小平理论、"三个代表"重要思想、科学发展观、习近平新时代中国特色社会主义思想是马克思主义在中国不同时期的新发展,它们是教师职业道德的理论基础,是新时代的师德区别于一切旧师德的理论依据。不掌握这些理论,就不可能科学地认识社会,认识人与人的关系。教

---

① 中华人民共和国教育部编:《教师职业道德》(2003修订版),新华出版社,2003年8月,第286~287页。

师只有认真学习这些理论,才能深刻地理解和掌握教师职业道德的精髓,自觉地而不是盲目地履行教师职业道德的规范,做道德高尚的人民教师。同时,马列主义、毛泽东思想、邓小平理论、"三个代表"重要思想、科学发展观、习近平新时代中国特色社会主义思想是我们改造客观世界和主观世界的强大思想武器,教师只有认真地、自觉地、系统地学习这些理论,才能掌握科学的世界观和方法论,确立社会主义、共产主义的世界观、人生观和价值观,才能从根本上明确师德修养的指导思想和方向。

(二) 学习马克思主义伦理学知识

马克思主义伦理学是研究道德的起源及其发展规律的科学。学习马克思主义伦理学可以帮助教师更深刻地理解师德要求的客观依据,加深对师德修养意义的认识,掌握师德修养规律,深刻认识师德要求的必然性、合理性,从而提高师德修养的自觉性。

在学习马克思主义伦理学知识的同时,要学习和理解教师职业道德的理论、原则和规范,提高对教师职业道德的认识,明确教师职业道德修养的目的和方向,把握教师职业道德修养的要求。学习这些理论会帮助教师了解人类道德形成和发展的规律及其趋势,进而明确师德修养的目的、意义、途径和方法,以增强师德修养的自觉性和主动性。

(三) 学习教育科学理论

教育科学理论是人类长期的教育教学实践经验的概括和总结,反映了教育科学过程的客观规律。学习教育科学理论,有助于教师进一步了解教育的本质、目的和规律,树立正确的教育观念,掌握科学的教育方法,克服教育教学活动中的盲目性;同时还有助于教师自觉遵守教师职业道德规范,积极履行教师义务,做到敬业、乐业、勤业,把师德修养落实到具体的教育教学实践中。

(四) 学习自然科学知识

列宁说过:"只有用人类创造的一切财富来丰富自己的头脑,才能成为共产主义者。"这不等于说科学的知识就等于道德。但我们要看到自然科学知识对道德品质的形成和发展所起的作用,尤其是现代科技的发展为教师的师德修养提供了认识的基础和便利的条件。学高为师,那些登上最高道德境界的人们,无一不是以科学知识为自己思想支撑的。作为人师的教育者,只有不断地学习科学知识,才能丰富教师道德修养的内涵,才能促进自身道德修养的提高。

(五) 向具有高尚师德的教育者学习

教师在师德修养过程中,要注意把学习科学理论与学习古今中外进步的教育家和优秀教师的思想和事迹结合起来。在人类教育史上,历代进步的教育家和优秀教师在自己的教育和道德实践中,形成了许多传统美德,留下了不少值得仿效的师德风范,这是人类宝贵的精神财富。现实生活中,一些优秀教师长期扎根农村,忠于职守,艰苦创业,终身乐教,爱生如子。有的痴心于教育事业,多次放弃转行、晋升机会,心甘情愿、无怨无悔地献身教育事业。先进人物的优秀事迹都是道德理论的具体化,他们的事迹鲜明生动,具有感染力,他们身上集中体现了教师的优秀品格和献身精神。如果我们每个教师都能根据自己的实际,博采古今师德精华,就能帮助自身不断地增强师德意识,激发师德情感,升华师德境界,提高师德修养水平。

(六) 学习教育政策与法规

国家的教育政策指明了教育改革和发展的方向,是办好学校、做好教育工作的重要依据。因此,学习国家的教育政策,了解其内容和要求,严格遵守和贯彻执行,是教师道德修养不可缺少的重要内容。

教师在学习、了解和贯彻执行国家的教育政策的同时,还必须学习、了解并贯彻执行国家的教育法律法规,做到依法执教,杜绝以教谋私、以罚代教等现象发生。

二、注重实践

教师加强职业道德修养,既需要科学理论的指导,更离不开道德修养的实践。对教师来说,参加教育教学实践是提高自身职业道德修养的根本途径。

教师的道德品质不是先天形成的,也不是仅仅靠闭门思过就能造就的,正如"玉不琢,不成器"一样,教师必须把获得的理论知识和师德要求,通过自身的教育教学实践活动转化为自觉的行为,才能完成修养的全过程。教师在教育教学实践活动中能否做到为人师表,能否关爱学生,能否处理好师生关系、同事关系等等,都必须在教育实践中躬行。只有通过教育实践,教师才能将所学的理论知识应用于实践,也只有在自己的教育实践活动中,才能发现个人师德方面的某些不足,并努力在实践中克服和纠正,使自身更加趋于完善。教师只有在自己的教育实践活动中,才能更好地运用师德理论、原则和规范,把其逐渐变为自己的思想和行为。这种实践愈持久和深入,良好的道德品质就越巩固,正如俗话所说:"不经风雨,长不成大树;不受百炼,难以成钢。"

总之,加强师德修养,关键在实践。它是检验师德修养的标准,是推动师德修养水平不断提高的动力,也是教师师德修养的目的和归宿。

三、内省与慎独

内省是慎独的重要前提。坚持内省和慎独,是教师职业道德修养的重要方法。

(一) 内省

孔子的学生曾参说:"吾日三省吾身,为人谋而不忠乎？与朋友交而不信乎？传不习乎？"强调每天都要对自己的思想进行反省检查,以求在道德上能不断进步。我们所进行的教师道德修养虽与封建道德修养有着本质的不同,但可以批判地接受这种修养方法。

内省,是指教师严格按照教师职业道德的要求,经常对自己在教书育人过程中的思想和行为进行自查,并对不符合要求的思想和行为进行严肃的自责和及时的纠正。内省的实质是要求教师在进行职业道德修养中,必须经常反思自己的行为,检点自己的作风,坚持对的,改正错的,使自己的思想和行为符合教师职业道德的高标准、高要求。

内省作为师德修养的有效途径,对于当今教师加强修养尤为重要。在深化改革扩大开放的新形势下,无论是西方渗透进来的资本主义意识形态的腐蚀作用,还是市场经济固有的负面影响,都会不可避免地反映到教师队伍中来。同时,在教师职业道德修养中总是充满着新旧道德观的斗争,这种斗争又在同一个人的头脑中进行,教师要以师德的原则和规范去消除消极影响,去战胜自己头脑中旧道德的思想残余,进行自我解剖、自我批评。

(二) 慎独

"慎独"源于儒家经典《礼记·中庸》:"道也者,不可须臾离也,可离非道也。是故君子戒乎其所不睹,恐惧乎其所不闻。莫见乎隐,莫显乎微,故君子慎其独也。"意思是说道德原则是一时一刻也离不开的,要时刻检查自己的行动,警惕是否有什么不妥的行为而自己没有看到,害怕别人对自己有什么意见而自己没有听到。因此,一个有道德的人在独自一人、无人监督时,要谨慎不苟,决不因处事隐蔽而放纵,决不因私心萌动而不觉。慎独要求一个人在单独活动、无人监督的时候,也能坚持自己的道德信念,自觉地按照一定的道德原则和道德规范去行动,而不做任何不道德的事。

慎独是人对自律意识的培养,是道德修养的一种有效途径,也是个人道德修养的最高境界。做到慎独是很重要的,同时又是极不容易的。这要经历一个由不十分自觉到自觉的过程,是一个不断进行思想斗争和锻炼的过程。如果不能养成慎独的品质,在自己内心深处为不道德的东西保留一块合法的小天地,天长日久,必定危害他人、危害集体、危害社会。教师所从事的劳动基本上是个体性劳动,因此教师在进行职业道德修养中更应当把慎独作为一种十分有效的修养途径和方法。

慎独贵在自觉,贵在坚持。当一个教师处于学校组织、教师集体和学生群体的监督之下时,往往都比较注重自己行为的影响。但是,当一个教师处于周围无人知晓其教师身份的环境中时,要做到为人师表,就必须有高度的"慎独"自觉性。教师在职业道德修养中要达到这一最高境界,应着重从以下三个方面下工夫:

(1)坚定崇高的职业道德信念。教师只有牢固树立崇高的职业道德信念,才能在即使别人看不见、听不到的情况下,仍能自觉地做到"非礼勿视,非礼勿听,非礼勿言,非礼勿动"。

(2)从小事做起,持之以恒,坚持不懈。我国古代哲学家荀况在其名作《劝学篇》中指出:"积土成山,风雨兴焉;积水成渊,蛟龙生焉;积善成德,而神明自得,圣心备焉。故不积跬步,无以至千里,不积小流,无以成江河。"在他看来,只要不断努力,不惜从一点一滴做起,循序渐进,坚持量的积累,就有质变的可能。在师德修养过程中,教师只有用持续的"积"的方法,才能逐步具备高尚的教师道德品质。

(3)防微杜渐,不放纵自己。三国时代的刘备在他的遗嘱里叮嘱儿子"勿以恶小而为之,勿以善小而不为",指的就是防微杜渐的修养方法。在教师道德修养领域,善恶之别,泾渭分明。善虽小,仍然不失其为善;恶虽小,也终究是恶。在错误中,人们最易疏于防范的便是"小恶"。一般来说,当一种错误言行在微小或萌芽状态时,比发展到严重程度时要容易纠正。但小的错误又往往不被纠正,原因是它易被人忽视或不易察觉。因此,修养的大忌是放纵自己,而放纵自己往往是从"小事"开始。常言说:"千里之堤,溃于蚁穴。"所以,一个教师对自己的任何不符合教师道德的言行,一旦察觉,都务必注意克服,将其消灭在萌芽状态之中。

师德修养实际上是教师道德认识、情感、意志、信念、行为和习惯诸要素从无到有、从低到高、从旧质到新质的矛盾运动过程,这就决定了它是一个长期的、艰苦的过程,需要教师做到长期的、坚持不懈的努力。

练习与探究

1. 为什么要加强教师职业道德修养？

2. 教师职业道德修养应包括哪些内容？

3. 教师职业道德修养的原则有哪些？

4. 简述教师职业道德修养的途径和方法。

5. 拓展性活动：

阅读下列材料，思考和回答下列问题。

为当一辈子小学教师而感到由衷的自豪①

当代著名教育家，全国首批特级教师，"爱的教育"的倡导者和实践者，88 岁的霍懋征老师在 2010 年春节来临的时候，悄悄离别了人世。霍老师 1943 年踏上小学讲坛，再也没有离开过这个平凡的岗位。从教 60 多年来，她为国家培养了大批优秀人才，为我国的教育事业做出了卓越贡献，她是教育战线上的一面旗帜，是教师的楷模，是一代师表。她为当一辈子小学教师而感到由衷的自豪。2010 年 2 月 20 日，教育部发出全国教育系统向霍懋征同志学习的《通知》。

《通知》要求全国广大教师学习她终身从教、矢志不渝的坚定信念。1943 年毕业后霍懋征放弃了留北京师范大学任教的机会，毅然到北师大第二附属小学（现北京第二实验小学）任教，终生从事小学教育事业。面对多个上级部门和单位的调动要求，她都婉言谢绝，从没有离开过学生和教师。"文化大革命"期间，她受到不公正对待。恢复工作后，她不易其志，继续从事着她心爱的小学教育事业。1998 年退休后，霍懋征同志仍心系教育，她不顾年迈，先后到新疆、甘肃等多个省份讲学、上示范课，把多年积累的教育教学宝贵经验毫无保留地奉献给人民。

学习她以爱执教、文道统一的教育思想。"没有爱就没有教育"，是霍老师教育思想的精髓，是她教育的活力和源泉，是她追求的目标和境界，也是她一生的座右铭。她热爱学生、尊重学生、关心学生，对所有学生一视同仁、有教无类，从无偏向和歧视，坚持把真诚的爱给予每个学生。坚持把语文教学与思想教育、审美教育统一起来，教书育人，寓德于教。

学习她孜孜不倦、勇于进取的创新精神。霍老师是一位自觉而勇敢

---

① 选自《中国教师报》，2010 年 3 月 3 日。

的教育改革实验者,是新中国历次教育改革的带头人和成功经验的创造者,是20世纪50年代就蜚声全国教育战线、具有影响力的教育家之一。她曾积极参加了汉语拼音的试教、拼音教学经验和五年一贯制改革等教改经验的推广工作,一直指导并参与小学语文教材的编写工作。她教艺精湛,具有非凡的教育智慧,探索出在减轻学生负担的前提下提高教育质量的途径。20世纪50年代她就形成了自己独特的教学法,在不断总结经验的基础上,进一步提出了"数量要多,质量要高,速度要快,负担要轻"的十六字教改方针,把着眼点放在提高课堂质量、开发学生智力、激发学生学习兴趣、培养学生学习能力上。改革开放以来,她深入实施素质教育,积极在小学语文教学中进行创新教育,开发学生的创新意识和创造潜能,努力为培养全面发展的具有良好素质的创新型人才打好基础。

(1)霍懋征老师去世的消息传出,从党和国家领导人到全国各地众多相识、不相识的校长、老师,都以自己的方式表达了对霍老师去世的哀悼和追思。一位小学老师,为什么有着如此巨大的魅力和影响? 为什么会赢得如此崇高的尊重和殊荣?

(2)霍懋征老师在60多年的教学生涯里,从没有对学生发过一次火,从没有惩罚过一个学生,从没有向一个学生家长告过状,从没有让一个学生掉队。四个"从没有"不但在中国,就是放到世界范围内也是一个伟大的教育奇迹! 创造这样教育奇迹的真正原因是什么? 面对犯错误的学生,教师通常会有哪些错误的做法?

(3)"没有爱就没有教育",是霍懋征老师教育思想的精髓。现在有些教师对学生缺乏爱心,请列举一些现象。

(4)教师离开教学生涯以后,有的享受天伦之乐,有的选择非教学工作,霍懋征老师退休后是如何安排自己的职后生涯的? 这对你的教师职业生涯规划有何启示?

(5)著名学者朱永新在悼念霍老师的文章的最后一句写道:"真正的教育家是不会死去的。她的思想,她的精神,早已经融入她的学生们的血液之中,融入中国教育的长河里……"

说说霍懋征老师留给当代教师的精神财富有哪些?

第六章

教师职业道德评价

教师职业道德评价,作为一种无形的精神力量,对教师的行为起着调节和推动作用。它是教师职业道德活动的重要组成部分,在教师职业道德体系中占有突出的地位。本章旨在通过对教师职业道德评价原则、依据、标准、形式和方法的学习,使每一个师范生都能明确:教师职业道德规范的遵守、教师职业品德的形成以及教师职业风尚的改善,都需要依靠职业道德评价来实现。因此,规范师德评价能为教师指明需要改进和更加努力的方向,是教师加强自身修养的杠杆和风向标。

第一节 教师职业道德评价概述

2009 年 9 月江苏省表彰了第一届"十佳师德模范"和"师德先进个人",当选的十佳师德模范全部来自教学第一线。他们中既有普通中小学教师,又有从事特殊教育的教师;既有走上讲台时间不长的年轻人,又有从教 33 年、即将退休的老教师;既有坚守水上木船小学数十载、默默奉献不为人知的农村教师,又有从事先进的数控教学、在全国屡获大奖的"名人"教师;既有勇为素不相识的重病学生捐献配型成功的造血干细胞、并持续关注其身心健康的爱心教师,又有身患绝症、在残酷命运面前永不放弃讲台和学生的感人教师。江苏省教育厅和省教科文卫体工会联合组织了师德模范先进事迹报告团进行巡回演讲,演讲受到了各地教师和教育工作者的热烈欢迎和高度评价,选先进、学先进、赶先进的氛围浓郁、反响强烈。在南京的报告会上,"十佳师德模范"李凤遐老师精彩的报告引起了听众的巨大共鸣,33 分钟的报告共赢得了 21 次掌声。一位即将毕业的师范生问李凤遐老师:"选择一辈子当老师,您后悔吗?当一名老师真的像您说的那么幸福吗?""我从来没有后悔过,即使让我重新选择,我还会选择当老师。我的工资收入不高,可我的幸福指数最高。"掷地有声的话语让这位女学生动容。"谢谢李老师,我也会像您一样,一辈子都当老师!"①

导入思考

俗话说:"学高为师,身正为范。"你是怎样理解和评价这句话的?

一、教师职业道德评价的含义与内容

道德评价是人类广泛社会活动中的一种特有的活动。人们在社会生活中,为了求得自己的生存和发展,就必须与他人、与社会发生各种各样的利益关系,人们不仅本着一定的社会规范去处理这些关系,还会对自己、他人的行为做出价值评价和善恶评价。因此,道德评价活动是随着道德现象的出现而产生的,其形式、内容也随着人类社会的发展而不断丰富和发展。

职业道德评价是人们依据一定道德的标准,对他人或自己的职业行为进行褒贬扬抑的评议和判断。教师职业道德评价是指人们凭借校内外舆论、教育传统习俗和教师内心信念等形式,根据一定的原则、标准和方法,对教师的职业行为所做的善恶褒贬的道德评判。它是教师道德活动的一种重要形式,是使教师职业道德原则和规范得以贯彻并转化为教师道德行为的保证。

教师职业道德评价的内容,主要包括两大方面:其一是教师的职业行为。一般而言,教师的行为必须服从教育活动的规律,遵循教育目的和原则,同时在教育教学过程中,教师应当努力促进学生智力、能力和品德的发展,使自己的职业行为达到应然的状态。可以说,对教师职业行为的评价也就是对其行为是否具备应然状态的考察。其二是教师的职业道德品质。教师的职业道德品质是由教师在长期职业道德活动中养成的比较稳定的特征和倾向,由道德认识、道德情感、道德信念、道德意志、道德行为

---

① 来源:江苏教师教育网 http://www.jste.net.cn,有删减。

五个方面组成。

二、教师职业道德评价的主体和客体

　　教师职业道德评价的主体是多元、开放的。它既可以是教育培养对象、上级主管部门、同行(包括教育同行、学科同行)、用人部门、社会各界等,也可以是评价对象(如自我评价)和评价活动本身(如对评价的评价)。

　　教师职业道德评价的客体即评价对象,既可以是教师个体的职业行为,也可以是教师群体的职业行为。具体来说,教师个体和群体的道德状况、道德行为和道德品质都可以成为教师职业道德评价的对象。在广义上,可以从教育与其外部世界的联系中把握教师职业行为的伦理意义;从狭义上,主要从教育内部(特别是学校和幼儿园教育内部)认识和评价教师的道德行为和品质的伦理意义。教师在教育活动中的道德品质和行为,则可以反映在学校组织机构、学校制度建设、学校管理过程和质量、学校办学条件和办学效果、校风等方面。在某种意义上说,对教师职业道德的评价实质上就是对学校各个方面工作的评价。

三、教师职业道德评价的作用

　　教师职业道德评价是一定社会意识形态在学校环境中的具体表现。它作为一种无形的精神力量,包含着一定的社会价值和道德取向,对教师的思想意识、价值观念和行为方式能产生直接的影响,对教师的道德修养起着极为重要的指挥棒和调节器作用。所以,教师职业道德评价对师德建设具有非常重要的意义。

(一)教师职业道德评价是维护教师职业道德规范的保证

　　在教师职业活动中,教师职业道德规范能否贯彻,很大程度上取决于教师职业道德评价这个环节的组织能否得到有效实施。教师职业道德评价通过社会舆论、教育传统习俗和内心信念等方式对教师在教育活动中的言行、举止、思想观念等实行道德监督,并通过道德评价不断向教师传递关于他们职业行为的道德价值的信息,使他们及时了解什么样的教育行为是善的,什么样的教育行为是恶的,从而选择正确的教育行为,接受职业道德规范的约束。在这一过程中,教师职业道德规范是教师职业道德评价直接的、具体的标准。通过教师职业道德评价,一方面可以深化和细化教师对职业道德规范的认识,使得职业道德规范对教师的教育行为起到更大的指导和约束作用;另一方面,也有助于良好的、健康的教师职业道德氛围的形成。①

(二) 教师职业道德评价是教师职业道德认知转化为职业道德行为的中介

教师的职业道德行为不是天生就有的,而是要在长期的职业道德教育和职业道德修养中反复学习和磨炼才能逐渐形成。通过教师职业道德评价活动,不仅可以对教师职业行为的善恶、是非、荣辱、好坏进行评判和裁决,使教师提高道德认识,确立职业行为,而且可以深入到教师的精神世界,作用于教师的感情和职业良心,激发他们的职业责任感和道德荣誉感。不道德者会在舆论谴责中感到良心的不安、羞愧和痛苦;讲道德的人会在褒奖和舆论支持下感到内心的安慰、喜悦和鼓舞,从而有效地唤起教师实践道德规范的主动性和积极性,使他们在教育教学过程中不断校正自己的言行,实现知与行的统一。

(三) 教师职业道德评价是调解教育人际关系的杠杆

在教育活动中,教师面临着众多的人际关系,如师生关系、同事关系、与学生家长的关系、与领导的关系等等。同时,教育本身还是一个开放系统,在教育活动之外,教师作为一个社会主体,还要处理好家庭关系、亲友关系、与社会其他成员的关系。特别是在社会主义市场经济条件下,随着改革开放的深化和社会竞争的加剧,教育领域的社会关系和利益关系日趋复杂,迫切需要道德来规范和调节。在这种情况下,通过教师职业道德评价可以褒扬善行、斥责恶行,唤醒教师内心良好的职业道德信念,超越琐碎的人际纠纷,处理好教育过程中的各种人际矛盾,实现教师职业道德的升华。同时,教师职业道德评价具有一定的辐射性。广大教师在社会生活中良好的修养和文明举止,不仅可以优化教育环境,提高人才培养的质量,而且可以影响到社会其他行业的人们,净化社会风气,促进社会道德的全面提高。

第二节 | 教师职业道德评价的原则和功能

学校评选"优秀教师"这一做法似乎多年不变,然而,最近在报上读到

---

① 钱焕琦主编:《教师职业道德》,华东师范大学出版社 2008 年版,第 248 页。

一篇文章,讲的是上海一所小学改变教师评价方法,由原来的评选"优秀教师"改为评选"快乐教师",经过全校学生的评选,该校产生了6名学生眼中的"快乐教师"。"快乐教师"具有如下的品质:(1)有趣、有知识,上课从来不骂人;(2)作业不留太多;(3)下课能让学生出去玩;(4)上课面带微笑,批评常带有幽默;(5)哪个同学在某方面有特长,就鼓励让他继续发展下去;(6)要年轻一点,经验多一点;(7)不拖课。

这些当选的教师虽然性格、风采各异,但具有一个共同的特点:懂得用快乐来教学,并且他们本身也是很快乐的。因为他们对教育的"快乐"的理解和实践,使学生产生了乐于接近老师、乐于接受教育的快乐情愫,从而在校园里吹拂起"快乐教育"的春风。

上海教科院专家认为,从评选"优秀教师"到评选"快乐教师",是一种有意义的尝试。教师不仅从学生那里获得了评价,更重要的是了解学生的需求。尤其是这样的评选,还对教师教育观念的改变起到了催化作用。①

导入思考

通过以上这则案例,你认为教师工作评价方法的改变能够给我们带来哪些启迪?

一、教师职业道德评价的原则

教师职业道德评价的原则就是对教师职业道德进行评价所必须遵从的基本原则。它集中体现了教师职业道德评价的指导思想和基本要求,是教师职业道德评价规律的反映,是人们在教师职业道德评价实践中升华的理性认识,体现了主观与客观的统一。教师职业道德评价原则主要有方向性原则、目的性原则、主体性原则和发展性原则。

(一)方向性原则

方向性原则是指对教师职业道德评价一定要坚持正确的方向。具体说来,要与先进文化的发展方向保持一致,要有利于学校实现教育目标,有明确的办学方向,有利于树立正确的教育质量观和人才观。如果方向不明确,偏离党的教育方针,偏离教育教学改革的客观要求和教育发展规

---

① 来源:《班主任》,2003年第6期。

律,背离学生健康成长的需要,教师职业道德评价就会走上歧途,失去存在的价值和意义。因此,在对教师进行职业道德评价时,只有对教师的思想品德、工作态度、业务水平、教书育人、教学能力和工作效绩等做出公正、准确而又全面的价值判断,才能充分发挥评价应有的导向作用。

(二) 目的性原则

教师职业道德评价是一种有计划有目的的活动过程,包含一系列的步骤和方法。评价的目的在于:一是在开展评价活动之前,在大脑中预存的观念应与活动结束时取得的结果相一致;二是评价的目的并不仅仅在于鉴定,更在于后期的反馈和改进;三是评价的主客体、内容、标准和方法,均受到目的性的制约。目的性原则要求以真实的目的来引导评价工作。也就是说,必须以教师职业道德评价的终极目的和教育的最高理想来统率现实的目标体系。要通过评价活动,创造良好的人际关系,为教育过程中教育目的的实现和人全面自由的发展创造条件。

应该看到,教师职业道德评价活动通常是一个预先控制、过程控制和反馈控制的过程。作为教师职业道德评价的主体,在评价活动之前,必须对整个评价活动做到"心中有数"。在评价过程中,通过评价掌握被评者的职业道德状况与目标的差距,帮助被评价者进行分析、诊断,进而找出问题的症结所在,为被评价者改进道德现状寻求正确的途径、方法和手段。在评价时要注意充分激发主客体的主观能动性。

(三) 主体性原则

主体性是指主体在与客体相互关系中生成并表现出来的主动、主导、积极能动的性质。教师职业道德评价必须坚持主体性原则。

教师职业道德评价的主体性原则,是指在教师职业道德评价过程中,作为教师职业道德评价主体的评价者,必须充分尊重被评价者的主体地位,通过调动被评价者的自主性、能动性和创造性,从而实现教师职业道德评价的目标。

强调教师职业道德的主体性原则,要从主、客体两个层面进行深入的把握。从评价主体的层面,要求通过评价主体能动性的发挥,促进教师职业道德评价活动的发展和完善;从评价客体的层面,要求通过评价活动能够激发评价对象的能动性,从而实现教师职业道德评价的目的。

当前我国的教师职业道德评价存在着评价理念和教育现实相脱节的情况,表现为评价标准和方法是一种"先入为主"的标准和方法,往往评价者根据已有的知识和经验,制定评价标准和方案,导致评价过程中出现的新情况和新问题往往不能准确、及时地反映到评价活动中去,或者为了评价而评价,违背评价的目的。

(四)发展性原则

教师职业道德评价的发展性原则,是指以评价对象的成长和发展为根本价值导向,在评价过程中兼顾评价对象的现状与将来,并针对评价结果,确定评价对象未来的发展趋势,实现评价与指导、培训、自我教育活动的有机结合。教师职业道德评价既要看到评价对象的道德水平在同类对象中的地位,又要了解其自身发展变化的情况。

发展性评价的核心是强调注重过程性评价,杜绝"以点概面、以偏概全",用静止的观点看问题的错误倾向。传统的学校管理往往过于强调评价的终结性结论,强调终结性结论评价中"优秀""良好"各等次的比例,并以此作为教师解聘、降级、晋级、加薪和发放奖金的依据,这不仅会让教师对评价产生畏惧和不信任感,而且也容易导致教师职业道德评价流于形式。

教师评价的发展趋势

评价目的:绩效管理——专业发展;评价功能:甄别选拔——共同进步;评价方向:面向过去——面向未来;评价类型:注重结果——注重过程;评价主体:单一主体——多元主体;评价关系:自上而下——平等协商;评价结果:强迫接受——共同认可。[①]

二、教师职业道德评价的功能

(一)评定功能

在社会主义市场经济体制下,少数教师在思想上滋生了按酬付劳,"钱多多干,钱少少干"的单纯雇佣观点,在工作中斤斤计较个人利益,有了一点本领就摆资格要高价。通过教师职业道德评价,将教师个体的职业道德行为与教师职业道德规范进行比较,对教师职业道德水平的高低进行评价和判定,对教师的正确行为进行褒奖和鼓励,对那些不良行为加以谴责,帮助教师辨明各种师德现象的善恶是非,判断教师行为的道德价值,促使教师去矫正或强化自己的道德行为,起到对教师行为的监督作

---

① 王斌华:《教师评价:绩效管理与专业化发展》,上海教育出版社,2005年12月版。

用,促进教师在知识、能力和思想品德等方面的发展,这是教师职业道德评价最基本的功能。总之,通过教师职业道德评价,能使教师对职业道德要求有更明确的认识,对自身的职业道德水平有更清晰的了解,从而在教育活动中自觉践行职业道德规范。

(二) 导向功能

教师职业道德评价往往通过舆论的力量来规范、约束和指导教师的道德生活。因此,它是教师行为的监督器和方向标,是维护教师职业道德规范的保证。许多教师常常会有"良心发现"的情况,其实这正是通过道德评价,发现和认识自己的某种错误,从而产生纠正错误、改变行为方向和方式的表现。通过对教师职业道德进行评价,可以不断传送关于教师道德行为价值的信息,迫使教师接受教师职业道德规范的约束而不逾矩行动,从而保证教师的职业行为不偏离正确方向。如著名特级教师于漪在讲《花木兰》这一课时,当有学生提到"木兰是不是裹脚?妇女是从什么时候开始裹脚"时,于老师给问住了,她抱歉地对学生说:"老师也说不准,等课后查了资料再告诉你吧。"于老师就为了这样一个问题,课后跑遍了图书馆,专门请教了大学教授,终于给学生一个满意的答复。事后她自己解释为什么要这样做:"我不能误人子弟!"不能误人子弟是最基本的教学道德标准,于老师以此来约束和要求自己的教育行为。同时,通过教师职业道德评价,还可以全面了解教师个体和教师整体的职业道德状况,为教育管理部门、学校领导和教师本人提供信息,为教师职业道德教育提供方向和依据,为教师个体提高职业道德修养提出具体的目标。

(三) 激励功能

教师职业道德评价对教师符合职业道德的行为具有保护和激励功能,使教师得到精神上的满足和物质上的利益,从而激发教师的创造热情和工作动机。职业道德评价只有在维护教师的正当利益时,才能实现其应有的功能和价值,才能让教师体验到道德的必要性和重要性,从而进一步引发对道德的向往和追求。事实上,"奖励先进,得所当得"正是体现了社会公平、公正和正义的要求。从更广泛意义讲,教师职业道德评价功能的发挥,正是在于教师的先进行为得到社会的认可和表彰,教师的正当利益得到维护和保障。我们谴责、惩罚个别教师师德行为"失当"的现象,恰恰是为了倡导广大教师的"应当"的行为,保护他们的"正当"行为。教师也只有在自身正当利益得到师德评价的保护中,才能更加体验到自觉遵守师德规范的必要性。

支月英，女，江西省宜春市奉新县澡下镇白洋教学点教师。1980年，江西省奉新县边远山村教师奇缺，时年只有19岁的南昌市进贤县姑娘支月英不顾家人反对，远离家乡，只身来到离家200多公里、离乡镇45公里、海拔近千米且道路不通的泥洋小学，成了一名深山女教师。36年来，支月英坚守在偏远的山村讲台，从"支姐姐"到"支妈妈"，教育了大山深处的两代人。[①]

（四）转换功能

教师的职业道德属于意识形态范畴，是用来调节教师心灵、行为及相互关系的价值尺度。教师职业道德评价是实现意识向行为的转化、知行统一的转换器，是关于教师"应当如何"地将价值尺度转化为师德行为、品质和良好师德风尚的纽带。有一位校长曾对他的学生这样说过："我常这样告诫自己，当你站在讲台上，你的知识和优点被放大了约50倍，同时，你的缺点和不足也被放大了约50倍。常常想到这一点就会不断发现自己的不足，从而给自己留作业，用身边的榜样为自己不断地重建一个又一个向前的目标。"的确，正确的师德评价通过对教师行为和道德价值的审视，可使教师了解怎么去选择正确的行为，在行动中将善良的动机和有益的效果达到一致。

第三节　教师职业道德评价的标准

赵老师是一位有20多年教龄的数学教师，每天给学生布置的数学作业除了教学大纲要求规定的以外，还坚持给学生留大量的课外作业。他所任教的班级成绩一直名列前茅。家长都希望自己的孩子能去赵老师班级。而他的学生总是抱怨赵老师搞题海战和魔鬼训练，对数学的抵触情绪日渐严重。在期末测评时，学校给赵老师的职业道德行为评价与学生的打分相差很大。学校认为：赵老师工作责任心强，对学生要求严格，工作兢兢业业，成绩显著，应该给以表彰；学生则认为老师压抑学生的学习

---

① 来源：《2016年感动中国年度人物》，央视网cctv.com。

兴趣,不利于学生全面发展。

导入思考

面对赵老师的教育行为,为什么学校评价和学生评价会截然不同?应当如何看待赵老师的行为?

道德评价是对人的行为及其品质的衡量或判定,而道德价值又常常借助于善恶范畴来体现,所以善恶就成为道德评价的一般标准。由此可以说,教师职业道德评价就是对教师的行为及其品质的衡量或判定。善恶就也是教师道德评价的一般标准。一般来说,人们认为教育的本质是善的,教育是教人从善的活动,教育以培养人为宗旨,发展人的潜能,使其从自然人向社会人转变,从而满足社会和人自身发展的需求,促进整个人类的发展和完善。

道德标准的三个层次

"不准"是道德标准的第一个层次,以否定式规范告诫人们哪些行为领域不能涉足。比如不准偷窃、不准说谎、不准虐待老人等等。基本目标是防止他人和社会受害。

"应该"是道德标准的第二个层次,以肯定式规范界定了人们可以行动的活动范围。基本目标是通过各类社会角色的互利互惠,实现造福于人类的目的。我们把符合这类要求的行为称为"善"。

"提倡"是道德标准的第三个层次,以赞扬式的规范,引导人们树立一定的道德理想。比如舍己为人、公而忘私等。基本目标是通过对特殊情况下个人行为的赞誉,实现人类和社会的美好理想。

一、教师职业道德评价标准的制定

制定教师职业道德评价的标准,在内容上必须考虑教师职业的性质和教育发展的需要,要体现教师道德的特定内涵的时代要求。这样才能使评价标准成为内容合理、形式完善的可操作性的指标体系,增强可信度和说服力,避免随意性和盲目性。

> 教师职业道德评价标准的两个层面：道德行为标准和道德心理标准。
>
> 道德行为标准是衡量教师行为善恶的外在尺度和准绳，在评价时应遵循一定的教师职业道德原则和规范，必须反映出一定社会或阶级的利益。只有符合一定社会或阶级的需要和利益，才是善的或道德的。
>
> 道德心理标准是衡量教师行为善恶的内在尺度和准绳，它要求教师的职业行为必须与教育规律相符合，有助于学生的健康成长。凡是符合学生个性心理、人才成长规律和教育规律开展的教育活动，才是善的或道德的。[①]

（一）教育发展利益是教师职业道德评价的根本标准

教师职业道德必须反映教育发展的需要，把是否有利于教育发展作为教师职业道德评价的根本性标准。凡是符合教育规律和学生身心发展规律，有利于实现培养目标、促进学生健康成长的教育行为就是道德的行为；反之，就是不道德的行为。

我国正在进行的基础教育课程改革，强调要改变传统课程过于注重知识传授的倾向，使学生形成积极主动的学习态度，在获得基础知识与基础技能的同时，培养学生的社会责任感、创新精神、实践能力以及科学素养、人文素养和环境意识，使学生获得健全的人格。因此，使学生得到全面发展的教育理念，成为新课程教育理念的核心。与此相适应，这一理念也应该成为教师职业道德评价的出发点和归宿。就是说，凡是能促进学生全面发展的教育行为就是善行；反之，不利于学生全面发展的教育行为就是恶行。教师要促进学生的全面发展，就要改变陈旧的教育观念，树立富有时代精神的现代教育观，包括现代教师观、现代教学观、现代学生观、全面发展的质量观、现代教育的价值观、全方位发展的知识观以及为人师表的行为举止观。

（二）学校发展利益是教师职业道德评价的基本标准

教育的发展要通过学校的发展来实现，学生和教师的成长也需要以学校为依托。陶行知说："学校无小事，事事皆育人；教师无小节，处处皆

[①] 杨芷英主编：《教师职业道德》，高等教育出版社，2009 年版，第 181 页。

楷模。"对于一个学生的成长而言,任何教师的劳动都只是浇了有限的一瓢水,培了有限的一铲土,每个教师的个体活动终归要融汇于教师集体的共同劳动之中。教师职业道德必须反映出学校发展的需要,要把教师的教育行为能否有利于学校发展,能否完成应当承担的教学任务和教育职责,作为教师职业道德评价的具体标准。作为教师,应该在学校中行使职责,发挥作用。凡是完成了应该承担的教育职责,有利于实现学校发展利益和需要的行为,就是道德的教育行为,应予以肯定、鼓励和宣传;反之,则是不道德的教育行为,应予以否定、抵制和反对。当然,这里的学校发展利益和整个社会的教育发展利益是一致的,不是指违背教育方针的片面、狭隘的学校小团体利益。

(三) 教师职业道德规范是教师职业道德评价的直接标准

教师职业道德规范集中反映了社会和学校对教师的职业要求,具有较强的指导性和操作性。因此,教师职业道德规范作为评价教师职业道德的直接标准,包括了对教师的思想、素质、作风、学识、行为和仪表等多方面的具体要求。凡是符合教师职业道德规范的行为品质就是善的,就应获得肯定性的评价;反之则是恶的,就应给予否定性的评价。从这个意义上说,标准的制定过程就是教师职业道德规范的制定过程。当然,人们制定的教师职业道德规范常常具有一定的局限性,要不断根据社会和教育发展的需要,逐步加以丰富和完善。

湖南省吉首市 2006 年教师职业道德考评标准

下列表现属模范表现:

1. 全年满勤、无事假、病假、无迟到早退。

2. 坚持认真备课、上课,仔细批改作业,批语具有针对性、指导性、鼓励性、艺术性,热心辅导学生,学生评教满意率高。

下列表现属违背师德行为,必须杜绝:

1. 上课前不备课,课堂效果差或授课出现知识性错误、政治思想错误。

2. 不批改作业,不辅导学生或批改不认真,存在明显错误(错批错改、漏批漏改,有讽刺、挖苦等侮辱性批语)。

3. 擅离工作岗位,擅自停课、缺课、调课、迟到、早退和违反工作纪律。上班时间聊天、干私活、打麻将、打扑克,搞与工作无关的活动。

4. 拒不服从上级调动安排。

5. 对工作不负责，马虎应付，管理学生简单粗暴，教育学生不讲究方法，引起大部分学生及家长强烈不满。

6. 小病大养，弄虚作假。

7. 借课后辅导之名收取额外费用的。

8. 搞有偿家教或从事第二职业影响本职工作的。[①]

二、教师职业道德评价应注意的问题

（一）坚持用动机与效果相统一的观点来评价教师的道德行为

在实际评价中，对于动机与效果一致的情况，容易做出评价，即动机好、效果好的行为，当然是善行；动机不好、效果也不好的行为，当然是恶行。但是，当动机与效果不一致的情况下，首要看动机，因为动机存在于行为者的内心，反映和体现了行为者的精神境界和行为本质。同时，还要具体问题具体分析，不能片面强调动机或片面强调效果，而应通过实践来评价。对动机好、效果不好的现象，要分析原因，是事先对客观事物认识不全面，考虑不周到，还是因为客观事物在发展过程中发生了始料不及的变化。这样才能进一步修正下一步的意图和方法，使动机与效果统一起来。实践能够不断检验和完善动机，在实践中逐渐使得良好的愿望和良好的效果一致起来。

那么，怎样才能判断动机的好坏呢？这就需要看效果和一贯的行为。

即使效果不好，但能从教师一贯的行为中证明动机是好的，也应当判定行为具有善的道德价值，这样体现了动机在行为中的重要意义，也体现了道德行为评价不同于其他评价的特殊性。

在现实的教师职业道德评价过程中，常常有只看后果、不问动机，只看学生考试分数、不看教师教书育人全过程的现象。教师职业劳动的特殊性使得教师的劳动效果受多种因素的影响，教师的劳动付出与实际成效并非时时成正比。"十年树木，百年树人"就是这个道理。因此，仅以学生的当下表现和考试分数作为判断与评价教师劳动成效的依据，具有较大的片面性，会挫伤一些教师的积极性。因此，在对教师的职业道德进行

---

① 　来源：豆丁网 http://www.docin.com。

评价时,应遵循动机与效果相统一的原则,联系动机看效果,透过效果看动机,坚持运用全面的观点,对教师职业道德做出恰当的评价。

（二）坚持用目的与手段相统一的观点来评价教师的道德行为

目的与手段是统一的。一方面,目的决定手段,目的的性质决定手段的性质;另一方面,手段也影响目的,手段的性质也影响目的的性质。因此,在评价行为的道德价值时,应当具体分析目的与手段的联系情况,做出正确的评价。任何行为都不外乎有好的或坏的目的两种可能,而无论什么目的都可能采取正当或不正当的手段。当目的与手段一致时,是容易评价的,即目的是好的、手段正当的行为就是善行;相反,目的是坏的、手段是不正当的行为就是恶行。但是,如果目的是卑劣的,即使采取正当手段的行为也不能说是善行,应给与否定评价。如果目的是好的,采取的手段是不正当的,则必须深入分析行为的背景,才能做出恰当的评价。

师德评价要有利于促进目的和手段的统一。在现实中,对教师行为进行道德评价时,常常会出现目的和手段不一致的矛盾,存在着许多片面的认识和错误舆论。比如,偏离现代化建设对教育事业的需要来评价师德,轻视教育,轻视教师,从内心深处瞧不起教师职业;偏离全面发展的教育方针来评价师德;片面地以学生的考试分数和升学率高低为标准来对教师进行褒贬;只重视教师的智性修养而无视教师的德性修养。又如,偏离教育改革的客观要求和正确方向来评价教师道德,墨守成规,目光短浅,习惯于用保守的观念评价教师行为,对锐意改革的教师加以排斥或打击。再如,偏离教育过程的特有规律来评价教师道德,置教育客观规律于不顾,依靠简单化的行政手段、量化手段来评价教师,单纯以统考成绩、班级获得各类名次的次数、"好人好事率""违纪事故率"等来衡量师德。在这种评价体制影响下,一些教师在"良好的愿望"下,对学生采取了体罚或变相体罚的手段;一些教师为了提高教学质量,过多地增加学生的课业负担,对没完成作业的学生采取罚抄写、罚站、面壁的手段等。就目的而言,这些行为似乎是为了帮助学生改正缺点和错误,争取好成绩。事实上,这些行为手段是不符合教育规律的,是不道德的,是十分有害的。可见,如果割裂了道德目的和道德手段的有机联系,无论是把目的作用绝对化还是把手段作用绝对化,都无法使我们正确理解目的和手段在道德评价中的地位与联系。要实现这一点,师德评价就必然要以教育活动为参照,以教育的客观规律为准绳。

（三）坚持用动态性与发展性相统一的观点来评价教师的道德行为

从教师专业发展的角度看，每位教师都有自身不断发展、不断完善的空间，这需要每个人在自己的工作中不断地反思和总结。师德评价就是为了帮助教师找到自己在职业道德修养方面的薄弱之处，发现自己的师德缺陷和人格弱点。因此，进行师德评价时，不能用静止的、一成不变的观点来评价变化和发展着的道德现象。师德评价的结论最终不在于判断教师过去怎么样，而在于指明教师进一步发展的方向。

坚持发展性道德评价的理念有两层含义：一是师德评价过程中教师必须用发展的眼光看待师德行为；二是师德评价必须立足于促进教师道德的发展，以发展为出发点，考察教师的道德行为，要根据社会的发展，用动态的、变化发展的观点进行评价，最主要的是要辩证地、历史地看待教师道德，尤其是要看清整个社会的进步趋势和发展方向，用发展的眼光看问题，不断提出新的师德要求，不断加强自身道德修养，使自己的道德行为与社会和时代的要求相统一。

在现代师德评价中，由于整个过程缺乏有力的反馈和调控，即使是教师自评，往往也只是停留于年终总结上，这实质是一种总结性评价。其弊端在于：偏重于对教师道德品质的静态评价而忽视品质形式的动态评价；偏重于对教师已有品质的鉴定，而忽视师德评价的教育、激励作用；偏重于为教师评优、晋级"出证明""贴标签"，而忽视师德评价对师德修养的反馈、调控作用。其实，道德评价应该是一个"反馈——矫正"的系统。将教师的道德表现和行为与师德标准作对比，通过分析，做出判断，进行反思，从中找出差距和努力方向，以调节自己的道德行为。所以，师德评价从功能上应更强调进行过程性评价，应该把教师的道德品质形成看成是一个连续的过程，时刻关注评价过程中师德的表现，及时地反馈、矫正教师的道德行为，以确保教师良好师德的形成与发展，帮助教师实现自我道德的不断完善。

第四节　教师职业道德评价的形式和方法

全国优秀教师青海省某自治县小学校长刘让贤，1956 年，他响应"支援边疆"的号召全家迁居青海，在一个穷困偏远的山村当了小学校长。这个学校 20 年先后分来 38 位教师，走了 32 位，最长的也仅干了两年，最短的待了半年,而刘校长却成为这个学校的长期守望者。他甘于清贫,为山村教育事业默默地奉献着自己的一切。有人说他是傻子。他说,为了孩子们,我甘愿当傻子。面对贫困、闭塞而且极其恶劣的环境,他没有杞人忧天,而是从一点一滴的小事做起,脚踏实地进行着教育教学工作,把穷乡僻壤的孩子们引入了知识的殿堂,取得了显著的成绩。他家境贫寒,穿的是补丁衣服,吃的是开水泡镆。可是,当他获得"柏宁顿孺子牛金球奖"的奖金 10 万元后,却一分不留,全部捐了出去,设立了全县教育奖励基金。他说,物质上我是贫乏的,而在精神上是富有的。他的精神打动了人们的心,受到了大家的尊敬和爱戴。[①]

导入思考

你认为是什么力量和信念让刘老师坚守岗位,甘于清贫,乐于奉献?

一、教师职业道德评价的形式

要发挥教师职业道德评价的作用,必须采用正确的评价形式和评价方法,讲求评价形式科学规范、评价方法合情合理,从而通过评价促进教师良好价值观的形成,促进教师良好职业道德的不断强化。依据不同的分类方式,教师职业道德评价的形式主要有以下几类。

(一)社会舆论评价、教育习俗评价和内心信念评价

1. 社会舆论评价

这里讲的社会舆论,特指人们以教师职业道德的原则和规范为标准,对教师的职业道德所进行的议论和评判。校内舆论主要指教师、学生和[②]学校管理人员等对教育现象和行为的看法和态度;校外舆论主要指学生家长、社会组织和团体以及新闻媒介等对教育现象和行为的看法和态度。社会舆论既反映出现实中的教师与学生、教师与他人之间的道德关系,对教师的道德行为起着积极的调节作用。同时,舆论还是一种重要的监督形式,不仅监督每一位教师,更重要的是监督学校、各级教育机构和学校管理者。此外,舆论以一定的价值观念为依据,对教师的教育行为进行是非对错、好坏、善恶和美丑的评价。舆论的评价功能可进一步影响

---

① 来源:《中国教育报》,2009 年 9 月 7 日。

② 崔培英主编:《师德常识》,郑州大学出版社,2007 年版,第 40 页。

和调节教师和学校的行为。正确与错误、进步与落后的议论同时存在于社会舆论之中。舆论的混杂给教师职业道德评价带来一定的困难,这就要求有关部门对舆论给予严格的区分,对社会舆论加以引导,批评和抵制错误舆论,弘扬和扶植正确舆论。

> 社会舆论可以分为两种类型,一种是自觉的、有组织的社会舆论,称为正式的社会舆论,常以国家组织、新闻媒体为依托,有意识、有目的地营造出来。如公开表彰优秀教师,报道教书育人的先进事迹等。另一种是非正式的社会舆论,即所谓的街谈巷议,是在小范围内自发形成的、无组织的舆论。这种舆论通常是人们遵循一定的生活经验和教育传统习惯而形成的,没有特定的组织和宣传工具,所表达的看法、议论和判断也往往是分散的、零碎的、不成体系的。正式社会舆论在师德评价中最具权威性,而非正式社会舆论在师德评价中所具有的直接影响力也不容忽视。

2. 教育习俗评价

教育习俗是指一定社会、一定民族的教师群体,在漫长的历史发展过程中逐步积累起来并世代相传的,普遍的、稳定的社会倾向、教育行为方式和教育道德心理等。教育习俗在道德评价体系中具有特殊作用,近代著名思想家、教育家康有为在《大同书》中,按照幼教、小教、中教等层次,对各层的教师分别提出了教师素质和道德行为的要求:幼儿教师要"德行慈祥、身体健康、资禀敏慧,有恒心而无倦心,有弄性而非方品";小学教师要"德行仁慈、威仪端正、学问通达、诲人不倦";中学教师要"学行并高、经验甚深、形宜方正、德行仁明、文学广博、思悟通妙"。

> **教育传统习俗的三个显著特征**
>
> 一是稳定性。教育传统习俗历史悠久,源远流长。它在历史发展过程中与社会政治、经济、文化的发展和人们的社会心理紧密结合,形成了教育传统习俗的稳定性。
>
> 二是群众性。教育传统习俗是一种群众的、自发的、广泛的心理特征和行为准则。

三是两重性。教育传统习俗中既有进步的、积极的传统习俗,又有不合时宜的旧传统、旧习惯。如古人倡导的"学而不厌,诲人不倦","因材施教,循循善诱","学思结合,学以致用","以身作则,知行合一"等教育传统观念,有利于推动教师职业道德的进步和社会的发展;对那些消极有害的,必须充分认清它的危害,抑制它的影响,限制和缩小它的作用范围,直至彻底消除。

3. 内心信念评价

内心信念是人们内心坚信一定要遵循的,在人们的道德意识中根深蒂固的道德原则、规范和理想等观念。教师的内心信念作为内在尺度,是教师发自内心地对教师职业道德原则和理想等形成的内心最真挚的信仰,并由此产生的实现相应道德义务的责任感。它是教师道德认识、道德情感和道德意志的有机统一,是教师进行职业道德选择的内在动机,是教师判断行为善恶的主导力量。同时,教师内心信念又是教师个体职业活动的理性基础,是教师个人精神生活的道德导向,它能够推动教师自觉地履行道德义务,不断超越自我。

社会舆论、教育习俗和内心信念这三种道德评价方式相互配合,缺一不可,共同构成教师道德评价的完整体系。为教师道德水平的提高和改善,教师道德和社会风气的根本好转,提供了重要保证和力量源泉。

(二) 自我评价、管理评价与社会评价

1. 自我评价

这是一种重要的职业道德评价方式,意味着管理者对教师的尊重和信任,有助于增强教师主人翁意识,鼓励教师积极参与评价过程,提高教师评价结果的可信性和有效性,使得教师评价过程成为一个自我改进、自我教育的过程。由于教师劳动的特殊性,在实际生活中大多是个人独处或独立开展工作,在这种无人情况下,如果教师做出了不道德的事,或许可以不为他人察觉和谴责,但是,教师却无法逃脱自己内心"道德法庭"的审判。这时教师的教育良心既是"起诉人",又是"审判官",它就会在内心道德法庭中起诉并审判自己,使自己感到内疚和不安,通过"良心责备"来调节自身的思想行为,保障教师的道德品质趋于高尚。就道德评价的深度而言,自我道德评价能够深入到教师自己内心世界最隐秘的领域,对自己的欲望、意图、动机、信念和理想等师德观念进行评价。当教师向自己

发出"我应当这样做"的道德指令时,往往同时又会向自己提出"我这样做对吗?"、"我这样做会误人子弟吗?"的疑问,而对这些疑问的回答,就是在进行自我道德评价。

2. 管理评价

管理评价是指以从管理的视角提高教师职业道德素质,由管理者组织进行的教师职业道德评价。一般通过三种方式:

(1) 学生评价。可以向学生了解他们对教师职业行为的意见,包括其教育活动中的一些细节性问题的处理是否得当。比较简便的办法,就是学校组织当年度教师所授课班级的学生和辅导员(班主任)班级的学生,对授课教师和辅导员(班主任)遵守职业道德规范的情况进行测评。

(2) 教师评价。教师之间的互评既是师德评价的重要方法,也是教师相互学习的有效途径,可以是以教研组或年级组为单位,每位教师根据承诺内容进行自查自评后,教师间再进行互讲互评,也可以实行定性评议和定量打分相结合的方式,得出评价结果。教师同行的评价是基于个人类似的经验,能体会到同行的情感、态度和问题。一般来说,教师对同行的职业道德评价更具权威性,也更能提出中肯意见,但在同行评价中也容易出现"同行是冤家"或"同病相怜"的心理,导致评价的失真。

(3) 领导评价。这是一种自上而下的由学校或教研室、年级组领导实施的评价。领导一般都是较为优秀的教师,能从更高的视点、更广的范围对师德做出评价,具有较大的权威性,其意见和建议往往更全面,对师德改进的帮助也就更大。

3. 社会评价

主要是来自校内外各方面的评价。评价者可以是个人,也可以是团体或组织。常见的评价主体有:学生家长、社区管理人员、社区内一般成员、教育协作单位人员、教师进行社会服务单位的人员等。从广义上讲,教师所在学校之外的所有成员都有权对教师行为进行道德监督。俗话说,旁观者清,评价主体可以超越评价客体的主观局限性,从多角度、多侧面、多层次地观察和判断评价客体,使评价更为真实、客观和准确。但是,如果评价主体对评价客体怀有偏见,或者出于某种个人目的,不能正确运用评价标准,也会出现评价结果失真的现象。

因此,在教师职业道德评价过程中,一方面要做好评价主体的思想工作和心理指导,防止评价主体受到权威效应、定势效应、光环效应、投射效应等心理因素的影响和干扰,出现认知偏差,影响评价的客观性和准确性;另一方面,对于他人的评价结果也要进行认真分析,并将深入细致的调研工作和他人评价结合起来,经过去伪存真的过程,使他人评价建立在客观、公正的基础之上。

> 学校好不好,社会来评价。北京市房山区尝试采用社会评价的方法,让家长唱主角,学校面貌出现了可喜的变化。即向学生家长征求对学校的意见和建议,请家长为学校打分并把家长评价作为评价学校的重要内容。家长评价分数低于 80 分的学校将被黄牌警告,校长将被罢免。家长评价极大地促进了房山区的学校工作。广大教师的师德水平和敬业精神普遍提高,学校和社会、教师和家长的关系被拉近了,教师的课堂教学质量明显提高,"尊重学生和尊重家长"成为教师普遍的共识,师生之间的关系更融洽了。

(三)发展性评价与终结性评价

发展性评价是一种面向未来的评价,是一种依据目标、重视过程、及时反馈、促进发展的形成性评价。它主张在宽松的环境中,用动态和发展的眼光对教师进行评价,强调将教师现有的表现与原来的表现进行比较,对不同发展阶段的教师有针对性地提出改进意见。发展性评价鲜明显著的特征就是关注教师的个体差异,并根据差异确定个体化的评价标准、重点和方法。因此,应当突出教师在评价中的主体地位,鼓励教师参与讨论与修订指标体系,从而明确教师评价的具体内容。

对教师的职业道德评价水平进行终结性评价,实际意味着给其评定一个阶段性成绩,这个阶段性的成绩可以成为学校实施教师队伍管理的主要参考,更重要的是,教师能从中看到自己职业道德素质的提高程度、他人和社会对自己的接纳程度,有利于教师激励自己进一步提高道德修养水平。

二、教师职业道德评价的方法

(一)教师职业道德评价的具体方法

在教师职业道德评价过程中具体的方法是多种多样的,总的来说有定量和定性的方法。定量和定性相结合的原则,在教师职业道德评价中尤为重要。采用定量分析能比较准确地反映客观实际,防止主观性,但也有许多指标较难用数量来表现,特别是关系到人的思想、情感、意志等具有模糊性的指标,若强求用精确的数字去表示本身具有模糊化的事物,反而不客观和不科学。

1. 定性方法

由于教师职业道德的特殊性,作为评价依据的行为动机、行为效果、行为目的和行为手段等很难进行量化,在这样的情况下可以运用定性的分析方法,主要操作步骤为:第一,对教师的行为进行描述性的分析,指出其错误所在与危害,制订矫正行为的具体方案,即有针对性地提出改进性意见与建议。第二,根据教师的不良职业行为在其职业道德品质中所占的地位,就该行为对其职业道德品质的影响程度作定性评估。第三,对该教师的总体职业道德品质确定一定的等第。应当说明的是,确定其职业道德水平所达到的具体等第并不总是必要的,如果不是为了评比或奖惩准备依据,可以略去这一环节。

对教师职业道德进行定性分析,其具体方法包括活动观察法、典型行为分析法、座谈(访谈)法、问卷调查法、听课考察法、情景测试法、意见征询法以及非正式交流等等。①

2. 定量方法

对教师职业行为和职业道德品质不仅需要进行定性的分析和评价,也需要在定性评价的基础上,再进一步给予定量的分析和判断,仔细地分析其行为中所包含的"善行"和"恶德"孰大孰小,孰主孰次,孰重孰轻。一般地说,量化的过程只要具有客观性和科学性,往往更具有说服力和教育意义。运用定量方法的关键在于考核指标体系的确立与指标的细化,各项指标所占权重的分配应当尽可能合理。尽管教师职业道德评价应当遵循全面性原则,但这并不意味着要把各评价要素不分主次、不区分重点与非重点地简单相加。因此,给哪些指标以更高的权重是必须谨慎对待的,同时对考核指标的数据采集也应做到恰当合理。

(二) 教师职业道德自我评价的具体方法

1. 参照法

参照法是以别人对自己的评价为参照点的评价方法。比如,由于自身的行为符合师德规范,常受到同事、领导、学生及家长的肯定和赞扬,教师就可以通过赞扬的来源、广度和连续性,获知他人对自己的评价是好

---

① 朱平:《高等学校教师职业道德概论》,合肥工业大学出版社,2009 年版,第 177~178 页。

的、比较好的或很好的;相反,如果听不到赞扬或听到的多半是同事、领导、学生及家长等的批评或不满,那么,就可以推知别人对自己的评价是一般的、不好的或坏的。参照法以别人对自己的评价为一面镜子,从他人对自己的评价中看到自己的形象,为自己分析和评价自己提供了基础。

2. 量表自评法

由教师自行设计一张听取意见的表格,主动要求学校领导、同事或学生对自己的师德评出等级,并根据不同的等级所得的分数进行比较,然后得出他人对自己师德修养情况的评价。听取意见表如下(供参考):

项　目	很　好	好	一　般	较　差	差
献身教育					
教书育人					
热爱学生					

3. 水平对比法

这种方法是通过将学校里与自己的地位、条件相类似的教师相比较(比如职称和教龄相同)来认识他人对自己的评价和他人对某人(与自己条件相当的)评价之间的关系与差异。

4. 期望比较法

师德修养的自我评价最终取决于教师本人的自我期望。因为,只有教师对自己的师德行为和品德提升有期望时,才能有突出的师德表现。高期望,高突出;中期望,中突出;低期望,低表现。所以期望比较法是教师提高师德评价和师德修养的重要方法。

三、教师职业道德评价方法的发展趋势

教师职业道德评价日益强调以人为本,注重师生的共同发展,重视过程性的评价。在评价方法上,要强调定量评价和定性评价互补,结果评价与过程性评价并重,他人评价与自我评价相结合,正式评价和非正式评价并存。目前,教师职业道德评价方法还不够成熟,在借鉴其他领域的评价方法中,还须做到"本土化",即与教师职业道德评价的自身规定性相整合。如在教育学中,"做中学"的教育思想成为当前儿童教育改革的热点,这种观念也可以引入到教师职业道德评价的方法中来。在新方法和技术运用方面如系统科学方法的应用、模糊数学和信息技术等新技术手段的导入,都会给教师职业道德评价带来全新的视野。

总之,教师职业道德评价是关系到教师的成长、学校建设和未来教育的发展。因此,建立系统、科学和规范的教师职业道德的评价体系势在必行。要建立多层面、全方位和立体式的评价方式,使评价成为教师、管理者、学生以及社会共同参与的交互行为。

练习与探究

1. 教师职业道德评价应该遵循哪些原则?

2. 当代我国教师职业道德评价的具体标准是什么?

3. 如何理解教师职业道德评价的依据?

4. 拓展性活动:

阅读下列案例,分析和思考下列问题。

(1) 现实生活中,有的老师相信"棍棒底下出人才"、"严师出高徒",经常体罚或变相体罚学生,学生是敢怒不敢言,老师自己则认为自己是凭良心工作,甚至认为这是对学生的严格要求,是自己责任心强的表现。对此,你是如何认识的?

(2) 近年来,在一些中小学中有一个引起人们广泛关注的问题,即有的教师在与学生家长交往中,利用职务之便,谋取个人好处。比如接受家长的各种礼品;与家长拉关系,利用家长手中的权力为自己办私事等等。对此,有的教师不以为然,认为这是社会不良风气所致,小气候改变不了大气候。对上述现象,到底应该怎么看?请根据你自己的师德标准和价值观、利义观谈谈对这个问题的认识。

(3) 湖南省株洲市某重点中学一位教师在课堂上是这样教育他的学生的:"你读书干什么?考上大学干什么?也许你会说,为实现共产主义,而我要告诉你——读书考大学是为了你自己不是为别人。是为将来挣下大把大把的钱,从而有一个美好的个人生活,甚至找一个漂亮的老婆,生一个聪明的孩子。所以,我强调读书应该为自己。"该教师还把自己的观点写进教研论文《入学教育课》中,并获得了该市 2000 年语文教研论文的二等奖。此事经媒体报道后,舆论一片哗然。记者电话采访了该教师所在班级的学生,学生们说:"他差不多就是这样上入学教育课的。"市教育局接到举报后认为:"我们鼓励学生自我发展,实现个人价值,但必须是个人价值和社会价值的统一"。后来该教师被解聘了。有人认为这位教师是"实话实说",有人认为这是教育的失误和悲哀,你认为呢?

第七章

教师职业道德的发展

　　人类教育发展的历史长河中积累了丰富的中外教师职业道德遗产，它是我国新时代教师职业道德建构不可缺少的重要源头，也是新时代我国教师职业道德丰富和发展不可忽视的重要条件。古今中外的师德是如何形成和发展的？中外诸多教育名家视野中的教师职业道德又是怎样的？在21世纪的今天，我们又该如何构建符合时代发展的教师职业道德？这些都是本章将要学习的内容。

　　通过本章的学习，我们将了解教师职业道德发展的历史轨迹，理解古今中外尊师重教优良传统的形成和发展脉络。在比较中外名家师德观的基础上，对构建新时代教师职业道德内涵的取向和策略进行有益的探索和实践。

第一节　教师职业道德的历史回眸

程门立雪

　　宋代学者杨时和游酢原先以程颢为师，程颢去世后，他们都已四十多岁，而且已经考上了进士，然而他们还要去找程颐继续求学。故事就发生在他们初次到嵩阳书院，登门拜见程颐的那天。

　　两人到了程颐家的小院外面要拜见程颐，院里的童子听见，连忙开门出来，对他们摆手说："先生正在午睡呢。"他们向童子说明来意，童子请他们到书房等一等。他们怕惊醒了老师，于是谢了童子，然后恭恭敬敬地站在门外等候。

那时正值隆冬季节,阴沉的天忽然下起了鹅毛大雪。没多久,两人的脸上和身上就积了厚厚的一层雪,远远望去,就像两个雪人,可他们谁也没有要离开的意思。等程颐午睡醒来,童子端来热茶,说有两个学生来访,见先生午睡不敢打扰,现在还在门外等候。程颐很惊讶,忙让童子请他们进来。程颐被这两个人的求学精神和尊敬师长的品德深深打动,从此更加尽心尽力地教他们。终于,杨时学到了老师的全部学问。后来,杨时回到南方传播程氏理学,并且形成独家学派,世称"龟山先生"。

导入思考

1. "程门立雪"的典故赞扬了什么精神?

2. 如何理解"一个不重视教育的民族是一个没有希望的民族,一个不重视教师的国家,绝对是没有前途的国家"这句话?

教育是一种极其古老的社会现象。教师职业道德是社会道德的一部分,受社会经济关系所决定。一般说来,伴随着人类社会的形成和发展,教师职业道德的内涵和外延也在不断地丰富和发展并具有鲜明的时代特征。

一、古代教师职业道德

(一) 教师职业道德的起源

教师职业道德是随着教育的发展而发展的。远古时期由于生产力极其低下,教育不发达,学校尚未出现,没有专职的教师,教育工作是由一些有感情、有经验的长者来担任的;同时也没有专职学生,教育对象是部落内部的儿童和青少年。充任教育工作的长者的职责,就是言传身教地向他们传授种植、捕鱼、狩猎等方面的劳动技能和生产经验。后来人们逐渐定居在村庄里,教育开始演变为教授广泛的知识,如在宗教仪式、舞蹈和部落的一般文化活动中向青少年传授各种知识,其中包括向他们讲解本部落或本氏族的历史、英雄故事及各种传统和风俗习惯等。这时只有一些教育活动中的粗浅行为习惯和朦胧的师德意识。所以说,这一时期是师德产生的萌芽时期。

我国早在奴隶制时期就建立了官学,但比较简陋,且有"政教合一"、"官师合一"的性质。春秋以前,教师职业道德虽然已经出现,但很不系统,往往夹杂于政治道德之中。春秋战国时期,中国社会处于大动荡、大变革时代,生产关系急剧变化,伴随奴隶制度的瓦解和封建制度的兴起,教育学术开始从政治中分化出来。各种学派应运而生,各派学者纷纷聚徒讲学,宣传自己的政治思想、学术观点,形成"百家争鸣"的局面。教育史上具有划时代意义的私学由此兴起。在私学形成的过程中,专职教师开始出现,这时才真正产生教师职业道德。

(二)先秦时期教师职业道德

据《礼记》记载,我国至少在奴隶社会初期就出现了教师。他们被称作"国老"或"庶老",分别在官方举办的学校"上庠"或"下庠"中从教任职,向人们传授知识。

先秦时期文化繁荣,出现了"百家争鸣"的局面。诸子百家其实都是职业教师,他们进行私人讲学,坐而论道,各有一班学生相追随。在他们的著作中,保存下来许多有关教育和教师的论述,虽只言片语,却弥足珍贵,其中很多经典的词语被直接引用到后世制定的师德规范中。其中著名的代表有孔子、墨子、孟子、荀子等一批思想家、教育家,他们在开办"自由讲座"、创办"私学"等教学活动中,对师德都进行了论述。春秋时期,孔子办私学,广收门徒,创立了许多有关教师职业道德方面的理论,并以《论语》一书集中反映了出来。之后,荀子、墨子、孟子等对教师职业道德体系进一步发展。比如荀子在强调教师要以身作则的同时,又在德行信仰、能力、知识等方面对教师提出了更高的要求。

先秦时期是中国文化教育的开创时期,先秦诸子的道德学说为中国道德的发展奠定了雄厚的基础,后来的文化教育、道德理论包括师德理论,大都可以从先秦时期找到根芽。

(三)汉唐时期教师职业道德

西汉时期,哲学家、教育家董仲舒提出并被统治者采纳的"罢黜百家,独尊儒术"的文教政策,确立了中国封建社会教育的雏形,也奠定了封建社会教师职业道德的基础。他指出,教师的道德责任在于"化民成性",要求教师道德要忠于封建地主阶级的利益,维护封建等级制度,为维护和巩固封建统治培养人才。

唐朝是我国封建文化教育的鼎盛时期,学校已相当完备,达到了空前的昌盛,加上唐朝历代君主都十分重教重学、尊师重道,师德得到了空前的发展。唐代大思想家韩愈将师德列于对教师要求的首位,不仅提出"师者,所以传道授业解惑也",而且还提出"是故弟子不必不如师,师不必贤于弟子",要求教师培养学生敢于超越的特质,当青出于蓝而胜于蓝时勿嫉妒学生,要甘为人梯。

(四)宋元明清时期教师职业道德

宋元明清时期,为了巩固封建政权,统治阶级强化了封建伦理纲常,建立了理学思想的庞大体系。宋明理学家们从主客观唯心主义方面建立了关于教师职业道德的伦理思想。

南宋的朱熹提出教师职业道德重在品德修养,他制定的著名的《白鹿洞教条》,第一次用学规的形式提出了对教师和学生的道德规范要求。"博学""审问""慎思""明辨""笃行"是教师的道德准绳。《白鹿洞教条》是我国古代关于师德规范最完整、最清晰的一次论述,也是中国教育史上特别值得纪念的一件大事。

明朝的王守仁认为教师身教是陶冶感化学生的根本途径,提出"学校之中,唯以成德为师"[①]。教学者首先要"正其志",否则就会"昏昏也",而这样的人是不能担当教师之职的。明清两代,沿袭宋代书院讲学风气。朱熹以后,他的门人程端蒙及其友人董铢根据《白鹿洞教条》制定了《程董二先生学则》。这个学则和《白鹿洞教条》一样,为明清两代的书院和官学普遍采用。明清书院普遍重视学子修身进德,学生选聘师长最看重的就是道德操守。清末,首创师范教育的盛宣怀把"立师德"作为净化社会风气的重大措施,他认为提高师德水准要从培养师范生开始,并且把师范生的道德品质训练分为5个层次,达到第5个层次才算达到教师道德水准。

二、近现代教师职业道德

鸦片战争以后,中国逐渐沦为半殖民地半封建社会,文化教育的性质发生了深刻的变化。一方面是摇摇欲坠的清政府为维护其腐朽的统治,顽固地传授封建道德,同西学思想进行着势不两立的斗争,教师的职业道德受到封建思想的影响,显现出其腐朽、落后的一面;另一方面,一批资产阶级教育家兴办学校,提倡新学,反对旧学,对教育和教师有了新的理解和要求,教师职业道德融入了"自由"、"民主"、"博爱"等一些西方思想内容。许多有识之士主张改革教育,学习西方。以康有为、梁启超、蔡元培、杨昌济等为代表的一大批教育家对教师职业道德提出了新的规范要求。康有为按照幼教、小教、中教、大教的不同层次,分别对教师职业道德提出

[①] 《王文成公全集》卷二十六。

了不同的要求；梁启超认为师范教育是教育的基础，强调教师立定专业志向，终身以教育为职志；著名资产阶级民主教育家蔡元培，明确主张教师要知识渊博，谦虚正直，要求教师的行为和品质成为学生的楷模。

五四运动后，马克思主义在中国传播，开辟了教育文化发展的新纪元。共产主义运动的先驱者和早期无产阶级教育家从马克思列宁主义思想出发，将热爱人民、追求真理和振兴中华等无产阶级思想纳入教师职业道德要求中来，丰富和发展了教师职业道德的内涵，推动中国教师职业道德的发展进入新阶段。鲁迅先生从事教育事业多年，他热情关怀和扶植青年学生成长，不惜"化为泥土"、"俯首甘为孺子牛"，哺育新生的幼苗。鲁迅先生对封建主义旧教育进行尖锐的批判，要求教师既教书又育人；既要有远大的目标，又要有扎实的本领；不仅要有披荆斩棘的勇气，还要有"韧"的战斗精神。

三、中国当代教师职业道德

（一）新中国成立后教师职业道德的发展

1949 年新中国成立后，经济基础发生了根本的变化，形成了以生产资料公有制为核心的经济制度。教育的性质也随之改变，广大教师在教育活动过程中，将本职工作与人类崇高理想的实现自觉联系起来，在批判继承优秀师德遗产的基础上，初步形成了社会主义的教师职业道德。如热爱党的教育事业，忠于职守；坚定不移贯彻执行党的教育方针和政策；具备高度的工作责任感和献身精神，等等。1957 年，毛泽向广大知识分子发出"又红又专"的号召，为师德建设指明了根本方向。"红"即要求教师具备无产阶级的立场、观点和方法，还要具有科学的世界观和高尚的思想品德。"专"即要求教师在业务上要精益求精，具备渊博的文化知识和从事教育工作的理论知识与能力。

1962—1963 年，教育部颁发的大、中、小学《暂行工作条例》明确指出，教师的"根本任务是把学生教好，教师应该热爱教育事业，努力完成教育任务，要爱护学生，要以身作则，要努力学习"。《暂行工作条例》的颁布标志着我国社会主义教师职业道德的初步成熟。

（二）改革开放后教师职业道德的完善

党的十一届三中全会召开以来，党和政府不断提高教师的物质待遇、社会地位和政治地位。随着社会的进步和教育事业的发展，社会主义的教师职业道德也在不断地发展和完善。我国先后 4 次颁布或修订中小学

教师职业道德规范。在这一新的历史时期,教师职业道德发展演变可分为 4 个阶段:

1. 第一个十年(1981—2000 年):从经验到法规

1981 年 12 月 28 日,全国中小学工会思想政治工作经验交流会制定并发出《建设社会主义精神文明、开展"五讲四美"为人师表活动倡议书》;1983 年 4 月,教育部和全国教育工会召开了全国"五讲四美"为人师表先进代表会议。开创新中国成立以来全国教育系统表彰先进之先河。1984 年 10 月 13 日,教育部、全国教育工会联合颁发了《中小学教师职业道德要求(试行草案)》,尝试吸取各地方院校师德教育的经验和教训,是改革开放以来我国首次以明确的法规对教师职业道德进行规范的文件,开启了改革开放以来师德建设之征程。

2. 第二个十年(1991—2000 年):从试行到完善

1991 年 8 月 13 日,国家教委、全国教育工会在总结试行情况的基础上对《中小学教师职业道德要求(试行草案)》进行了修订,颁布《中小学教师职业道德规范》,新增"廉洁从教"条目,旨在引导教师抵制社会不良风气的影响。

1993 年 10 月 31 日我国审议通过了《中华人民共和国教师法》并于 1994 年 1 月 1 日施行;1995 年 3 月 18 日通过了《中华人民共和国教育法》;1995 年 12 月 12 日通过了《教师资格条例》;1997 年国家教委印发了《关于在中小学教师继续教育中加强教师职业道德教育的意见》,等等,这一系列教育法律法规,都对师德红线分别作了具体规定。

根据《中共中央关于加强社会主义精神文明建设若干重要问题的决议》《中共中央关于进一步加强和改进学校德育工作的若干意见》和《中华人民共和国教师法》,1997 年我国又对 1991 年颁发的《中小学教师职业道德规范》进行了修订,并于 1997 年 8 月 7 日实施。该《规范》明确划定了 8 条师德底线,将以往关注的师生关系拓展至教师与家长、教师与职业的关系,师德规范内容涵盖了师德理想、师德原则与师德规则三个层面。2000 年,教育部、全国教育工会颁布《中等职业学校教师职业道德规范(试行)》,2000 年 8 月 15 日,教育部印发《关于加强中小学教师职业道德建设的若干意见》,进一步丰富了我国师德规范的内容。从此,我国师德规则从"红线"发展至"底线",师德规范建设的内容和范围逐步走向完善。

3. 第三个十年(2001—2010 年):从专业到务实

2005 年 1 月 13 日,教育部印发《关于进一步加强和改进师德建设的意见》,首次从三个层面对违反师德规范行为的处理办法作了规定,即劝诫、严肃处理和撤销教师资格并予以解聘。

伴随社会经济和教育发展进入新的历史阶段,2009 年 8 月 27 日,我国对《中华人民共和国教育法》进行第一次修订;对 1997 年 8 月 7 日实施的《中小学教师职业道德规范》进行再次修订,于 2008 年颁布了新的《中小学教师职业道德规范》。新颁布的《规范》共计 6 条,不仅是在原有的版本基础上的深化和升华,而且进一步细化和具化了每一条师德规范,提高了针对性,注重了操作性。

2010 年 7 月 8 日,中共中央国务院印发《国家中长期改革与发展规划纲要(2010—2020 年)》,勾勒出"采取综合措施,建立长效机制"的师德建设蓝图。

4. 第四个十年(2011 年至今):从零散到系统

继 2000 年我国教育部、全国教育工会颁布《中等职业学校教师职业道德规范(试行)》、2008 年对《中小学教师职业道德规范》再次修订之后,2011 年 12 月 30 日我国又颁布了《高等学校教师职业道德规范》,使师德规范建设体系更加完善。

2012 年 8 月 20 日,国务院印发《关于加强教师队伍建设的意见》,提出了"建立健全教育、宣传、考核、监督与奖惩相结合的师德建设工作机制"的总体构想;2013 年 9 月 2 日,教育部颁发《关于建立健全中小学师德建设长效机制的意见》,师德规则作为师德惩处的一部分融入了师德机制中并统筹谋划;2014 年 1 月 1 日,教育部印发《中小学教师违反职业道德行为处理办法》,全面细化了教师违反师德规范后的处分等级、处理程序等;2014 年 9 月,教育部印发《关于建立健全高校师德建设长效机制的意见》,进一步从层次到范围促进了师德建设走向系统化、科学化。

为加强师德师风建设,落实整顿"四风"要求,2014 年 7 月 9 日教育部印发了《严禁教师违规收受礼品礼金等行为的规定》、2015 年 6 月 29日印发了《严禁中小学校及中小学教师有偿补课的规定》;2018 年 1 月 20日,中共中央国务院发布《关于全面深化新时代教师队伍建设改革的意见》,强调把提高教师职业道德水平摆在首要位置,突出全员全方位全过程的师德养成。

中国教师职业道德发展的历史,反映了不同时期教育中的伦理关系,是当时社会对教师行为的基本道德要求。虽然不可避免地带有特定时代和阶级的局限性,但其中包含的合理成分已逐步演化为一种超越时空的永恒,成为我国教师职业道德发展史上熠熠生辉的精神丰碑。

教师队伍建设的政策回顾

1. 设立教师节,推动尊师重教。1985 年 1 月 21 日,第六届全国人大常委会第九次会议同意国务院关于建立教师节的议案,决定每年 9 月 10 日为教师节。

2. 评选特级教师,加强骨干教师培养。1978 年,教育部、原国家计划委员会制定颁布了《关于评选特级教师的暂行规定》。1993 年国家实行了特级教师津贴制度,明确特级教师享受特级教师津贴。2008 年 1 月 1 日起,经国务院批准,中小学特级教师津贴标准由每人每月 80 元调整为每人每月 300 元。

3. 实施教师职务制度,强化教师激励机制。从 1986 年开始,将各级各类学校的教师都纳入专业技术职务系列。

4. 大力推进教师队伍法制化建设。自 1993 年开始,先后颁布实施了《教师法》《教育法》《职业教育法》《高等教育法》《教师资格条例》《教师资格认定的过渡办法》。

5. 深化教育事业单位人事制度改革。2007 年人事部、教育部印发《关于高等学校、义务教育学校、中等职业学校等教育事业单位岗位设置管理的三个指导意见的通知》,建立和完善了人才队伍的分类管理、分类评价、分类激励机制。

6. 制定和完善《中小学教师职业道德规范》。1984 年颁布,1991 年、1997 年、2008 年先后三次修订。

7. 中小学义务教育阶段教师实行绩效工资。2009 年教育部出台了《关于做好义务教育学校教师绩效考核工作的指导意见》,加强对地方做好教师绩效考核以及奖励性绩效工资分配工作的指导。截至 2009 年年底,全国各省(区、市)和新疆生产建设兵团均已出台义务教育学校绩效工资实施意见,基本兑现了基础性绩效工资,义务教育学校实施绩效工资工作取得重要阶段性成果。

8. 深化教师教育改革。2010 年 7 月 8 日,中共中央国务院印发《国家中长期改革与发展规划纲要(2010—2020 年)》,2012 年出台《教育部、国家发展改革委、财政部关于深化教师教育改革的意见》,对我国教师教育内涵式发展、造就高素质专业化教师队伍提出建设性意见和建议。

9. 教师资格制度的完善。2011 年,国家教师资格统一考试首先在浙江、湖北进行试点。2013 年 8 月颁布《中小学教师资格考试暂行办法》，体现"质量至上，能力为本"的价值取向。2014 年 9 月，国家教师资格统一考试试点扩大到 13 个省自治区，2015 年在全国范围内统一实施。

10. 改革教师职称制度。2015 年 8 月，人力资源社会保障部、教育部印发《关于深化中小学教师职称制度改革的指导意见》，建立了统一的中小学教师职务制度，统一了职称（职务）等级和名称，并使统一后的中小学教师职称（职务）分别与事业单位专业技术岗位等级相对应。

11. 新时代教师队伍建设的行动指南。2018 年 1 月 20 日，中共中央国务院发布《关于全面深化新时代教师队伍建设改革的意见》。《意见》以习近平新时代中国特色社会主义思想为指引，指明了新时代教师队伍建设改革的方向，从师德建设、培养培训、管理改革、教师待遇、保障措施等方面提出了一系列建设高素质教师队伍的政策举措。

第二节　中外教育名家师德观概述

师襄子是春秋时一个乐官，善于弹琴、击磬。据《史记·孔子世家》载，孔子曾经跟他学过弹琴。

孔子（前 551—前 479）即孔丘，字仲尼，鲁国陬邑人，是我国古代著名的思想家和教育家。开始时，他向师襄子学了一支曲子，练了十来天，还在不停地练。师襄子对他说："差不多了，再学一支曲子吧！"

孔子答道："我才学会了谱子，还没有掌握技法啊！"

过了一些时候，师襄子对孔子说："你已经掌握了技法，可以学另一支曲子了。"

孔子答道："我还没有体会出这支曲子所表现出来的思想感情呢！"

又过了一些时候，师襄子告诉孔子说："你已经弹出了思想感情，可以学新的了。"

孔子又说："我还弄不清作曲子的是什么样的人呢！"于是又继续弹练下去。

这样过了好长一段时间。有一天，孔子兴奋地跑来对师襄子说："我已经了解曲子的作者了。黑黑的面孔，高高的身材，两眼仰视；一心想着以德服人，感化四方。除了周文王，还有谁是这样的呢？"

师襄子高兴地说:"一点不错。这支曲子,叫作《文王操》啊!"①

导入思考

读了"孔子学琴"这个故事,你有何感想? 作为今天的人民教师,我们应该树立什么样的师德观?

作为文明古国,我国传统文化孕育的师德观念自然源远流长,内涵绵亘深厚。在有目的、有计划、有组织的教育活动历程中,师德观念不断展现中华民族特有的智慧和价值导向。比如有教无类的教育公正观、以身作则的教育示范观、"学而不厌,诲人不倦"的教育发展观、循循善诱、格物致知的教育科学观和教学相长的教育辩证观等。

伴随着学校的产生以及专门从事教育教学活动教师的出现,在东西方教育史上曾涌现出了许多杰出的教育家,他们在教育教学理论(包括师德思想)方面都有许多深刻而独到的见解。这些理论和思想穿越时空的隧道,历久弥新,直到今天仍然有许多值得我们去继承、学习和借鉴的地方。

一、中国教育名家论师德

在中国教育史上,许多教育家提出过不少有价值的师德思想和观点。如孔子的教学相长、为人师表;孟子的以身作则、因材施教;荀子的"尊严而惮";韩愈的传道、授业、解惑;朱熹的博学、审问、慎思、明辨、笃行,等等。他们对师德的理论和要求,虽然受着时代和阶级的局限,有不少不足之处,但也包含着许多有利于人类、有利于教育事业发展的积极有益的因素。

(一) 传道授业,教书育人

历代教育家都非常重视传道授业,教书育人。以孔子为代表的儒家教育把教好学生,看成是人生的最大快乐。孟子曾说:"得天下英才而教育之"②是人生三大乐事之一。

唐朝教育家韩愈又强调了孟子的观点,明确提出:"师者,所以传道、授业、解惑也。"传道、授业、解惑这三方面紧密相连,构成了教师的任务。

---

① 摘自周鼎安:《名人治学轶事》,云南人民出版社,1982 年 11 月版。

② 《孟子·尽心上》。

其中,传道是教师的首要任务,为了使学生更好地悟道,就需要进行授业和解惑。传道是目的,是方向;授业和解惑是传道展开的过程和手段。三者有主有次,前后有序,职责分明。综观中外教育发展史,教师的任务也不外乎这三个方面。只是由于历史的发展,传道、授业、解惑的内容有所不同罢了。

现代著名教育家陶行知认为,教师应该把教书育人放在第一位,千教万教教人求真。"求真"是教师道德的真谛,也是教师道德目标,他强调教师要教人学会做人,求"真知",做"真人"。

(二)言传身教,为人师表

千百年来,孔子被尊称为"至圣先师""万世师表"。在道德修养方法上,孔子要求教师以身作则,为人师表,做到身教重于言教。言教在说理,以提高道德认识;身教在示范,实际指导行为方法。教师身教的示范,对学生有重大感化作用,因此身教比言教更为重要。

孟子认为,当你的行动未得到对方的反应时,就应当首先反躬自问,从自己身上找原因,对自己提出更高的要求。同时,面对超过自己的人,不能怨恨,也同样应当反躬自问,从自身找原因。总之,凡事须严于律己,时时反思。

朱熹认为,教师首要的道德准则是做到"明人伦"。他在《白鹿洞书院教条》中,首先列示"明人伦"的"五教五常"。他要求教师率先示范,并引导学生由士而进圣人。朱熹在《白鹿洞书院教条》中就明确提出了"修身之要",即"修身、处事、接物"之要,是处处按孔孟之道要求的;他主张修身养性时要"立志""主敬""存养""省察",目的是要求师生做到"己所不欲,勿施于人",主张做事、为人和求学必须"立志",明确目的,树立信心,平时言行必须反省,端正做人的态度,这些都很值得借鉴。

蔡元培先生认为,师范的"范",就是模范,可为人的榜样。自己的行为要做别人的模范,所以师范生的行为最要紧,模范不是短时间能成就的,须慢慢地养成。他提出教师必须具有以下标准:一是"积学",即学术水平高。二是"热心",即对大学教育事业怀有热情和责任心。三是"用功",即有进取创新精神。

"学高为师,身正为范"是陶行知的一句名言,它道出了作为一名合格教师,除了要有扎实的专业知识、较高的文化水平外,更重要的是应有良好的道德素质。陶行知主张教师要以身作则,以不倦的教诲,循循善诱,培养学生良好的道德情操。

(三) 学而不厌，诲人不倦

学是教的基础，教师只有学好才能教好，在师德修养方面，孔子明确要求教师要有"学而不厌，诲人不倦"的良好品德。要以教为业、以教为乐。朱熹也认为，教师要传授知识，培养学生知、情、意、行，就必须具有广博的知识才能、丰富的文化的修养、健全高尚的人格，做到学而不厌、诲人不倦，只有这样，才能成为一名热爱学生、献身教育的优秀的教师。

学而不厌是诲人不倦的前提和基础。所谓"学而不厌"，至少有三层含义：

其一，在学习内容的数量上要不厌其"博"。儒家提出"君子不器"，就是要求一个优秀教师，不能像器具那样，只有某一方面用途，作为一个优秀的教师必须"博学""博习""重学问，贵扩充"。

其二，在学习目的上要"务本"。儒家认为教师是"大任"在肩，因此要学好"大道""大理""至道"，即学好高深至极的根本道理。只有如此，才能成为"大智、大仁、大勇"者，从而培养出"治国平天下"的英才。

其三，在学习态度上要勤奋。儒家认为，一个教师要真正学到一点东西，必须勇于吃大苦、耐大劳，养成不畏艰苦、终身学习的可贵品质。孔子的"韦编三绝"，孟子的"源泉混混，不舍昼夜"，荀子的"锲而不舍"，董仲舒的"三年不窥园"，韩愈的"业精于勤"，朱熹的"勇猛奋发，拔出心肝去做"，等等，其实强调的都是同一个道理。

(四) 因材施教，教学相长

孔子说："三人行，必有我师"①。孔子不仅是这样说的，也是这样做的。

韩愈认为只要闻道在先，术业有专长者，皆可为人师。学生向教师学习道和业，而不应迷信盲从教师。他号召人们上可效法孔子"三人行，必有我师"的虚心精神，下可学习社会下层人们交互为师的方法，以矫正当时士大夫中存在的耻学于师、耻于为师的不良风气，从而形成人们交互为师、教学相长的新风气。他强调师生关系可以互相转化，这对维护教师绝对权威的封建师道尊严是一种否定。这种含有辩证法因素和民主平等的师生观，在当时乃至今天都是正确的。

明朝的王守仁提倡教师应循循善诱，要注意因材施教。他批评不顾学生身心特点、束缚和压抑学生发展的教师，反对教师"待若囚徒"般地处罚学生。他认为，教师授业应教学生以真知，注重培养知行合一、知行并

---

① 《论语·述而》。

进,使学生学业不断提高。

清末改良派领袖康有为,是 19 世纪末向西方寻求真理的先驱人物。作为启蒙思想家的康有为在教育上最大的贡献就是对中小学教师提出了不同层次的要求。他认为小学生正处在发育生长期,易受外界环境的影响,缺乏自理能力,需要有教师的照顾和关怀,这就要求小学教师不仅应具备良好的德行学问,还应有慈母般的情怀;中学生特别是初中生意识还不成熟,自立性、持久性、沉着和自制力等还不如成人,常常出现有始无终、忽冷忽热、不守纪律的行为,更需要有德才兼备的教师加以指导。

(五) 追求真理,教育救国

著名教育家蔡元培先生非常重视教师职业道德修养。他认为要使学生养成健全的人格,教师必须具有谦虚、正直、爱国、爱生和知识渊博等品德,具有自由、平等、博爱之思想。

无产阶级革命家、教育家徐特立认为作为一名教师,要立足人民,急人民之所急、忧民族之所忧,以振兴中华为己任。徐老认为,培养后一代来救国救民是他唯一的任务,他不仅要求教师将自己的工作与国家的命运、前途联系起来,他自己更是心忧天下、舍家兴学、以开民智的模范。

陶行知认为,教师在教化民众,改造社会方面担负着举足轻重的作用。他要求教师要敢于为真理而献身,敢于为民族的教育事业而献身,他一生都在追求真理,维护真理,为祖国的教育事业鞠躬尽瘁,死而后已。

(六) 创新理念,人格引领

伴随着新时代的来临,今天的教育家们继承传统,立足未来,对当代教师职业道德提出了许多新的观点。

中国首批特级教师于漪认为,教育要培养德智体美全面发展的社会主义事业合格接班人和建设者,学校的一切工作都要围绕德育工作来展开,德智体美,以德为先,教师的责任不仅在授业,首先是"传道"。她在 59 年的教育实践过程中,执着于对理想教育的追求,凭借信仰与力量、坚守与超越,成为"为教育而生"的一代师者楷模。

著名学者叶澜认为,教师要具备与时代精神相通的教育理念,并以此作为自己专业行为的基本理性支点。未来中小学教师的教育理念,主要是在认识基础教育的未来性、生命性和社会性的基础上,形成新的教育观、学生观和教育活动观。

当代教育名家、中国工程院院士徐匡迪认为,教师的人格力量来自学术水平与道德情操的完美统一。这种力量表现在三个方面:健康的价值观,高尚的道德情操,走在时代前列的学识。其中正确的世界观、人生观和价值观,又是为人师表、垂范师德的基础。

全国师德标兵林崇德认为,"爱"仅仅是其"师爱"内涵的一半,其另一半则是"严"。没有严就谈不上真正的爱,因此爱必须严。对学生的"严",首先是"做人"上的严格要求。

当代著名教育改革家魏书生认为,学习、热爱、研究、享受是教师生命的支柱,务实、乐观、创新、奋斗是教师的工作态度和作风。作为教师,在面对社会喧嚣的诱惑时,应当坚守自己的心田!

著名学者、"新教育实验"发起人朱永新认为,一个理想的教师,必须具有远大的理想,不断地给自己提出追求的目标,同时又要有激情。而教师关爱学生,一个很重要的表现就是相信每个孩子。每个孩子都具有巨大的潜能,而且每个孩子的潜能是不一样的。只有独具慧眼,发现每个孩子身上的潜能,鼓励孩子去不断地自主探索,才能使他们的才华得到淋漓尽致的发挥。

著名特级教师窦桂梅认为,一个好教师就是一种好教育,好老师是"做有专业尊严的教师","做一个精神上气象万千的教师",好教师应该拥有优雅的姿态,上好课是教师最崇高的师德。

作为绵延数千年的文明正大之邦,中华民族拥有广博庞大、精深缜密的传统师德资源。这些宝贵的资源既需要我们在理论和实践两个层面上承接前流、吸纳百川,又要求我们与时俱进、开拓创新。我们要按照中国特色社会主义事业发展的需要,批判地继承、借鉴古今师德中一切有价值的东西,经过消化、吸收、改造、创新,以建构适合我国新时代发展要求的师德体系。

二、外国教育名家论师德

关于教师职业道德,国外教育家同样给我们留下了很多值得珍惜的宝贵遗产。古代教育中,特别值得一提的是古希腊教育和古罗马教育。在作为西方学校教育开端的古希腊,最著名的教育家有德谟克利特、苏格拉底、柏拉图、亚里士多德等人;古罗马在其教育发展过程中造就了西塞罗、昆体良等一批卓越的教育家。其中,昆体良代表着古罗马教育思想的最高成就,尤其是在师德观方面,他更是承前启后,独放异彩,留给后人许多启迪。

文艺复兴时期的西方也出现了许多著名教育家,如夸美纽斯、洛克、卢梭、裴斯泰洛齐、赫尔巴特、福禄贝尔、第斯多惠等等。他们在教育教学改革的实践中,形成了各种不同的教育思想,在师德观方面也有许多独到的见解。

19世纪末、20世纪初以来,教育思想进入了现代时期。在这个时期特定的社会文化背景下,形成了许多教育流派,产生了如杜威、蒙台梭利、皮亚杰、布鲁纳、马卡连柯、苏霍姆林斯基等著名教育家。他们不仅在教育上有许多独到见解,而且在师德观方面也给我们留下了宝贵的精神财富。

认真学习和研究外国教育家的师德观,取其精华、弃其糟粕,对于形成具有中国特色的、符合时代要求的正确的师德观,具有非常重要的意义。

(一)追求理想,个性独立

西方教育家认为,在教学上,教师的职责不仅仅是向学生传授知识,更重要的是教师应当以探索和创新的态度,帮助学生成为知识的积极追求者,使学生最终成为一个在学习上不依赖于别人、具有独立性的人。

德国教育家第斯多惠认为,教师必须怀有崇高的理想。同时,教师还要具有进步的政治态度,善于明辨是非,永远站在社会进步的方面,坚持教育的进步方向。要求教师具有坚定、严格、刚毅的精神状态与性格力量,做到永远精力充沛地进行教学,为真正的国民教育而斗争。

文艺复兴时期,维多利诺为反对封建教育压制儿童个性而专门创办了"快乐之家"。他十分注意启发儿童学习的兴趣和主动性,提倡运用直观教具,加强练习,使学习做到生动、有趣,从而有利于发展学生的个性。

杰出的资产阶级民主教育家裴斯泰洛齐认为,教育的目的在于发展人所固有的天赋才能,并使之日趋完善,教育的中心问题在形成人的道德面貌。

美国实用主义教育家杜威反对以获取和积累知识为目的,认为这是成人按自己的标准强加给学生的,忽视了学生的个性和个人经验,限制了他们的主动活动,对思维的发展起破坏作用。杜威主张教师应当遵循儿童获取知识的"自然途径",为学生提供一定的环境,"从做中学",即把获取主观经验作为确定教材、教法和教学过程的基本原则。他认为应教学生去"做",而不是去"学",使学生"由做事而学习",以真正培养学生的独立能力。

(二)平等博爱,师生和谐

西方教育在"师德"的第一个层次上,对教师的基本要求是"尊重学生"。古希腊杰出的唯物主义哲学家和教育家德谟克里特,倡导民主平等的师生关系,主张用说服的方法对学生进行教育,反对用强制的办法。他认为用鼓励和说服的语言来造就一个人的道德，显然比用法律和约束更能成功。

德国教育家赫尔巴特十分重视教师在教育管理上对儿童的尊重。在他看来，在对学生的教育上，教育者如果仅把管理作为教育的目的，这种教育就是一种强制性的、压迫儿童心灵的教育。

古代罗马奴隶制帝国初期最负盛名、影响最大的教育理论家和教育实践家昆体良认为，教学质量的关键在于教师。他认为教师应该是有学识的，他们应该热爱儿童，耐心地教育儿童，注意研究儿童，讲究因材施教。昆体良竭力反对体罚，尤其强调对幼小儿童更要严禁体罚。他专门给体罚列举了五大罪状。反对体罚的思想，体现了他对儿童人格的充分尊重和对儿童的深刻了解，同时也充分体现了他强调对儿童进行正面教育，以及培养儿童生龙活虎般的积极性、创造性等主张。

古希腊杰出的思想家和教育家亚里士多德在教育问题上，论证了和谐发展的教育思想，提出了教育要适应自然，发展儿童天性，要依据儿童身心发展顺序来划分年龄阶段，这些都为文艺复兴时代资产阶级进步教育家所重视。

捷克著名教育家夸美纽斯坚决反对对学习成绩差的学生使用惩罚，他认为教师应有广泛的知识和高尚的道德品质，而最要紧的是对儿童的热爱。儿童作为尚未成熟的人，具有发展的极大可能性，这种发展是自内向外进行的。他提出，重要的问题是如何使儿童得到发展的机会与动力，以及教育者如何依据儿童的自然本性循循诱导。夸美纽斯认为每一个儿童都有个别差异。依照自然行事，顺应儿童天生倾向发展，是每个教育工作者必须遵循的原则。据此，他要求教师必须研究儿童、了解儿童，根据儿童不同的特点，有的放矢。

在师生关系问题上，美国著名教育学家杜威批评传统教育片面强调教师的权威和教师的单纯灌输作用，主张在整个学校生活与教学中，学生必须是积极主动的参与者，教师是学生活动的指导者、协助者、参谋、助手。在他看来，在教育过程中激发学生自己解决问题，并不意味着教师可以袖手旁观，而是要参与学生的活动，通过多种方式为学生提供必要的指导和帮助。与此同时，教师也从中得到学习的机会，和学生一起互学互长。

（三）知识广博，德才兼备

苏格拉底认为，治国者必须具有广博的知识。为此，他孜孜不倦地教人以各种知识。他认为教育的首要任务就是教人"怎样做人"。他千方百计地教育人们要"努力成为有德行的人"。

昆体良认为,一个优秀的教师,在德行上应是无可指责的,教师必须是道德高尚、行为端庄的人。他强调,教师应该德才兼备。他认为,教师既要掌握所教学科的内容,也要能熟练掌握各种教学方法。他指出,最有学问的人的教学,往往使人容易理解和更加明白;反之,越是无能的人,越是教得晦涩难懂,其害大矣。

第斯多惠因其终生从事师范教育,致力于发展国民教育,被誉为"德国教师的教师"。第斯多惠认为,教师要不断进行自我教育。首先,教师应该以自己所教的学科作为学习的核心。其次,教师还要阅读有关教育方面的文章,特别是教育学和心理学方面的知识。最后,教师学有余暇还可以广涉各类书籍。第斯多惠主张要有目的、有选择地读书,但他也不反对教师在业余时间广涉一些有趣的读物。他认为,这既可作为休闲娱乐、清醒大脑之用,也可丰富知识、开阔视野。

苏霍姆林斯基认为,深湛的知识、广阔的视野,以及对科学问题的浓厚兴趣,这一切都是教师用以引起学生对知识、学科、学习过程的兴趣的必备条件。教师如果能对自己所教学科的知识深刻掌握,那么,在讲课时就能直接诉诸学生的理智和心灵,这样的教师上课,像是在跟少年和青年男女娓娓谈心,教师和学生之间建立了一种密切的交往关系。他还强调教师必须有较高的语言修养。教师在课堂上首先是靠语言向学生传递知识的,如果教师的语言精炼、逻辑性强,学生的脑力劳动效率就会成倍提高。因此,他把教师语言修养问题提到了十分重要的位置。

(四) 以生为本,全面发展

夸美纽斯主张所有的人都应受教育,都要学习"百科全书式"的知识,而且要学得"完善"、"彻底"。他是外国教育史上最早提出普及教育的思想家。

17世纪英国著名的政治思想家、哲学家和教育思想家洛克主张,要把年轻人培养成有强健身体、有一定知识、有才干、具有优雅态度并善于处理各种事务的绅士。这种教育要从德、智、体三方面着手。他认为道德教育是绅士教育的灵魂,拥有理想的德行,可以使个人获得幸福,也有助于他的事业成功。洛克提出,一个绅士必须具备理智、礼仪、智慧和勇敢这四方面的道德品质。

赫尔巴特认为,教育就必须发展人的多样的、各方面的感受性,培养人的多方面的兴趣。所谓必要的目的就是道德的目的,这是一个人在任何活动中都必须达到的目的。他认为教育的本质就是以各种观念来丰富儿童的心灵,把他们培养成具有完美的道德品格的人。

杜威在他的《学校与社会》一书中批判传统教育的"三中心"的教学,即仅仅以书本的知识、课堂上的讲授和教师主导作用为教学的中心,而把真正的"中心"——儿童抛在了一边。他针锋相对地提出了"儿童中心"的主张,提出教育要实现重心的转移——从"教师中心"、"教材中心"向"儿童中心"转移,这就是杜威倡导的"新教育"(或"进步教育"),也就是"以儿童为中心"的教育。杜威认为,不以儿童的生活为出发点,教育便会造成浪费。杜威提出,教育应从儿童的角度来选择学习内容,应当把培养兴趣当作教育的特殊目的。

苏霍姆林斯基认为,学生考试的成绩优异仅仅表现了他聪明才智的一个方面,而不能说明他的整个聪明和智慧。如果教师只看到学生的这一点而未见到其他的方面,就等于"只看到了一片花瓣,而未看到整个花朵"。他竭力反对用一把尺子看人,他强调,教师要尽量使隐藏在学生身上的各种潜能得到充分的发展,使那些智力较差的学生也能看到自身存在的特点,并使之得到发展,而不让他们因自身某些发展的不足而自卑。

三、中外师德观比较

中外师德思想在诸多方面都存在着许多相似之处,如教书育人、热爱学生、为人师表等。但不同的文化传统和民族文化心理结构,又决定了中外师德思想在某些方面也存在着一定的差异。这些差异主要表现在以下几个方面。

(一)社会本位与个人本位

中国古代一直采用私塾这种个别教学形式,它以教师为中心,十分强调教师"做人",不仅要求教师养成克己爱人、团结和谐、孝为公理、尊人卑己、见利思义等充分体现社会本位价值的道德观念,而且要求在其教学中把这些道德观念灌输给学生,做到教书育人。孔子主张"仁者爱人",要求教师应以"仁"和"礼"为道德标准教育学生,其价值导向并不是强调个体人格的独立,而是强调个体对他人、对社会应尽的义务,目的在于维持社会的和谐稳定。从孔子、孟子、墨子、韩愈到蔡元培、徐特立、黄炎培、陶行知等,可以说,从古到今,中国广大教师都以"为天地立心,为生民立命,为往圣继绝学,为万世开太平"为己任,秉持"先天下之忧而忧,后天下之乐而乐"的高度社会责任感,使中国师德思想充满了社会本位色彩。

与中国师德思想相比,西方师德思想则呈现出浓厚的个人本位色彩。

从古希腊职业教师、智者派最杰出者普罗泰戈拉提出"人是万物的尺度"，个人本位在西方师德思想中初露端倪。随后，苏格拉底发展了这一思想，提出了"有思考的人是万物的尺度"。从那时起，西方开始要求教师在教育中，提倡人的价值和尊严，维护人的需要和利益，尊重人的地位和作用。文艺复兴时期，西方师德思想中更是体现出提倡人性、反对神性，提倡人权、反对神权，提倡个性解放、反对压抑个性的个人本位主义色彩。英国资产阶级革命爆发后，受资产阶级"自由""平等""博爱"学说的影响，西方师德思想中个人本位主义迅速发展。从洛克、卢梭到杜威都一直强调在教育教学中要以"学生为中心"，要求教师具备民主品德，反对教师把自己的目的强加给学生，主张学生个性自由发展。

（二）师道尊严与师生和谐

中国几千年的文化发展逐渐形成了师道尊严的文化观念，在师生关系中竭力推崇教师的权威。荀子把"天、地、君、亲、师"并列起来，将教师提到了非常崇高尊贵的地位，并视尊师与否为国运兴衰的征兆。《学记》在中国师德思想史上明确提出了师道尊严的观念。韩愈更是感慨于"师道之不传久矣"的现象，奋笔疾书《师说》一文，提倡尊师重道，强调师道尊严。受师道尊严传统的影响，至今我们仍然强调教师的地位和作用，并赋予师道尊严以新的时代内涵，提倡尊师重教。

西方文化高扬自由意志，提倡人与人之间的平等、博爱关系。因此，萌生于这种社会文化土壤中的西方师德思想也必然带有这片土壤所赋予的独特色彩，具体体现为西方师德思想十分强调师生之间关系的和谐，要求教师尊重学生，与学生平等相处，建立友好和睦的关系，使学生健康、茁壮地成长。例如夸美纽斯十分注意师生之间良好关系的确立，他要求教师像慈父一样爱护学生，和善愉快地传授知识；苏霍姆林斯基要求教育者应当是受教育者的知心人，应善于跟他们交朋友，关心孩子的快乐和悲伤，了解孩子的心灵，时刻都不忘记自己曾经也是个孩子。可见，在西方师德思想上是非常强调和谐的师生关系的。

（三）情感本位与理性本位

中国师德思想与"情感"结下了不解之缘，而西方师德思想则与"理性"相伴随。中国文化是伦理型文化，在处理人与人之间的关系上，一直受血缘和宗教关系的左右，形成了以"孝"和"忠"为核心的家族化价值取向，这种价值取向一直在潜移默化地影响中国师德思想，使其体现出情感本位的色彩。孔子师德思想之核心"仁"，要求教师道德以孝悌为本；石介倡导寓情感于教育教学之中;王阳明也对教师提出了"今教童子,惟当以孝悌忠信礼义廉耻为专务"的要求。可见,中国师德思想对情感异常关注。

西方师德思想较为重视理性的判断,理性精神一以贯之。早在雅典"新教育"中理性精神已经发端,其师德思想已经很清楚地显现出注重理性精神的陶冶。从苏格拉底到亚里士多德,西方许多教育家都从不同方面论述了在道德修养中,理性应居于指导地位的思想,因为理智可以把人的愿望引向良好的轨道,形成完美的德行。

联合国教科文组织关于师德规范的论述

1. 教师不得以种族、肤色、性别、宗教、政治见解、民族、社会成分或经济状况为理由,以任何形式歧视学生;

2. 教师要为每一个学生提供可能的、最充分的受教育机会,应适当注意对教育活动有特殊要求的儿童;

3. 教师应具有必要的德、智、体的品质,并且具有必要的专业知识和技能;

4. 教师要尽一切可能与家长紧密合作,但也不能在教师专业职责等方面受到家长不公正和不应有的干涉;

5. 教师要积极参加社会和公共生活;

6. 为了学生、教育工作和全社会的利益,教师要力求与各行政主管部门充分合作;

7. 教师应参加课程、教学方法和教学设备的改进工作;

8. 教师要公正地评定学生的学业成绩;

9. 教师应避免学生发生意外事故。

国际教师团体协商委员会关于师德规范的规定

1. 教师必须尊重学生的思想自由,并鼓励他们发展独立的判断力;

2. 教师要致力于培养作为未来成人及公民的道德意识,并以民主、和平与民族友谊的精神教育儿童。

3. 教师不能因性别、种族、肤色及个人信仰和见解的不同,将个人信仰和见解强加于儿童。

4. 教师要在符合学生自尊心的范围内实施仁慈的纪律,不得采用强制和暴力。

第三节 教师职业道德的时代发展

时代楷模黄大年

黄大年,男,广西南宁市人,1958年8月生,汉族,著名地球物理学家,生前担任吉林大学地球探测科学与技术学院教授、博士生导师。2009年12月,黄大年放弃了在英国优厚的待遇,怀着一腔爱国热情返回祖国,出任吉林大学地球探测科学与技术学院教授。八年时间,他刻苦钻研、勇于创新,带领团队在航空地球物理领域取得一系列成就,填补了多项国内技术空白。2017年1月8日,黄大年不幸因病逝世,享年58岁。

习近平总书记批示:我们要以黄大年同志为榜样,学习他心有大我、至诚报国的爱国情怀,学习他教书育人、敢为人先的敬业精神,学习他淡泊名利、甘于奉献的高尚情操,把爱国之情、报国之志融入祖国改革发展的伟大事业之中、融入人民创造历史的伟大奋斗之中,从自己做起,从本职岗位做起,为实现"两个一百年"奋斗目标、实现中华民族伟大复兴的中国梦贡献智慧和力量。①

导入思考

1. 社会的发展给教师带来哪些挑战?如何应对这些挑战?

2. 新时代什么样的教师最具有感召力?

一、新时代师德建设的现实审视

随着社会经济生活的不断发展变化,师德的内涵、要求、标准也在不断地更新、充实与完善。在国际范围内,日益激烈的综合国力竞争、世界多极化、经济全球化对整个道德领域尤其是师德建设提出了新的要求。一方面,信息化、全球化为师德发展提供了新的物质基础;另一方面,国际间更为广泛的经济、文化交流所形成的共识与差异又对师德发展提出了新的价值取向和规范要求。在国内,随着社会主义市场经济体制的建立

---

① 来源:共产党员网 http://www.12371.cn/special/hdn。

和完善,经济成分、组织形式、就业方式、利益关系和分配方式日益多样化。一方面经济利益格局的调整和变化,冲击和挑战着教师的道德规范,影响着许多教师的道德观念和道德素养。另一方面,从教师自身发展情况来看,推进素质教育,践行课堂革命,落实学科核心素养又呼唤着教师的专业化发展。新的发展背景需要对师德建设进行新的审视。应该说,当前师德建设总体是好的,但也存在一些问题,主要表现在以下几个方面。

(一) 现代教育对师德的高要求与教师对自身职业低认同的冲突

伴随着现代化建设的深入推进,"科教兴国""人才强国"战略的实施,全社会各阶层给予教育极大的关注和支持,也对教师的素质和育人水平寄予厚望。改革开放及市场经济发展带来的拜金主义、享乐主义等负面影响,使部分教师价值观错位,初心不再,使命意识、责任意识淡化;尤其有些教师因地位、待遇等物质化的攀比导致产生职业倦怠,职业认同感降低,职业幸福感缺失。

(二) 教师强调权威与学生渴望民主之间的冲突

现代教育突破传统教育的重要体现之一,就是倡导教育活动中"教"与"学"两大主体围绕知识传授和能力培养展开双边互动。师生关系的和谐程度,成为衡量教育效果的重要尺度。教师自身职业道德素质的高低相应地成为制约师生关系的重要因素。以往在师生交往中,很多教师采用单向交往的方式,无论是课堂教学还是对学生的管理,常采用单向"灌输"的方法,对学生的道德习惯的养成漠不关心,育人意识淡薄。然而,现代学生的需求越来越多样化,价值观也呈现多元化,追求师生对话的民主平等,他们不希望被动地接受管理和教育。如果教师不善于转换角色,淡化"管理者"意识,并努力在教育教学活动中获得学生的理论认同、情感认同和价值认同,就很难得到学生的信任和配合,师生之间产生冲突也就在所难免。

(三) 团结协作的职业道德需求与教育者专业视域孤立、封闭的冲突

现代教育是群体协调性很强的职业劳动。它要求教师之间坦诚合作,共同维护教育工作的统一性。然而,由于历史的、现实的原因,特别是市场经济浪潮的冲击,中华民族相互尊重、友好合作的传统美德不断受到冲击。现实社会中,教师中不团结、不合作甚至伤及学生、危害社会的事情时有发生。主要表现为:一些教师自我封闭,过高评价自己,不与他人交流,忽视或否定其他教师的作用,漠视集体,对他人工作漠不关心;一些教师个人主义思想道德观念严重,存在"同行是冤家"、文人相轻的传统职业心理,片面追求个人的教育威信,贬低或损害其他教师的威信;一些教师缺乏现代教育的竞争意识,不能正确对待竞争,尤其是在涉及职务晋升、绩效考核等方面,为了保持自己在教学和研究中的"优势地位",相互拆台,见利忘义,造成同行之间关系的不和谐等。

(四)社会家庭诉求表达与学校教师沟通交流的冲突

学生的成长不仅需要教师的指导,还需要家庭的关心和爱护。尽管家校合作的理念已被许多学校和家长接受并实施,但在实际过程中仍面临许多问题和冲突。在教育观念上,家长希望"赢在起跑线上",学校越来越重视素质教育和全面发展;在沟通形式上,家长渴望多向互动,学校注重形式,比如家长会成为成绩通报会,家长委员会成为家长代表报告会,网络平台成为推送作业平台;在沟通内容上,学生应是家校沟通的中心话题。但有些学校将家校合作看成减少纠纷的途径,甚至有的教师在合作的过程中会肆意滥用自己的权利,向学生家长告状或分配任务,造成负面影响。

二、新时代加强和改进师德建设的旨向

长期以来,广大教师教书育人、敬业奉献,赢得了全社会的尊重。同时也必须看到,在市场经济条件和开放环境下,学校教育和师德建设工作面临许多新情况新问题和新的挑战;人民大众对于优质教育日益增长的需求,对教师素质提出了新的更高的要求。师德建设工作还存在许多不适应的方面和薄弱环节。教师队伍的师德水平和全面素质亟待进一步提高,师德建设工作亟待进一步加强和改进,师德建设的制度环境亟待进一步改善。在新的历史时期,加强和改进师德建设是一项刻不容缓的紧迫任务。

(一)加强师德师风建设、培养高素质教师队伍是新时代中国特色社会主义教育的重要任务

党的十八大以来,以习近平同志为核心的党中央,高度重视教育事业发展,高度重视教师在教书育人中的重要作用。习近平总书记从国家繁荣、民族振兴、教育发展的大局出发,深刻阐释了教育工作和教师工作的极端重要性,明确提出成为一名党和人民满意的好教师,要争做"四有"好老师,要成为学生的"四个引路人",要坚持"四个相统一"的教育工作标准。这些标准一脉相承、系统完整,形成了对广大教师思想、道德、学识、

能力、作风、纪律等方面全方位的要求,赋予了人民教师神圣的职责使命,是新时代进一步加强教师队伍建设、培养高素质专业化创新型教师的行动指南。

党的十九大吹响了新时代全面发展的新号角,十九大报告不仅对新时代如何优先发展教育事业、加快教育现代化、办好人民满意的教育、建设教育强国提出了明确要求,也为新时代师德师风建设指明了方向。2018 年 1 月发布的《关于全面深化新时代教师队伍建设改革的意见》对师德师风建设进一步做出总体部署,要求"着力提升思想政治素质,全面加强师德师风建设"。加强师德师风建设,是呼应时代发展的应然诉求,更是深刻理解习总书记争做"四有好老师"讲话精神的必然要求。

(二) 习近平新时代中国特色社会主义思想是新时代师德建设的指导思想

2017 年 10 月 18 日,在中国共产党第十九次全国代表大会上,习近平总书记首次提出"新时代中国特色社会主义思想"。2017 年 10 月 24 日,中国共产党第十九次全国代表大会通过了关于《中国共产党章程(修正案)》的决议,习近平新时代中国特色社会主义思想写入党章。

习近平新时代中国特色社会主义思想,是对马克思列宁主义、毛泽东思想、邓小平理论、"三个代表"重要思想、科学发展观的继承和发展,是马克思主义中国化最新成果,是党和人民实践经验和集体智慧的结晶,是中国特色社会主义理论体系的重要组成部分,是全党全国人民为实现中华民族伟大复兴而奋斗的行动指南,是促进教育事业发展,加强师德师风建设强大的思想武器。

以习近平新时代中国特色社会主义思想为指导,加强广大教师的理想信念教育,引导教师树立正确的历史观、民族观、国家观、文化观,坚定"四个自信",坚持教育为人民服务、为中国共产党治国理政服务、为巩固和发展中国特色社会主义制度服务、为改革开放和社会主义现代化建设服务,全面贯彻党的教育方针,落实立德树人根本任务,引导广大教师自觉做先进思想文化的传播者、党执政的坚定支持者,更好担起学生健康成长指导者和引路人的责任。

(三) 造就让人民满意的教师是新时代师德建设的根本目标

教育部《关于进一步加强和改进师德建设的意见》指出:"弘扬高尚师德,力行师德规范,强化师德教育,优化制度环境,不断提高师德水平,造就忠诚于人民教育事业、为人民服务、让人民满意的教师队伍。"从宏观上明确指出了师德建设的总体目标。

党的十九大报告指出"加快教育现代化,办好人民满意的教育",充分体现了新时代以习近平同志为核心的党中央对教育事业的高度重视,对优先发展教育的坚定决心。报告提出办好人民满意教育的目标任务,为未来我国教育事业的改革发展指明了方向。

当前,中国特色社会主义进入了新时代,推进教育均衡、公平发展,满足人民日益增长的享受更公平更优质教育的需求,是新时代赋予教育战线的新使命。这就要引导教师把握好新时代教育的新使命,坚持"四个统一",即坚持教书和育人相统一,坚持言传和身教相统一,坚持潜心问道和关注社会相统一,坚持学术自由和学术规范相统一;引导广大教师要立足培养中国特色社会主义事业建设者和接班人的需要,立足国际视野、家国情怀、集体精神和创新思维的新时代人才基本需求,不断提升自己的学识能力,以德立身、以德立学、以德施教;引导广大教师既做好"大先生"又做好"教书匠",做出无愧于时代、无愧于人民、无愧于历史的光辉业绩。

(四) 社会主义核心价值观是新时代师德建设的基本内核

社会主义核心价值观是师德建设的根本指引。党的十八大提出积极培育和践行社会主义核心价值观。社会主义核心价值观是中国特色社会主义的基本价值理念,是实现中华民族伟大复兴的中国梦的精神支柱,凝聚了国家、社会、个人不同层面的价值认识,是当代中国社会价值观的"最大公约数"。师德作为社会职业道德重要且特殊的组成部分,必然全面而深刻地凸显社会主义核心价值观的根本精神。

新时代加强师德建设,必须与积极培育和践行社会主义核心价值观相结合。加强师德建设的过程也是培育和践行社会主义核心价值观的过程。加强师德建设,内在地蕴含着对社会主义核心价值体系大众化的价值诉求;坚定教师的理想信念,规范情操品行,集中体现为对社会主义核心价值观的认同和身体力行。

师德建设要以社会主义核心价值观为主线。践行社会主义核心价值观,教师尤其要准确理解、把握社会主义核心价值观的深刻内涵,使社会主义核心价值观蕴含的理想信念、精神信仰、道德观念入脑入心,增强价值判断、选择和塑造能力;大力倡导社会主义核心价值观,构筑教师职业道德的核心基石,必定能够更深层次建设一支高素质的教师队伍,真正承担起为国家发展、民族振兴培养建设者和接班人的光荣使命。

(五) "四有好老师"标准是新时代师德建设的重要内涵

师德发展源远流长,尽管其内涵会随着时代发展而不断损益扬弃,但

"教书育人"是其永恒的主题，"为人师表"是其不变的精神。2014 年 9
月，习近平总书记同北京师范大学师生代表座谈时，提出了做党和人民满
意的好老师的"四有"标准，即好老师要"有理想信念、有道德情操、有扎实
学识、有仁爱之心"。"四有"好老师标准可以看成是新时代师德规范新的
凝练，不仅涵盖了社会主义核心价值观的全部内容，而且突出了师德建设
的时代要求。

坚定的理想信念，是办好中国特色社会主义教育的思想基础，体现了
思想育人导向。作为师德的"理想信念"应包括两个方面的内容。第一是
树立中国特色社会主义的共同理想。当今教师所传之"道"就是中国化的
马克思主义——中国特色社会主义理论，这是指导中国特色社会主义建
设的理论基础。传道者自己首先要明道、信道。广大教师必须加强中国
特色社会主义理论的学习，加强对该理论的思想认同、理论认同和情感认
同，不断增强"四个自信"；第二是树立"执着于教书育人"的职业理想。广
大教师要从国家、民族未来的角度坚定从教信念，树立正确的得失观，养
成矢志从教、敬业奉献的高尚品德。

高尚的道德情操，是教书育人的前提条件，体现以德育人导向。广大
教师要提高道德情操，弘扬社会主义道德和中华传统美德。新时代教师
高尚道德情操的基本内核就是社会主义核心价值观。在教师对社会主义
核心价值观深切领悟、高度认同的基础上，引领学生践行社会主义核心价
值观，增强学生价值判断能力、价值选择能力、价值塑造能力，引领学生健
康成长。

扎实的学识功底，体现了知识育人导向。广大教师要牢固树立终身
学习理念，具备扎实的知识功底、过硬的教学能力、勤勉的教学态度、科学
的教学方法，准确把握学生成长规律，努力使自己成为业务精湛、学生喜
爱的高素质教师。

博大的仁爱之心，体现了以爱育人的导向。教师的仁爱之心首先表
现在"有教无类"上，平等地对待每一个学生，因材施教。其次教师的仁爱
之心是"大爱"，而非溺爱。广大教师要永怀仁爱之心，自觉爱护与尊重、
宽容学生，把真情、真心、真诚贯穿教书育人全过程。

三、新时代加强和改进师德建设的原则

当前我国正处于全面建设小康社会的决胜阶段，教育变革与教育发
展如何满足人民群众对美好教育的需求，这是教师的职业道德建设面临

的时代新挑战。为此,我们要充分认识新时代加强师德建设的战略意义,以高度的战略思维和战略决策持续有效地推进师德建设。

习近平总书记曾说:"师德是深厚的知识修养和文化品位的体现。师德需要教育培养,更需要教师自我修养。"新时代师德建设在完善师德内容,建立健全师德建设长效机制的基础上,要坚持理论与实践、自律与他律、传承与创新相统一。

坚持理论与实践相结合。一要积极开展师德建设的理论研究。拓展研究范围和层次,在人才培养、基础教育课程改革、教师专业成长、校长能力建设、评价机制改革、学术道德建设、教育价值观构建等方面和环节开展新形势下师德建设专题理论研究;坚持问题导向,聚焦教师职业生活,调研一线教师师德状况,了解社会主体评价,厘清师德建设难点,提出具有针对性和前瞻性的对策建议,形成具有实践性和指导性的理论成果。二要着力推进师德建设实践活动。将职业道德养成融入师范生培养和教师专业成长,深化理论研究成果的实际运用,推进"全员、全程、全方位"的师德建设实践;多渠道、分层次开展思想政治、理想道德、心理健康、学术规范、专业精神等师德教育,使教师职业道德实践从单一走向多元、从封闭走向开放;选树先进典型,改进宣传方式,提高师德宣传实践的感染力和渗透力;完善校内校外相结合的师德践行机制,使教师和师范生不仅着眼于校园和育人,更关注国家和社会,不仅做学校的教师,更要做社会的教师。

坚持自律与他律相结合。一要完善机制强化他律。完善教师资格认定、新教师聘用等准入机制,将思想政治素质、思想道德品质作为必备条件和重要考察内容;完善师德考评奖惩和教师退出机制,进一步强化师德表现在教师绩效考核中的重要作用,落实并强化表彰、奖励和劝诫、处分、解聘等杠杆功能;完善师德问题报告机制和舆论监督机制,将师德建设作为办学质量和水平评估的重要指标;创设尊师重教的社会氛围,发挥正面激励作用,提升教师的职业归属感和幸福获得感。二要以价值引领促进自律。教育和引导教师坚持价值引领,以核心价值观为根本遵循,以立德树人为出发点和立足点,努力践行教书育人行为准则,带领学生成人成长成才,把师德风范转化为内在理念和自觉行动;引导教师正确认识社会角色和职业特性,自觉担当起全社会对教师思想状况、道德水平、价值立场等方面的更高要求;引导教师坚持"以天下为己任"的理念,弘扬高尚情操,传承优秀文化,自觉践行和传播正确的价值观念与道德规范,做社会文明的传播者,做良好社会风尚的推动者。

坚持传承与创新相结合。一要强化传统师道传承。加强中国传统师德课程建设,着重挖掘中国教育史中师德的丰富内涵和教育名家事迹;开展学习教育名家的主题活动,在教育和生活中传承师道,构建既承续传统,又顺应时代的新型师范文化;教育引导教师和师范生将高尚道德品行作为立业之本,学习并践行"学而不厌,诲人不倦""仁者爱人,智者知人"等近现代师德理念,不忘初心,与时俱进,努力达到既做"经师",又做"人师"的更高境界。二要推进师德建设创新。按照"立足新背景,研判新形势,适应新常态"的要求,大力创新师德建设的理念、主体、方法和路径,推进师德建设理论创新、师德宣传方法创新、师德实践路径创新。

加强师德建设,要紧密结合教师职业特点,切实做到"学高身正,仁爱厚生,敬业乐教,淳朴弘毅,传承创新"。这五个方面反映了当代教师与自身要求、教育对象、教育事业、国家人民、社会发展等方面关系最基本、最核心的价值观念,体现了由小到大、由低到高、由自我到天下、由微观到宏观、由外化到内化的相互联系和逻辑关系,体现了我国教师的优良传统、时代发展对教师的要求以及教师价值追求的相互统一。

四、新时代师德建设策略

从德性完善的角度出发,师德建设的要旨在于通过教师的反思、体验、领悟,形成教师的理想人格,进而达到完善德性的境界;从规范养成的思路出发,师德建设的要旨在于通过规则、制度、考核等外部措施促使教师遵守道德底线。

(一)反思、体验、领悟:促进德性完善

当前社会处于转型时期,社会上人们价值观念的多元化和差异化,使得教师的道德选择也具有了多元化的社会基础和思想基础,教师的类型也分化为职业生存型教师、专业发展型教师和事业追求型教师。在这样的情况下,用理想化的道德境界要求所有的教师显然不合适,应在承认教师价值观多元和差异的基础上,倡导教师追求崇高,不断完善自身德性。完善德性的基本途径在于反思、体验、领悟。

要学会反思。反思是现代教师专业实践的基本特质。在多样性文化背景下,教师的"知识传递者"固化角色受到挑战。反思型教师培养不仅是国际教师教育发展的趋势,也是我国教师教育改革的需要和方向。反思有3个层次:技术性反思、实践性反思和批判性反思。反思的基础是学

习。只有学习道德知识,在学习中反思,才能明辨是非,择善而从,成为道德高尚的人。

要学会体验。体验是师德建设的本体,是德性完善的重要环节。体验可以是个体的,即通过个体的生命叙事、阅历再现、事迹陈述、往事回顾等多种形式诱发和唤醒个体的道德体验;也可以是群体性的,即通过群体的对话、争论、发问与倾听、诉说与认同,让群体共同感动、共同震撼。通过体验,可以丰富和完善德性。

要学会领悟。领悟是体验的升华。领悟的过程,是师德建设中个体德性逐步完善的过程。领悟的前提是体验,体验需要实践。因而,领悟最终是以个体的道德实践活动为基础的,只有着眼于引导个体参与道德实践活动,个体才有体验和感悟产生。教师的道德实践,集中表现为教师在教育、教学、管理、服务、活动、交往等过程中的道德活动。教师德性的提升,就是其在教育、教学、管理、服务、活动、交往等过程中逐步从职业取向提升为专业取向,进而提升为事业取向。教师只有在职场中不断体验、领悟,见贤思齐、感受崇高、追求卓越,才能丰富和完善自己的德性。

(二) 规则、制度、考核:促进规范养成

从规范伦理的角度看,师德是一种职场规范。作为规范,师德建设必须科学化、制度化,必须建立一套限制性禁令、约束性措施和惩罚性条文,而在制度层面上保证教师树立良好的社会形象。

适应构建新时代和谐社会的要求,建立师德规范。在道德意义上,和谐是人们有共同的价值观念和道德追求,是对社会矛盾和利益冲突的谅解和协调,是多元社会背景下的道德共识。共识的价值必须是广泛接受的价值,广泛接受的价值就是道德底线,就是规则。因此,构建和谐社会,在教育领域,必须是制定具有道德底线属性的师德规范,以保证共识,保证和谐。立足于道德底线的规则,就是教育职场的禁区。教育需要禁区,教师也需要禁区,通过一系列禁止性规范以保证教师队伍的纯洁和崇高。

以解决师德建设中的突出问题为抓手,狠抓重点。当前,师德建设中突出存在两大问题:以教谋私和体罚学生。要不断探索师德建设的新思路、新内容、新方法、新机制,明确不同阶段师德建设的工作重点和具体化、规范化、制度化的要求,使师德建设贴近教师、贴近社会、贴近生活、贴近实际,有效解决教师师德建设中存在的诸如讥讽、体罚学生、有偿家教、教科研中弄虚作假等不良现象。

以建立师德建设的长效机制为目标,完善师德考核工作。将师德考核工作作为教师资格认定、新教师聘用、教师队伍建设和学校办学水平评估的重要依据。对师德建设实行齐抓共管、依法治理,提高依法执教、依法治教的水平,通过师德建设,逐步培养一支学高身正的教师队伍,逐步形成公平公正的教育环境,使教育成为实现社会和谐的重要力量。

练习与探究

1. 中国古代有哪些优良师德传统值得我们今天继承和发扬?

2. 中外师德思想的差异对我们今天开展师德建设有何启示?

3. 拓展性练习:

以小组为单位,围绕"新时代我心目中理想教师的优秀品德"这一主题,设计一个调查问卷,完成一篇调查研究报告。

参考文献

1. 习近平：《决胜全面建成小康社会夺取新时代中国特色社会主义伟大胜利——在中国共产党第十九次全国代表大会上的报告》(2017 年 10 月 18 日)

2. 做党和人民满意的好老师——习近平同北京师范大学师生代表座谈时的讲话(2014 年 9 月 9 日)

3. 孙培青.中国教育史[M].上海：华东师范大学出版社,2009.

4. 陈之华.芬兰教育全球第一的秘密[M].北京：中国青年出版社,2016.

5. 唐凯麟,刘铁芳.教师成长与师德修养[M].北京：教育科学出版社,2009.

6. 周玉衡,范喜庆.学前教育史[M].上海：复旦大学出版社,2009.

7. 郅庭瑾,吴慧蕾.我国教师职业道德教育的发展与评价[J].中国教育学刊,2009(8).

8. 杨建犹.试析朱熹的师德观[J].吉安师专学报(哲学社会科学).1999(2).

9. 赵晖.试论王守仁的师德思想[J].求实,2006.

10. 蔡永海.应当树立环境道德意识[N].光明日报,1999 - 12 - 13.

11. 金保华.金肖梅.论中西师德思想之殊异及现实启示[EB/OL].http://www.lunwencloud.com.

12. 钱焕琦.教师职业道德[M].1 版.上海：华东师范大学出版社,2008.

13. 高平叔.蔡元培教育论著选[M].北京：人民教育出版社,1991:493.

14. 赵国柱,陈旭光.师德新说:中小学教师职业道德经典读本[M].北京：开明出版社,2009.

15. 郝一峰.管理伦理学视角下社会转型期师德建设[J].党政干部学刊,

2017(2).

16. 王仁雷.新时代加强师德建设的战略思考[N].光明日报,2018 - 01 -23.

17. 全国师德教育研究课题组.师德突出问题典型案例评析(小学教师读本/幼儿园教师读本)[M].北京:北京师范大学出版社,2014.

18. 教育部教师工作司.为了未来——教师职业道德读本(中小学教师分册川币范生分册)[M].北京:高等教育出版社,2013.

19. 李镇西.做最好的老师[M].桂林:漓江出版社,2006.

20. 教育部《关于建立健全中小学师德建设长效机制的意见》(教师[2013]10 号)

21. 教育部关于印发《严禁教师违规收受学生及家长礼品礼金等行为的规定》的通知(教监[2014]4 号)

22. 教育部关于印发《严禁中小学校和在职中小学教师有偿补课的规定》的通知(教师[2015]5 号)

23. 中共中央办公厅、国务院办公厅印发《关于实施中华优秀传统文化传承发展工程的意见》(2017 年 1 月 25 日)

后　记

　　教师是人类灵魂的工程师，是儿童与青少年成长的引路人。教师承担着传播知识、传播思想、传播真理的历史使命，肩负着塑造灵魂、塑造生命、塑造新人的时代重任。教师的思想政治素质和职业道德水平直接关系到幼儿园和中小学德育工作状况和亿万青少年的健康成长，关系到国家的前途命运和民族的未来。教师职业道德以具体适用于教师职业活动的形式体现出全社会对教师行为的基本道德要求。一个教师能否成为"让人民满意的教师"，能否成为让学生尊敬和信赖的教师，能否将自己毕生的精力献给培养人才的教育事业并从中获得自身的全面发展和精神的愉悦，都与他的职业道德水平有着密切的关系。因此，师德是教师素质的重要组成部分，加强师德建设，对于造就一支师德高尚、业务精湛、结构合理、充满活力的高素质专业化创新型教师队伍具有十分重要的意义。

　　教师职业道德是教师职前培养的重要内容，是师范生的一门专业必修课。为了加强五年制师范生的师德教育，帮助师范生系统学习和有效贯彻教育部颁布的《中小学教师职业道德规范》(2008 年修订)的具体要求，加强师德修养，培养高素质专业化的小学、幼儿园教师，2010 年，我们组织编写了《教师职业道德新编》一书，作为四年级思想政治课教材。本书出版以来，得到省内外师范院校的肯定和鼓励，作为小学教育、学前教育专业师范生师德教育的选用教材。

　　2010 年以来，我国经济、政治、文化、社会和生态文明建设发生了深刻变化，中国特色社会主义现代化建设取得了历史性成就。2017 年 10 月 18 日召开的党的十九大是在我国全面建成小康社会决胜阶段、中国特色社会主义进入新时代的关键时期一次十分重要的会议。党的十九大报告中提出的一系列新思想、新论断、新提法、新举措是指导我们各项工作的行动纲领;党的十九大提出中国特色社会主义进入新时代,我国社会主要矛盾发生了新变化;党的十九大把习近平新时代中国特色社会主义思想确立为党必须长期坚持的指导思想,实现了党的指导思想又一次与时俱进。新时代对教育工作和教师队伍建设提出了许多新要求,加强师范生师德教育显得更加重要而迫切。为了把党的十九大精神和习近平新时代中国特色社会主义思想融入到教材中,我们组织作者对本书进行及时修订。

在修订中我们坚持和贯彻以下原则:

1. 体现时代性。以习近平新时代中国特色社会主义思想为指导,认真学习习近平教育思想,特别是关于教师队伍建设的有关论述,深刻领会"四有"好老师、"四个"引路人、"四个"相统一的丰富内涵,并融入到新修订的教材中;把社会主义核心价值观教育融入师德教育全过程,渗透到教师职业道德规范的内容中,为师范生成长发展提供价值引领。认真学习近年来国家教育部印发的有关师德建设的文件,深刻领会精神实质,渗透到修订教材的内容中,使修订后的教材努力体现时代性。

2. 注重传承性。中华民族历来重视立德修身、重视师德修养,教材修订要传承中华民族优秀师德文化。2014年教师节前夕,习近平总书记在同北京师范大学师生代表座谈时的讲话中,就多次引用我国教育家的名言,为我们树立了典范。2017年1月,中共中央办公厅、国务院办公厅印发了《关于实施中华优秀传统文化传承发展工程的意见》,我们要坚持创造性转化,创新性发展,深入挖掘中华优秀传统文化中关于师德教育方面的相关内容,丰富师德内涵,增强文化自信,注重师德的传承性。

3. 把握针对性。要准确把握教材定位,鉴于目前江苏初中起点五年制师范专业以学前教育为主,但省外还有初中起点五年制师范小学教育专业使用本教材的情况,注意两者兼顾。教材修订在原有基础上增加学前教育方面的内容和要求,贴近学前教育的实际,使其更有适用性和针对性。

4. 增强可读性。要坚持理论与实践相结合,紧密联系基础教育、尤其是学前教育实际,充实和更新相关典型案例,创设教育情景,开展案例教学,给师范生以深刻的教育和有益的启示,使他们在潜移默化中提升道德情操、加强师德修养,使教学内容更加生动形象。这次修订中,在每章还增加一些与本章内容相关的阅读材料,以增强可读性。

承担本书修订编写的作者有:前言、后记,黄正平(江苏第二师范学

教师职业道德新编

院);第一章 教师职业道德概述,吴菊云(南通高等师范专科学校);第二章 新时期教师职业道德规范(上),宗序亚(南通高等师范专科学校);第三章 新时期教师职业道德规范(下),王伟(常州幼儿师范学校);第四章 教师职业道德范畴,薛宗梅(运河高等师范学校);第五章 教师职业道德修养,南志国(宿迁高等师范学校);第六章 教师职业道德评价,姜广运(徐州高等师范学校);第七章 教师职业道德发展,葛红梅(盐城幼儿师范高等专科学校)。全书由黄正平、刘毓航(盐城幼儿师范高等专科学校)、刘守旗(江苏第二师范学院)负责统稿。

在编写和修订过程中,我们参阅和引用了一些书报杂志中的资料与成果,得到了有关院校领导和教师的关心与支持,得到了南京大学出版社的具体指导与帮助,谨在此一并表示衷心感谢。由于水平有限,时间仓促,不当之处实难避免,恳望广大教师、读者和专家批评指正。

编 者
2018 年 6 月